NWB · SteuerPocket 2009

www.nwb.de

NWB SteuerPocket 2009

ISBN 978-3-482-**59551-6**

© Verlag Neue Wirtschafts-Briefe GmbH & Co. KG, Herne 2009
www.nwb.de

Alle Rechte vorbehalten.

Dieses Buch und alle in ihm enthaltenen Beiträge und Abbildungen sind urheberrechtlich geschützt. Mit Ausnahme der gesetzlich zugelassenen Fälle ist eine Verwertung ohne Einwilligung des Verlages unzulässig.

Druck: Druck Partner Rübelmann, Hemsbach

Erster Teil: Abgabenordnung und Finanzgerichtsordnung

System und Inhalt der Abgabenordnung in aller Kürze

Berechnungshilfen zur AO

Gebührenrechnung - Verbindliche Auskunft
Von Steuerberater u. Dipl.-Kfm. Holger Gemballa
Fundstelle(n): NWB DokID: GAAAC-73227

A. Wichtige Änderungen
I. Unternehmensteuerreformgesetz 2008

Aufzeichnungen über Geschäftsvorfälle mit Auslandsbezug sind auf Anforderung grundsätzlich innerhalb einer Frist von 60 Tagen, Aufzeichnungen über außergewöhnliche Geschäftsvorfälle lediglich innerhalb von 30 Tagen vorzulegen. In begründeten Einzelfällen kann diese Vorlagefrist gemäß § 90 Abs. 3 Satz 10 AO verlängert werden.

§§ der AO	Inhalt der Bestimmung	
§ 90 Abs. 3 S. 8 AO	Vorlagefrist für Aufzeichnungen	60 T.
§ 90 Abs. 3 S. 9 AO	für Aufzeichnungen über außergewöhnliche Geschäftsvorfälle	30 T.

II. Kontenabrufmöglichkeit für steuerliche Zwecke

Durch Einführung der Abgeltungsteuer besteht ab 2009 grundsätzlich kein Verifikationsbedarf mehr für Einkünfte aus privaten Zinsen und privaten Veräußerungsgewinnen. Soweit aber keine Abgeltungswirkung eintritt, sind die Einkünfte im Einzelfall weiterhin anzugeben. Hieran knüpft die

Verifikationspflicht der Finanzbehörden an. Die steuerliche Kontenabrufmöglichkeit besteht ab dem 1. 1. 2009 nur noch in den gesetzlich ausdrücklich bestimmten Fällen. Ein automatisierter Abruf von Kontoinformationen nach § 93b ist nur zulässig, soweit

- der Steuerpflichtige nach § 32d Abs. 6 EStG beantragt, dass seine Kapitaleinkünfte dem allgemeinen Einkommensteuertarif unterworfen werden,
- die Kapitalerträge in den Fällen des § 2 Abs. 5b S. 2 EStG einzubeziehen sind,
- nach dem 01.01.2009 die Verifikation von Einkünften nach den §§ 20 und 23 Abs. 1 EStG erfolgen muss,
- bundesgesetzlich geregelte Steuern erhoben werden sollen; dies betrifft auch deren Vollstreckung.

In anderen Fällen als den oben genannten ist ein Kontenabruf nur mit Zustimmung des Steuerpflichtigen zulässig. Nur dann darf die zuständige Finanzbehörde ein Kontenabrufersuchen an das BZSt richten. Voraussetzung ist, dass ein Auskunftsersuchen an den Steuerpflichtigen nicht zum Ziel geführt hat oder keinen Erfolg verspricht.

III. Zweites Gesetz zum Abbau bürokratischer Hemmnisse insbesondere in der mittelständischen Wirtschaft

Durch Art. 5 des Gesetzes, BGBl 2007 I S. 2246, wurden in § 141 Abs. 1 Satz 1 Nr. 4 und 5 AO die Gewinngrenzen für die Buchführungspflicht angehoben.

§§ der AO	Inhalt der Bestimmung	2007	2008
§ 141 Abs. 1 AO	Buchführungspflicht Land- und Forstwirte / Gewerbebetriebe		
	Jahresumsatz über	500 000	500 000
	Wirtschaftswert über	25 000	25 000
	Gewinn über	30 000	50 000

IV. Gesetz zur weiteren Stärkung des bürgerschaftlichen Engagements

Durch die Neuregelung werden die förderungswürdigen Zwecke im Gemeinnützigkeits- und Spendenrecht mittels einer einheitlichen Definition nur noch in der AO geregelt. Mit § 52 Abs. 2 Satz 2 AO gibt es eine Möglichkeit, Zwecke auch dann als gemeinnützig anzuerkennen, wenn diese nicht eindeutig unter den Katalog des § 52 Abs. 2 Satz 1 AO n. F. zu subsumieren sind.

§§ der AO	Inhalt der Bestimmung	
§ 58 Nr. 5 AO	steuerfreier Stifterunterhalt	33,3 %
§ 58 Nr. 7 Buchst. a AO	Zuführung zur freien Rücklage aus Vermögensverwaltung	33,3 %
	aus zeitnah zu verwendenden Mitteln höchstens	10 %

V. Anhebung der Besteuerungsgrenzen und der Zweckbetriebsgrenze

§§ der AO	Inhalt der Bestimmung	
§ 64 Abs. 3 AO	Steuervergünstigung für wirtschaftliche Geschäftsbetriebe bei Umsätzen bis	35 000
§ 67a Abs. 1 AO	Steuervergünstigung für Sportvereine	35 000

VI. Missbrauch von rechtlichen Gestaltungsmöglichkeiten

§ 42 AO ist durch das Jahressteuergesetz 2008 grundlegend geändert worden. Neu ist die Definition des Missbrauchs rechtlicher Gestaltungsmöglichkeiten in Absatz 2, die Prüfungsreihenfolge aus Absatz 1 und die Beweislastverteilung in Absatz 2 Satz 2. Zunächst ist zu prüfen, ob in einem Einzelsteuergesetz Regelungen betroffen sind, die der Verhinderung von Steuerumgehungen dienen. Ist dies nicht der Fall, ist der Missbrauchstatbestand des § 42 Abs. 2 AO zu prüfen. Die Finanzbehörde hat nachzuweisen, dass die rechtliche Gestaltung unangemessen ist und der Steuervorteil gesetzlich nicht vorgesehen ist. Dem Steuerpflichtigen obliegt es nachzuweisen, dass für die unangemessene Gestaltung beachtliche außersteuerliche Gründe maßgeblich waren.

1. Voraussetzungen der Steuerumgehung

Gestaltung unter Zuhilfenahme des bürgerlichen Rechts oder anderer rechtlicher Möglichkeiten
- unangemessen im Verhältnis zu dem angestrebten Ziel,
- Gestaltung dient der Steuerminderung,
- Gestaltung dient der Umgehung belastender Steuerrechtsnormen oder
- Gestaltung dient der Verwirklichung des Tatbestandes einer begünstigenden Gesetzesvorschrift;
- keine Rechtfertigung durch außersteuerliche (nichtsteuerliche) Gründe.

2. Die objektive Beweislast

Die objektive Beweislast für das Vorliegen der Voraussetzungen einer missbräuchlichen Gestaltung bzw. einer Steuerumgehung liegt beim FA, eine Vermutung für Rechtsmissbrauch besteht allgemein nicht. Wird eine unangemessene Gestaltung festgestellt, obliegt es dem Steuerpflichtigen im Rahmen seiner Mitwirkungspflicht, beachtliche Rechtfertigungsgründe (wirtschaftliche oder sonst beachtliche nichtsteuerliche Gründe für die Sachverhalts- und Rechtsgestaltung) substantiiert darzulegen.

3. Rechtsfolgen

Der Steueranspruch entsteht so, wie er bei einer, den wirtschaftlichen Vorgängen angemessenen, rechtlichen Gestaltung entstanden wäre. Die zivilrechtliche Wirksamkeit der Gestaltung bleibt unberührt.

Vertiefungshinweis: *Rudolf Linßen - Missbrauch von rechtlichen Gestaltungsmöglichkeiten - NWB DokID: TAAAA-41714*

B. Grundbegriffe der AO
I. Wohnsitz, gewöhnlicher Aufenthalt, Geschäftsleitung, Sitz, Betriebsstätte §§8 - 12 AO

Nach § 8 AO hat jemand einen Wohnsitz dort, wo er eine Wohnung unter Umständen innehat, die darauf schließen lassen, daß er die Wohnung beibehalten und benutzen wird. Der Begriff des gewöhnlichen Aufenthalts setzt nach § 9 AO voraus, daß die äußeren Umstände erkennen lassen, daß der Stpfl. in dem Aufenthaltsgebiet oder an dem Aufenthaltsort nicht nur vorübergehend verweilt. Bei einem zeitlich zusammenhängenden Aufenthalt von mehr als 6 Monaten wird nach § 9 Satz 2 AO unwiderlegbar das Vorhandensein eines gewöhnlichen Aufenthalts vermutet. § 10 AO definiert den Begriff der Geschäftsleitung als Mittelpunkt der geschäftlichen Oberleitung."Sitz" einer Körperschaft usw. ist nach § 11 der Ort, der durch Gesetz usw. bestimmt ist.Betriebstätte nach § 12 ist jede feste Geschäftseinrichtung oder Anlage, die der Tätigkeit eines Unternehmens dient.Unter den Begriff fallen auch bewegliche Geschäftseinrichtungen mit vorübergehend festem Standort, wie z. B. fahrbare Verkaufsstätten mit wechselndem Standplatz.

II. Wirtschaftlicher Geschäftsbetrieb

§ 14 AO Für das Vorhandensein eines wirtschaftlichen Geschäftsbetriebs kommt es darauf an, daß eine selbständige nachhaltige Tätigkeit ausgeübt wird, durch die Einnahmen erzielt werden und die über eine Vermögensverwaltung hinausgeht. Gewinnerzielungsabsicht ist nicht erforderlich.

III. Angehörige § 15 AO

Angehörige i. S. der steuerlichen Vorschriften sind der Verlobte, der Ehegatte, Verwandte und Verschwägerte gerader Linie, Geschwister, Kinder der Geschwister, Ehegatten der Geschwister und Geschwister der Ehegatten sowie Geschwister der Eltern. Auch die "Pflegeeltern" und "Pflegekinder" gehören dazu.

***Vertiefungshinweis:** A. Burhoff - Übersicht über die Abgabenordnung - NWB DokID: IAAAA-72590*

C. Haftung

Haftung im Steuerrecht bedeutet: Einstehenmüssen mit dem eigenen Vermögen für eine fremde Steuerschuld. Steuer- und Haftungsschuldner sind als Gesamtschuldner verpflichtet, den Steueranspruch zu erfüllen. Damit der Haftungsschuldner von der Finanzbehörde auf Zahlung in Anspruch genommen werden kann, müssen folgende Voraussetzungen vorliegen:
- Bestehen eines Anspruchs aus dem Steuerschuldverhältnis gegenüber einem Steuerschuldner.
- Erfüllung eines Haftungstatbestands nach Steuerrecht oder Privatrecht.
- Erlass eines Haftungsbescheids gegenüber dem Haftungsschuldner.

I. Haftungsvorschriften in der AO

Die Haftung für Ansprüche aus dem Steuerschuldverhältnis ist in der AO geregelt in den
- Haftung der Vertreter, § 69 AO,
- Haftung des Vertretenen, § 70 AO,
- Haftung des Steuerhinterziehers und des Steuerhehlers, § 71 AO,
- Haftung bei Verletzung der Pflicht zur Kontenwahrheit, § 72 AO,
- Haftung bei Organschaft, § 73 AO
- Haftung des Eigentümers von Gegenständen, § 74 AO,
- Haftung des Betriebsübernehmers, § 75 AO,
- Sachhaftung, § 76 AO.

II. Haftungsvorschriften in den Einzelsteuergesetzen

- Lohnsteuerhaftung des Arbeitgebers, § 42d EStG,
- Haftung des Entleihers von Arbeitskräften, § 42d Abs. 6 EStG,

- Haftung des Entrichtungspflichtigen für die Kapitalertragsteuer, § 45a Abs. 7 EStG,
- Haftung für den Steuerabzug bei Einkünften beschränkt Steuerpflichtiger, § 50a Abs. 5 S. 5 EStG,
- Haftung des Ausstellers einer Spendenbescheinigung, § 10b Abs. 2 EStG , 9 Abs. 3 S. 2 KStG,
- Haftung des Leistungsempfängers von Bauleistungen, § 48a Abs. 3 EStG,
- Haftung des Nachlasses und von Versicherungsunternehmen, § 20 Abs. 3, 6 ErbStG,
- Haftung des Abtretungsempfängers, § 13c UStG,
- Haftung des Unternehmers bei Änderung der Bemessungsgrundlage, § 13d UStG.

III. Haftungsvorschriften im Zivilrecht
- Erwerb eines Handelsgeschäfts, § 25 HGB,
- zum Nachlass gehörendes Handelsgeschäft, § 27 HGB,
- Eintritt in das Geschäft eines Einzelkaufmanns, § 28 HGB,
- Erbschaftskauf, §§ 2371 ff. BGB Haftung der Gesellschafter einer Personengesellschaft (z.B. §§ 128 , 130 , 171 HGB).

Vertiefungshinweis: Bodo Ebber - Haftungsvorschriften - Allgemeine Voraussetzungen - NWB DokID: KAAAC-40914; Haftung - Verfahrensfragen - NWB DokID: UAAAC-40915

D. Allgemeine Verfahrensvorschriften
I. Bevollmächtigte und Beistände
Vollmacht und Vollmachterteilung in Steuersachen ist in § 80 AO bzw. für das finanzgerichtliche Verfahren in § 62 FGO geregelt. Bei Angehörigen der steuerberatenden Berufe wird eine ordnungsgemäße Bevollmächtigung im Allgemeinen unterstellt, wenn diese für den Beteiligten handeln.

Form: Erteilung erfolgt formlos (entsprechend § 167 Abs. 2 BGB). Aus der Vollmacht muss hervorgehen, wer wen wozu bevollmächtigt hat. Die Erklärung erfolgt gegenüber der Finanzbehörde oder dem Bevollmächtigten.

Umfang: Gemäß § 80 Abs. 1 S. 2 AO ermächtigt die Vollmacht zu allen Verfahrenshandlungen, sofern sich aus ihrem Inhalt nicht etwas anderes ergibt. Die Vorschrift greift, wenn keine schriftliche Vollmachtsurkunde mit anderem Inhalt vorliegt.

Dauer der Vollmacht: Der Widerruf der Vollmacht durch den Beteiligten ist jederzeit möglich (vgl. § 168 S. 2 BGB). Das Erlöschen der Vollmacht wird gegenüber Finanzbehörde/-gericht erst durch Bekanntgabe des Widerrufs wirksam. Entscheidend ist der Zugang bei der Finanzbehörde. Kündigung oder Niederlegung des Mandats als interner Vorgang ist unbeachtlich. Die Empfangsvollmacht im Steuererklärungsformular gilt nur für Bescheide des betreffenden VZ.

Auswirkungen der Bevollmächtigung: Die Finanzbehörde soll sich stets an den für das Verfahren bestellten Bevollmächtigten wenden. Finanzgericht und BFH haben Zustellungen und Mitteilungen an den Bevollmächtigten zu richten. Ausnahmsweise kann sich die Behörde an den Beteiligten selbst wenden, soweit er zur Mitwirkung verpflichtet ist. Hierüber ist der Bevollmächtigte zu informieren.

Vertiefungshinweis: *Peter Gerlach - Vollmacht - NWB DokID: OAAAA-88458*

II. Fristen und Wiedereinsetzung

1. Fristen - Termine

Es ist zwischen gesetzlichen und behördlichen Fristen zu unterscheiden. Gesetzliche Fristen sind nur dann verlängerbar, wenn das gesetzlich vorgesehen ist. Andernfalls handelt es sich um sogenannte Ausschlussfristen. Wurde eine solche versäumt, besteht lediglich die Möglichkeit, Widereinsetzung in den vorherigen Stand gemäß § 110 AO zu beantragen. Behördliche Fristen sind gemäß § 109 AO verlängerbar.

Für die Berechnung von Fristen gelten gemäß § 108 Abs. 1 AO die §§ 187 bis 193 BGB entsprechend, falls nicht die Sondervorschriften des §§ 108 Abs. 2 bis 5 AO eingreifen. Die Folgen einer Fristversäumnis sind abhängig von den jeweiligen Rechten bzw. Pflichten, für die die Frist gilt. In Frage kommen zum Beispiel

- die Festsetzung von Verspätungszuschlägen, § 152 AO,
- Festsetzung eines Zwangsgeldes, § 328 AO,
- Schätzung der Besteuerungsgrundlagen, § 162 AO,
- Festsetzung von Säumniszuschlägen, § 240 AO,
- Einleitung von Vollstreckungsmaßnahmen, §§ 249 ff. AO.

§§ der AO	Inhalt der Bestimmung	
§ 149 Abs. 2 AO	allgemeine Abgabefrist Steuererklärung bei Bezug auf	
	Kalenderjahr (spätestens... Monate nach Ablauf)	5 M.
	Wirtschaftsjahr (nicht vor Ablauf von... Monaten)	3 M.
§ 169 AO	Festsetzungsfrist	
	für Verbrauchsteuern	1 J.

§§ der AO	Inhalt der Bestimmung	
	für alle anderen Steuern	4 J.
	bei Steuerhinterziehung	10 J.
	bei leichtfertiger Steuerverkürzung	5 J.

2. Fristbeginn

Für den Beginn einer Frist ist gemäß § 108 Abs. 1 AO, 187 BGB zu unterscheiden zwischen Ereignisfristen und Tagesbeginnfristen.

Für Ereignisfristen gilt, dass der betreffende Tag, der für den Beginn einer Frist oder ein in den Lauf eines Tages fallender Zeitpunkt maßgebend ist, nicht mitgerechnet wird, die Frist beginnt am darauf folgenden Tag; dazu gehören insbesondere diejenigen Fristen, die an die Bekanntgabe eines Verwaltungsaktes anknüpfen, zum Beispiel die Rechtsbehelfsfrist nach § 355 AO.

3. Dauer der Frist

Die Dauer ist in der AO, der FGO und den Einzelsteuergesetzen geregelt. Ein Säumniszuschlag wird bei einer Säumnis bis zu drei Tagen nicht erhoben (§ 240 Abs. 3 AO).

4. Ablauf der Frist

Fristen, die nach Tagen bestimmt sind, enden mit Ablauf des letzten Tages der Frist um 24:00 Uhr. Fristen, die nach Wochen oder Monaten berechnet werden, enden mit Ablauf des Tages der letzten Woche oder des letzten Monats, der durch seine Benennung oder Zahl dem Tag entspricht, in den das Ereignis oder der Zeitpunkt fällt, so weit für den Anlauf der Frist nicht der Beginn eines Tages maßgebend ist (§§ 108 Abs. 1 AO, 188 Abs. 1, 187 Abs. 2 BGB). Fehlt bei einer nach Monaten bestimmten Frist im letzten Monat der für ihren Ablauf maßgebende Tag, so endigt die Frist mit dem Ablauf des letzten Tages dieses Monats (§ 188 Abs. 2 BGB). Gemäß § 108 Abs. 3 AO endet die Frist erst mit dem Ablauf des nächstfolgenden Werktages, wenn das Fristende auf einen Sonntag, gesetzlichen Feiertag oder einen Sonnabend fällt.

Vertiefungshinweis: *Bodo Ebber - Fristen - NWB DokID: ZAAAB-83016.*

5. Wiedereinsetzung in den vorigen Stand

Bei Versäumung einer gesetzlichen Frist ist diese zu gewähren, wenn der Antragsteller verhindert war, die Frist einzuhalten und ihn hieran kein Verschulden trifft. Der Betroffene ist so zu stellen, als habe er die Frist gewahrt.

Zahlungsfristen können durch Stundung oder Zahlungsaufschub (§§ 222, 223 AO) verlängert werden, unverschuldeten bzw. unbilligen Rechtsfolgen (Säumniszuschläge) der Versäumung von Zahlungsfristen kann auch durch Erlass begegnet werden. Behördliche Fristen sind nach § 109 Abs. 1 AO - auch rückwirkend - verlängerbar, Wiedereinsetzung in den vorigen Stand scheidet daher aus. Die vom Finanzamt zu beachtenden Festsetzungs- und Zahlungsverjährungsfristen nach §§ 169, 228 AO sind nicht wiedereinsetzungsfähig. Im finanzgerichtlichen Verfahren sind insbesondere die Klagefrist, § 47 FGO, die Frist für die Einlegung und Begründung einer Nichtzulassungsbeschwerde, § 116 Abs. 2 und 3 FGO und einer Revision, §§ 120 Abs. 1 und 2, 117 Abs. 7 FGO, nicht aber Antrag auf Verlängerung der Revisionsbegründungsfrist wiedereinsetzungsfähig; richterliche Fristen nur, soweit die sinngemäße Anwendung angeordnet ist (§§ 62 Abs. 3 S. 4, § 65 Abs. 2 S. 3 FGO).

6. Erforderliche Verfahrenshandlungen

Innerhalb eines Monats (bei Fristversäumung im finanzgerichtlichen Verfahren binnen zwei Wochen) nach Wegfall des Hindernisses sind folgende Verfahrenshandlungen kumulativ erforderlich:
Nachholen der versäumten Handlung (nur Wiedereinsetzungsantrag reicht nicht);
Angabe der Wiedereinsetzungsgründe (schlüssige, substantiierte und vollständige Angabe der Tatsachen)

Vertiefungshinweis: *Bodo Ebber - Wiedereinsetzung in den vorigen Stand - NWB DokID: XAAAA-41730.*

III. Der Steuerverwaltungsakt

1. Rechtswidrigkeit

Rechtswidrig ist ein Verwaltungsakt dann, wenn er
- ohne Ermächtigungsgrundlage ergangen ist,
- wenn er unter Verstoß gegen die formellen Regelungen über die Zuständigkeit der Finanzbehörde,
- das zu beachtende Verfahren
- oder die zu beachtende Form ergangen ist (sog. formelle Rechtswidrigkeit)
- oder wenn er die Voraussetzungen seiner Ermächtigungsgrundlage nicht erfüllt (sog. materielle Rechtswidrigkeit).

2. Rechtsschutz

Möchte der Steuerpflichtige die Aufhebung oder Änderung eines Verwaltungsaktes erreichen, hat er die Möglichkeit, nach erfolglosem Einspruchsverfahren Klage vor dem Finanzgericht zu erheben. Statthafte Klageart ist die Anfechtungsklage (§ 40 Abs. 1 FGO). Möchte der Steuerpflichtige den Erlass eines von der Finanzbehörde abgelehnten Verwaltungsakts erreichen, hat er die Möglichkeit, nach erfolglosem Einspruchsverfahren Verpflichtungsklage vor dem Finanzgericht zu erheben (§ 40 Abs. 1 FGO).

3. Korrekturmöglichkeiten

Hat der Steuerpflichtige die Möglichkeit, einen rechtswidrigen Verwaltungsakt mit dem Einspruch anzufechten, nicht genutzt, so wird der Verwaltungsakt mit Ablauf der Rechtsbehelfsfrist formell bestandskräftig. Die Finanzbehörde ist dann nur noch unter bestimmten, gesetzlich abschließend geregelten Voraussetzungen berechtigt, im Einzelfall auch verpflichtet, den Verwaltungsakt zu ändern bzw. aufzuheben (materielle Bestandkraft mit Durchbrechungen). Vorschriften über die Korrektur bestandskräftiger Verwaltungsakte enthalten die §§ 129, 130, 131 AO sowie die §§ 164, 165 und 172 ff. AO. Während die §§ 130, 131 AO die Korrekturmöglichkeiten der sonstigen Verwaltungsakte regeln, sind die § 164, 165 und 172 ff. AO ausschließlich auf die Steuerbescheide und diesen gleichgestellten Bescheide anwendbar. Lediglich § 129 AO findet auf beide Arten von Verwaltungsakten Anwendung.

Vertiefungshinweis: *Bodo Ebber - Verwaltungsakt - NWB DokID: IAAAB-83026; Alexander v. Wedelstädt - Aufhebung und Änderung von Steuerbescheiden mit Zustimmung oder auf Antrag - AAAAA-57022; ders. - Aufhebung und Änderung von Steuerbescheiden wegen neuer Tatsachen - OAAAA-57026; ders. - Aufhebung und Änderung von Steuerbescheiden wegen widerstreitender Steuerfestsetzung - TAAAA-57033*

E. Durchführung der Besteuerung
I. Mitwirkungspflichten

Das Gesetz unterscheidet zwischen Mitwirkungspflichten, die unmittelbar kraft Gesetzes zu erfüllen sind und Mitwirkungspflichten, die erst aufgrund besonderer Aufforderung (Verwaltungsakt) zu erfüllen sind.

§§ der AO	Inhalt der Bestimmung	
§ 152 Abs. 2 AO	Verspätungszuschlag	10 %
	höchstens	25 000
§ 162 Abs. 4 AO	Schätzungszuschlag bei Auslandssachverhalt	
	bei fehlenden Aufzeichnungen	5 000
	bei Zuschlägen über 5 000 mindestens/höchstens.. % des Einkünftemehrbetrags	5 % / 10 %
	bei verspäteter Vorlage von Aufzeichnungen bis	1 Mio
	mindestens pro Fristüberschreitungstag	100
§ 329 AO	Zwangsgeld bei Vollstreckung höchstens	25 000

Vertiefungshinweis: *Bodo Ebber - Mitwirkungspflichten - NWB DokID: ZAAAB-69950*

II. Aufbewahrungsfristen

Die Aufbewahrungspflicht ist Bestandteil der handels- bzw. steuerrechtlichen Buchführungs- und Aufzeichnungspflicht. § 257 Abs. 4 HGB und § 147 Abs. 3 AO bestimmen, wie lange Buchführungsunterlagen jeweils aufzubewahren sind. Hinsichtlich der Mindestzeiträume für die Aufbewahrung der Bücher und sonstigen Buchführungsunterlagen gelten steuerrechtlich grundsätzlich dieselben Fristen wie im Handelsrecht.

§§ der AO	Inhalt der Bestimmung	
§ 147 Abs. 3 AO § 257 Abs. 1 und 4 HGB	Aufbewahrungsfrist	
	Bücher, Inventare, Jahresabschlüsse, Buchungsbelege usw.	10 Jahre
	Handels- oder Geschäftsbriefe	6 Jahre
§ 41 Abs. 1 S. 9 EStG	Lohnkonten	6 Jahre
§ 14b Abs. 1 UStG 2004	Rechnungen, Zahlungsbelege oder andere beweiskräftige Unterlagen für Nichtunternehmer bzw den nichtunternehmerischen Bereich	2 Jahre

Vertiefungshinweis: Peter Gerlach - Aufbewahrungsfristen - NWB DokID: BAAAB-04768

IV. Verspätungszuschläge - Säumniszuschläge

1. Verspätungszuschläge

Kommt ein Steuerpflichtiger schuldhaft seiner Verpflichtung zur Abgabe einer Steuererklärung verspätet oder überhaupt nicht nach, kann das Finanzamt einen Verspätungszuschlag gegen ihn festsetzen, sofern das Versäumnis nicht entschuldbar ist.

§§ der AO	Inhalt der Bestimmung	
§ 152 Abs. 2 AO	Verspätungszuschlag	10 %
	höchstens	25 000

Die Voraussetzungen dafür ist die Nicht- oder nicht fristgerechte Abgabe nach Ablauf der gesetzlichen oder individuell bzw. allgemein verlängerten Frist der Steuererklärung.

Die Herabsetzung der Steuerschuld, insbesondere nach Schätzung der Besteuerungsgrundlagen, begründet Anspruch auf erneute Prüfung und gegebenenfalls Anpassung an die geänderte Bemessungsgrundlage.

Vertiefungshinweis: *Peter Gerlach - Verspätungszuschlag - NWB DokID: SAAAA-41723*

2. Säumniszuschläge

Säumniszuschläge sind vom Steuerpflichtigen zusätzlich zur Steuer zu entrichtende steuerliche Nebenleistungen (§ 3 Abs. 4 AO), wenn der Steuerpflichtige eine festgesetzte bzw. angemeldete Steuer nicht bis zum Ablauf des Fälligkeitstages entrichtet (§ 240 Abs. 1 S. 1 AO). Sie entstehen ohne Festsetzung kraft Gesetzes (§ 218 Abs. 1 S. 1 2. HS AO). Sie stellen in erster Linie ein Druckmittel zur Durchsetzung fälliger Steuerforderungen dar. Kann dieses Ziel nicht erreicht werden, ist die Erhebung von Säumniszuschlägen sachlich unbillig, so dass sie nach § 227 AO ganz oder teilweise erlassen werden können.

Säumniszuschläge entstehen, wenn die Steuer fällig ist:
- ESt-Vorauszahlung: 10. März, 10. Juni, 10. September und 10. Dezember, § 37 Abs. 1 EStG,
- ESt-Abschlusszahlung: 1 Monat nach Bekanntgabe des Steuerbescheids, § 36 Abs. 4 S. 1 EStG,
- LSt-Zahlung durch den Arbeitgeber: der 10. Tag nach Ablauf des Lohnsteuervoranmeldungszeitraums (Monat oder Vierteljahr), § 41a Abs. 1 Nr. 2 EStG , § 41a Abs. 2 EStG,
- KapErtrSt: der 10. Tag des auf den Zufluss beim Gläubiger folgenden Monats, § 44 Abs. 1 S. 2 EStG , § 44 Abs. 1 S. 5 EStG,

- USt: 10. Tag nach Ablauf des Voranmeldungszeitraums, § 18 Abs. 1 S. 5 UStG , § 18 Abs. 2 UStG ,
- KStG: 1 Monat nach Bekanntgabe des Steuerbescheids, § 31 Abs. 1 S. 1 KStG i.V.m. § 36 Abs. 4 S. 1 EStG
- GewSt-Vorauszahlung: 15. Februar, 15. Mai, 15. August, 15. Dezember, § 19 Abs. 1 GewStG ,
- GewSt-Abschlusszahlung: 1 Monat nach Bekanntgabe des Steuerbescheids, § 20 Abs. 2 GewStG .

§§ der AO	Inhalt der Bestimmung	
§ 240 Abs. 1 AO	Säumniszuschlag je angefangenen Monat	1 %

Vertiefungshinweis: *Bodo Ebber - Säumniszuschläge - NWB DokID: YAAAB-83025*

V. Festsetzungsverjährung

Die Festsetzungsfrist beginnt grundsätzlich mit Ablauf des Kalenderjahres, in dem der Anspruch entstanden ist, § 170 Abs. 1 AO . Zum Entstehen von Ansprüchen aus dem Steuerschuldverhältnis vgl. § 38 AO i.V.m. den Regelungen in den jeweiligen Einzelsteuergesetzen. Die Festsetzungsfrist beginnt nach § 170 Abs. 2 S. 1 Nr. 1 AO - Regelfall für laufend veranlagte Steuern - mit Ablauf des Kalenderjahres, in dem diese abgegeben worden ist, spätestens aber mit Ablauf des dritten Kalenderjahres, das auf die Entstehung des Steueranspruches folgt.

Die Festsetzungsfristen betragen:
- ein Jahr für Verbrauchsteuern und Verbrauchsteuervergütungen sowie für Zinsen und Kosten der Vollstreckung;
- drei Jahre für Einfuhr- und Ausfuhrabgaben i. S. des Art. 4

Nr. 10 und 11 des Zollkodexes;
- vier Jahre für die übrigen Steuern und Steuervergütungen, z.B. Einkommensteuer, Körperschaftsteuer, Umsatzsteuer, Gewerbesteuer sowie Prämien und Zulagen;
- bei hinterzogenen Steuern zehn Jahre,
- bei leichtfertig verkürzten Steuern fünf Jahre.

Der Ablauf der Festsetzungsfrist wird in zahlreichen Fällen hinausgeschoben (Ablaufhemmung). Wichtige Anwendungsfälle ergeben sich aus:
- Antrag auf Steuerfestsetzung oder Änderung, § 171 Abs. 3 AO;
- Einspruchs- oder Klageverfahren, § 171 Abs. 3a AO;
- Außenprüfung, § 171 Abs. 4 AO;
- Ermittlungen der Fahndungsstellen, § 171 Abs. 5 AO;
- Vorläufige Steuerfestsetzung, § 171 Abs. 8 AO;
- Grundlagenbescheid, § 171 Abs. 10 AO.

Mit Eintritt der Festsetzungsverjährung sind die erstmalige Steuerfestsetzung sowie die Aufhebung, Änderung oder Berichtigung nach § 129 AO nicht mehr zulässig. Der Steueranspruch erlischt. Weiterhin bewirkt die Festsetzungsverjährung den gesetzlichen Wegfall des Vorbehalts der Nachprüfung und den endgültigen Ablauf der Aufbewahrungsfrist.

Vertiefungshinweis: *Peter Gerlach - Festsetzungsverjährung - NWB DokID: EAAAA-88431*

F. Außenprüfung

I. Zulässigkeit

Nach § 193 Abs. 1 AO ist die Außenprüfung ohne weitere Voraussetzungen bei allen Gewinnermittlern zulässig, nicht jedoch bei Steuerpflichtigen, die Einkünfte nach § 18 Abs. 1

Nr. 2 und 3 EStG erzielen, also die zwar selbständig, aber nicht freiberuflich tätig sind, und bei Steuerpflichtigen mit anderen Einkunftsarten als den genannten.

Eine Außenprüfung nach § 193 Abs. 2 Nr. 1 AO ist bei Steuerpflichtigen zulässig, die für Rechnung eines anderen Steuern entrichten, oder für Rechnung eines anderen Steuern einbehalten und abführen.

Bei anderen ist die Außenprüfung unter den Voraussetzungen der Vorschrift des § 193 Abs. 2 Nr. 2 AO zulässig, nämlich dass die für die Besteuerung erheblichen Verhältnisse der Aufklärung bedürfen und eine Prüfung an Amtsstelle nach Art und Umfang des zu prüfenden Sachverhalts nicht zweckmäßig ist.

Vertiefungshinweis: *Alexander v. Wedelstädt - Betriebsprüfung - NWB DokID: PAAAB-04785*

II. Prüfungsumfang, § 194 AO , § 4 BpO

Die nach § 193 Abs. 1 AO zulässige Prüfung beschränkt sich nicht auf die jeweiligen Einkünfte des Steuerpflichtigen, die die Zulässigkeit begründen, § 194 Abs. 1 S. 1 AO. Es können auch außerbetriebliche steuerliche Verhältnisse mitgeprüft werden. Nach § 194 Abs. 1 S. 3 AO gehören zum Umfang der Prüfung bei der Gesellschaft steuerlich relevante Verhältnisse der Gesellschafter, wenn diese für die zu überprüfenden einheitlichen Feststellungen, also die Besteuerungsgrundlagen der Personengesellschaft selbst, von Bedeutung sind, wie z.B. Sonderbetriebseinnahmen und -ausgaben.

III. Allgemeine Rechte und Pflichten des Prüfers

Der Prüfer ist u.a. verpflichtet,

- sich bei seinem Erscheinen unverzüglich auszuweisen (§ 198 S. 1 AO),
- den Beginn der Prüfung unter Angabe von Datum und Uhrzeit aktenkundig zu machen (§ 198 S. 2 AO); dies hat Bedeutung für die Frage der Selbstanzeige (§ 371 Abs. 2 Nr. 1 Buchst. a AO),
- auch zu Gunsten des Steuerpflichtigen zu prüfen (§ 199 Abs. 1 AO),
- den Steuerpflichtigen über seine Prüfungsfeststellungen regelmäßig unaufgefordert zu unterrichten, wenn dadurch Zweck und Ablauf der Prüfung nicht beeinträchtigt werden (§ 199 Abs. 2 AO),
- im Falle des Verdachts einer Steuerstraftat oder Steuerordnungswidrigkeit nach § 10 BpO vorzugehen,
- eine Schlussbesprechung über das Ergebnis der Außenprüfung durchzuführen (§ 201 AO).
- Er ist unter anderem berechtigt, Grundstücke und Betriebsräume zu besichtigen (§ 200 Abs. 3 S. 2 AO);
- die tatsächlichen und rechtlichen Verhältnisse, die für die Steuerpflicht und für die Bemessung der Steuer maßgebend sind (Besteuerungsgrundlagen), zu prüfen (§ 199 Abs. 1 AO),
- Kontrollmitteilungen zu fertigen, § 194 Abs. 3 AO , § 9 BpO.

IV. Allgemeine Rechte und Pflichten des Steuerpflichtigen

Aus den zuvor erwähnten Pflichten des Betriebsprüfers ergeben sich entsprechende Rechte und Pflichten des Steuerpflichtigen:
- Dem Prüfer müssen erforderliche Hilfsmittel und Räumlichkeiten zur Verfügung gestellt werden, (§ 200 Abs. 2 S. 2 AO);

- bei der Feststellung der Sachverhalte, die für die Besteuerung erheblich sein können, hat der Steuerpflichtige mitzuwirken, (§ 200 Abs. 1 S. 1 AO);
- auch die gesetzlichen Vertreter natürlicher oder juristischer Personen und die Geschäftsführer von nichtrechtsfähigen Personenvereinigungen und Vermögensmassen (§ 34 AO) sind an die Mitwirkungspflichten gebunden;
- hat der Steuerpflichtige einen Bevollmächtigten bestellt, ist dieser heranzuziehen, aber nicht für Auskünfte, wenn es sich um persönliches Wissen des Steuerpflichtigen über erhebliche Tatsachen handelt.
- § 393 Abs. 1 AO besagt, dass Auskünfte vom Steuerpflichtigen nicht mehr erzwungen werden dürfen, wenn er dadurch gezwungen würde, sich selbst wegen einer Steuerstraftat oder einer Steuerordnungswidrigkeit zu belasten.

V. Auskunftspflicht Dritter

Im Rahmen von Außenprüfungen sind nach § 93 Abs. 1 AO auch Dritte zur Auskunft verpflichtet. Voraussetzung ist nach § 93 Abs. 1 S. 3 AO allerdings, dass die Sachverhaltsaufklärung durch die Beteiligten nicht zum Ziele führt oder keinen Erfolg verspricht. Auch für das Auskunftsersuchen gegen Dritte gelten die Voraussetzungen der Erforderlichkeit, Verhältnismäßigkeit, Erfüllbarkeit und Zumutbarkeit. Für Dritte ergeben sich Auskunftsverweigerungsrechte aus § 101 AO (für Angehörige), § 102 AO (für bestimmte Berufsgruppen), § 103 AO (für Dritte bei Gefahr der Verfolgung wegen einer Straftat oder Ordnungswidrigkeit).

VI. Besondere Auswirkungen der Außenprüfung

1. Verjährung:

Nach § 171 Abs. 4 AO wird der Ablauf der Festsetzungsfrist gehemmt durch die Durchführung einer Außenprüfung. Gehemmt wird die Festsetzungsverjährung durch den Beginn einer Außenprüfung - Scheinhandlungen lassen diese Wirkung nicht eintreten, z.B. die Hinausschiebung des Beginns der Außenprüfung auf Antrag des Steuerpflichtigen.

2. Selbstanzeige:

Solange der Betriebsprüfer nicht zur Prüfung erschienen ist und die übrigen Hemmnisgründe des § 371 AO für die Wirksamkeit einer strafbefreienden Selbstanzeige nicht vorliegen (§ 371 Abs. 2 Nr. 1 Buchst. b und Nr. 2 AO), kann der Steuerpflichtige bei Steuerhinterziehung nach § 371 AO strafbefreiend Selbstanzeige erstatten.

3. Aufhebung des Vorbehalts der Nachprüfung:

Nach einer Außenprüfung ist der Vorbehalt der Nachprüfung aufzuheben, wenn sich Änderungen gegenüber der Steuerfestsetzung unter Vorbehalt der Nachprüfung nicht ergeben, § 164 Abs. 3 S. 3 AO. Ergeben sich in der Außenprüfung Änderungen gegenüber dem Steuerbescheid unter Vorbehalt der Nachprüfung, so müssen die Feststellungen in einem geänderten Steuerbescheid ausgewertet werden.

Nach § 173 Abs. 2 AO können Steuerbescheide, die auf Grund einer Außenprüfung ergangen sind, nur geändert werden, wenn eine Steuerhinterziehung oder eine leichtfertige Steuerverkürzung vorliegt.

VII. Rechtsschutz gegen Prüfungsmaßnahmen

Ziel des Rechtsschutzes gegen Prüfungsmaßnahmen ist in erster Linie die Beendigung der Maßnahme, in zweiter Linie das Verbot der Verwertung der Feststellungen aus der Durchführung der Maßnahme. Prüfungsmaßnahmen können mit dem Einspruch nur angefochten werden, wenn sie als Verwaltungsakt ergangen sind. Stellt eine Prüfungsmaßnahme keinen Verwaltungsakt dar, kann der Steuerpflichtige die Prüfungsmaßnahme nicht anfechten, sondern ist gezwungen, die das Ergebnis der Prüfungsmaßnahme auswertende Steuerfestsetzung mittels Einspruch anzugreifen mit dem Ziel des Verbots der Auswertung der festgestellten Tatsachen. Ein Einspruch hat keine aufschiebende Wirkung, § 361 Abs. 1 S. 1 AO. Um zu vermeiden, dass während des Rechtsbehelfsverfahrens der angefochtene Verwaltungsakt vollzogen und damit Feststellungen für die Auswertung getroffen werden, ist vorläufiger Rechtsschutz durch Aussetzung der Vollziehung zu beantragen. Mit Abschluss der Außenprüfung erledigen sich die Prüfungsanordnung und andere als Verwaltungsakt ergangene Prüfungsmaßnahmen, eine Anfechtungsklage ist unzulässig.

Vertiefungshinweis: *Alexander v. Wedelstädt - Betriebsprüfung - NWB DokID: PAAAB-04785; ders. - Kontenabruf - KAAAB-76830; ders. - Tatsächliche Verständigung - HAAAB-04886*

G. Verbindliche Auskunft

Der Antrag muss folgendes enthalten:
- Die genaue Bezeichnung des Antragstellers mit Name, Wohnort, ggf. Steuernummer des zuständigen Finanzamts.
- Die Darstellung des besonderen steuerlichen Interesses an

der Auskunft; dies bezieht sich auf die möglichen finanziellen Folgen des vorgetragenen Einzelfalles.
► Eine umfassende und in sich geschlossene, richtige und vollständige Darstellung des ernsthaft geplanten Sachverhalts.
► Die ausführliche Darstellung des Rechtsproblems und des eigenen Rechtsstandpunktes.
► DieFormulierung konkreter Rechtsfragen.
► Die Erklärung, dass für den Sachverhalt bei keiner anderen Finanzbehörde eine verbindliche Auskunft beantragt wurde.
► Die Versicherung, dass die Angaben für den Zweck der Auskunftserteilung vollständig und wahrheitsgemäß sind.

§§ der AO	Inhalt der Bestimmung	
§ 89 Abs. 4 AO	Gebühren bei verbindlicher Auskunft	
	Gegenstandswert mindestens/höchstens	5 000 / 30 Mio
	Gebühr mindestens/höchstens	121 / 91 456
	Zeitgebühr je angefangene halbe Stunde	50
	mindestens	100

Die Gebührenpflicht knüpft an die Bearbeitung des entsprechenden Antrags und damit den Arbeitsaufwand an, nicht an die Erteilung der verbindlichen Auskunft. Daher ist die Gebühr grundsätzlich auch dann zu entrichten, wenn die Finanzbehörde in der verbindlichen Auskunft eine andere Rechtsauffassung als der Antragsteller vertritt, wenn sie die Erteilung einer verbindlichen Auskunft ablehnt oder wenn der Antrag zurückgenommen wird. Nimmt der Antragsteller den Antrag auf Erteilung einer verbindlichen Auskunft vor Bekanntgabe der Entscheidung zurück, kann die Gebühr ermäßigt werden (§ 89 Abs. 3 S. 4 AO). Die Gebühr wird grundsätzlich nach dem Wert, den die verbindliche Auskunft für den Antragsteller hat, dem Gegenstandswert (§ 89 Abs. 4 AO), und in entsprechender Anwendung des § 34 GKG berechnet. Maßgebend für die Bestimmung des Gegenstandswerts ist die steuerliche Auswirkung des vom Antragsteller dargelegten Sachverhalts.

Vertiefungshinweis: *Alexander v. Wedelstädt - Verbindliche Auskunft - NWB DokID: RAAAB-04903*

H. Vollstreckung

Mit Ausnahme des Mahnverfahrens werden im Vollstreckungsverfahren Kosten erhoben, § 337 Abs. 1 und 2 AO. Der Kostenansatz (vgl. § 346 Abs. 2 AO) muss dem Schuldner bekannt gegeben werden. Der Kostenansatz ist ein Verwaltungsakt im Sinne des § 118 AO und kann mit dem Einspruch (§ 347 Abs. 1 Nr. 1 AO) angefochten werden.

§§ der AO	Inhalt der Bestimmung	
§ 339 AO	Pfändungsgebühr bei Vollstreckung	20
§ 340 AO	Wegnahmegebühr bei Vollstreckung	20
§ 341 AO	Verwertungsgebühr bei Vollstreckung	40
§ 344 AO	Auslagen bei Vollstreckung	
	Schreibauslagen je Seite	0,50
	je Datei	2,50
	Zustellung durch Behörde	7,50
§ 329 AO	Zwangsgeld bei Vollstreckung höchstens	25 000

Vertiefungshinweis: *Rudolf Linßen - Vollstreckung - NWB DokID: TAAAC-66540*

I. Das außergerichtliche Rechtsbehelfsverfahren
Einspruch
Der eingelegte Einspruch ist zulässig, wenn er die Zulässigkeitsvoraussetzung erfüllt.
Beschwer und Anfechtungsbeschränkung, §§ 350 , 351 AO,
Rechtsschutzbedürfnis als ungeschriebenes Tatbestandsmerkmal,

Form und Inhalt des Einspruchs, § 357 AO, dieser ist
- bei der Behörde, die den angefochtenen Verwaltungsakt erlassen oder von der der Erlass eines Verwaltungsakts im Fall des Untätigkeitseinspruchs begehrt wird
- schriftlich oder zur Niederschrift zu erklären (§ 357 Abs. 1 S. 1 AO);
- er soll den angefochtenen Verwaltungsakt bezeichnen
- Es muss erkennbar sein, wer den Einspruch eingelegt hat.
- Einschränkungen machen die Erklärung unwirksam.

Einspruchsfrist, §§ 355 Abs. 1, 356 Abs. 2 AO,
- Einsprüche müssen innerhalb der Einspruchsfrist, d.h. vor deren Ablauf, bei der sachlich und örtlich zuständigen Stelle eingehen (§ 355 AO),
- die Einspruchsfrist beträgt einen Monat, sie ist nicht verlängerbar.
- Die Frist beginnt mit der wirksamen Bekanntgabe des Verwaltungsakts.

Einspruchsbefugnis, § 352 AO,
kein Einspruchsverzicht vorliegt, § 354 AO,
keine Einspruchsrücknahme vorliegt, § 362 AO,
ein Beteiligter Verfahrenshandlungen wirksam vornehmen kann, § 365 Abs. 1 AO i.V.m. § 79 AO,
ordnungsgemäße Vertretung gegeben ist, § 365 AO i.V.m. § 80 AO.

Die Begründetheit ist zu prüfen, wenn der Einspruch zulässig ist. Hier wird die materiell - rechtliche Prüfung des Einzelfalls vorgenommen.

Vertiefungshinweis: Alexander v. Wedelstädt - Einspruch - NWB DokID: ZAAAB-04802

J. Das gerichtliche Rechtsbehelfsverfahren
I. Die Klage

Die Klage muss alle formellen Voraussetzungen - Sachentscheidungsvoraussetzungen - erfüllen. Dies sind im einzelnen:
- Finanzrechtsweg, § 33 FGO
- Sachliche Zuständigkeit, § 35 FGO
- Örtliche Zuständigkeit, § 38 FGO
- Statthaftigkeit der Klage, §§ 40 , 41 FGO
- Erfolgloses Vorverfahren, §§ 44 - 46 FGO
- Beteiligtenfähigkeit
- Prozessfähigkeit, § 58 FGO
- Vollmacht, § 62 FGO
- Klagefrist, § 47 FGO
- Passivlegitimation, § 63 FGO
- Ordnungsmäßigkeit der Klageerhebung, §§ 64 , 65 FGO

Muss-Inhalte der Klage sind die Bezeichnung des Klägers und des Beklagten, die Bezeichnung des Gegenstands des Klagebegehrens sowie bei Anfechtungsklagen des angefochtenen Verwaltungsakts und der Entscheidung über den außergerichtlichen Rechtsbehelf. Die Klage ist unzulässig, wenn ein wirksamer Klageverzicht vorliegt (§ 50 Abs. 1 S. 3 FGO). Die Klage darf nicht zurückgenommen worden sein; eine erneute Klage ist unzulässig (s. § 72 Abs. 2 S. 1 FGO).

Vertiefungshinweis: *Alexander v. Wedelstädt - Klage - GAAAB-04830*

II. Revision

Die Revision ist zuzulassen, wenn einer der Gründe des § 115 Abs. 2 FGO gegeben ist, diese sind abschließend aufgezählt.

Revisionsgründe - § 118 FGO
Die Revision kann gemäß § 118 Abs. 1 FGO nur darauf gestützt werden, dass das angefochtene Urteil auf der Verletzung von Bundesrecht oder revisiblem Landesrecht beruht. Bei der Revisionsbegründung sind folgende Punkte zu beachten:
- Frist - § 120 Abs. 1, 2 FGO - bei Zulassung durch das FG innerhalb von zwei Monaten bei Zulassung durch den BFH innerhalb eines Monats
- Form - § 120 Abs. 2 S. 2 FGO - die Begründung ist schriftlich vorzunehmen. Sie ist beim BFH einzureichen.
- § 120 Abs. 3 Nr. 1 FGO - Angabe der verletzten Rechtsnorm, der Verletzung eines ungeschriebenen allgemeinen Rechtsgrundsatzes die Angabe, um welchen Rechtsgrundsatz es sich handelt und was das FG rechtsfehlerhaft beurteilt hat.

Vertiefungshinweis: *Alexander v. Wedelstädt - Revisionsverfahren - NWB DokID: AAAAC-75105*

III. Kosten

Kosten sind nach § 139 Abs. 1 FGO die Gerichtskosten (Gebühren und Auslagen) und die zur zweckentsprechenden Rechtsverfolgung oder Rechtsverteidigung notwendigen Aufwendungen der Beteiligten einschließlich der Kosten des Vorverfahrens. Diese werden im einzelnen im Gerichtskostengesetz geregelt.

Vertiefungshinweis: Dr. Alfred Hollatz - Kosten im gerichtlichen Steuerrechtsstreit - NWB DokID: XAAAB-51593

K. Steuerstraf- und Steuerordnungswidrigkeiten
I. Steuerstrafverfahren

Für das Strafverfahren wegen Steuerstraftaten gelten grundsätzlich die Regelungen der Strafprozessordnung und des Gerichtsverfassungsgesetzes, allerdings modifiziert durch die besonderen Vorschriften der AO.

- Steuerhinterziehung (§ 370 AO),
- gewerbsmäßiger, gewaltsamer und bandenmäßiger Schmuggel (§ 373 AO),
- gewerbs- und bandenmäßige Steuerhinterziehung (§ 370a AO),
- gewerbs- und bandenmäßige Schädigung des Umsatzsteueraufkommens (§ 26c UStG),
- Steuerhehlerei (§ 374 AO),
- Bannbruch (§§ 369 Abs. 1 Nr. 2, 372 AO) einschließlich der entsprechenden Begehung als Schmuggel i.S. des § 373 AO,
- Steuerzeichenfälschung (§ 369 Abs. 1 Nr. 3 AO , §§ 148 ff. StGB),
- Begünstigung eines Steuerstraftäters (§ 369 Abs. 1 Nr. 4 AO, § 257 StGB).

II. Steuerordnungswidrigkeitenverfahren

Für das Verfahren wegen Steuerordnungswidrigkeiten gelten die Vorschriften der Abgabenordnung (§§ 409 ff. AO) und des Gesetzes über Ordnungswidrigkeiten. Steuerordnungswidrigkeiten (§ 377 Abs. 1 AO) sind:

- Leichtfertige Steuerverkürzung (§ 378 AO),
- Gefährdungstatbestände (§§ 379 - 382 AO),

- Unzulässiger Erwerb von Steuererstattungs- und Vergütungsansprüchen (§ 383 AO),
- Schädigung des Umsatzsteueraufkommens (§ 26b UStG),
- Tatbestände nach verschiedenen Verbrauchsteuergesetzen (§ 126 BranntwMonG, § 29 MinÖStG, § 24 BierStG, § 18 KaffeeStG, § 29 SchaumwZwStG, § 30 TabStG).

§§ der AO	Inhalt der Bestimmung	
§ 378 Abs. 2 AO	Geldbuße bei leichtfertiger Steuerverkürzung bis	50 000
§ 379 Abs. 4 AO	Geldbuße bei Steuergefährdung bis	5 000
§ 380 AO	Geldbuße bei Gefährdung der Abzugsteuern bis	25 000
§ 381 AO	Geldbuße bei Verbrauchsteuergefährdung bis	5 000
§ 382 AO	Geldbuße bei Gefährdung der Einfuhr- und Ausfuhrabgaben bis	5 000
§ 383 AO	Geldbuße bei unzulässigem Erwerb von Steuererstattungs-/Vergütungsansprüchen bis	50 000
§ 383a AO	Geldbuße bei zweckwidriger Verwendung des Identifikationsmerkmals bis	10 000
§ 384 AO	Verfolgungsverjährung Steuerordnungswidrigkeit	5 J.

III. Befugnisse der Strafverfolgungsbehörden

Die Finanzbehörde bzw. die Staatsanwaltschaft kann Ermittlungen jeder Art vornehmen oder durch die Behörden und Beamten des Polizeidienstes und hier insbesondere der Steuerfahndung vornehmen lassen (§ 161 StPO). Außerdem dürfen die Finanzbehörde und die Staatsanwaltschaft bei Gefahr im Verzuge Gegenstände als Beweismittel in Verwahrung nehmen bzw. beschlagnahmen (§§ 94 ff. StPO), Durchsuchungen beim Beschuldigten und anderen Personen vornehmen (§§ 102, 103 StPO), Personen vorläufig festnehmen, wenn die Voraussetzungen für einen Haft- oder Unterbringungsbefehl vorliegen (§ 127 StPO). Liegt Gefahr im Verzuge nicht vor, dürfen diese Maßnahmen allein durch den Ermittlungsrichter angeordnet werden, Finanzbehörde und Staatsanwaltschaft haben ein Antragsrecht (§ 162 StPO). Gegen die richterliche Entscheidung ist die Beschwerde zulässig (§ 304 StPO) .

L. Steuerhinterziehung

Nach § 370 Abs. 1 Nr. 1 AO macht sich strafbar, wer Steuern verkürzt oder ungerechtfertigte Steuervorteile erlangt, indem er der Finanzbehörde oder anderen Behörden über steuerlich erhebliche Tatsachen unrichtige oder unvollständige Angaben macht.

Die in § 370 AO geannten "steuerlich erhebliche Tatsachen", "Steuerverkürzung" und "ungerechtfertigter Steuervorteil" werden durch die Vorschriften der einschlägigen Einzelsteuergesetze ausgefüllt. Täter einer Steuerhinterziehung kann sein
- der Steuerschuldner,
- Dritte, wie z.B. Personen nach §§ 34 , 35 AO,
- der steuerliche Berater,
- oder Angestellte des Steuerschuldners wie z.B. Buchhalter o.ä.,
- nach §§ 93 ff. AO auskunftspflichtige Dritte,
- der im Rahmen ihrer Zuständigkeit handelnde Finanzbeamte, der sich mittels fingierter Steuervorgänge bereichert oder der die ihm von einem Steuerpflichtigen vorgelegten Unterlagen sinnwidrig bzw. eigenmächtig verwendet.

Die Steuerhinterziehung kann steuerrechtliche Folgen haben, und zwar insbesondere

- die Verlängerung der Festsetzungsfrist für hinterzogene Steuern auf zehn Jahre, § 169 Abs. 2 S. 2 AO,
- die Aufhebung der Änderungssperre nach § 173 Abs. 2 AO,
- Hinterziehungszinsen, § 235 AO,
- die Haftung des Täters oder Teilnehmers für die hinterzogenen Steuerbeträge und die Hinterziehungszinsen, § 71 AO.

Nicht steuerrechtliche Folgen können unter anderem sein:
- Gewerbeuntersagung (§ 35 Abs. 1 GewO),
- Versagung oder Widerruf der Erlaubnis zum Betrieb einer Gaststätte (§§ 4 und 15 GastG),
- Widerruf der Genehmigung zur Personenbeförderung (§ 25 PBefG).

§§ der AO	Inhalt der Bestimmung	
§ 235 AO	Hinterziehungszinsen je vollen Monat	0,5 %

Vertiefungshinweis: *Alexander v. Wedelstädt - Steuerstrafverfahren, Steuerordnungswidrigkeitsverfahren - NWB DokID: KAAAB-17521; ders. - Steuerhinterziehung - NWB DokID: TAAAB-80024*

Zweiter Teil: Einkommensteuer

System und Inhalt des Einkommensteuergesetzes in aller Kürze

Berechnungsprogramme zur Einkommensteuer

Einkommensteuer-Schnellrechner
Von Steuerberater u. Dipl.-Kfm. Holger Gemballa
Fundstelle: NWB DokID: JAAAB-40644

Einkommensteuer-Tarife 1958 bis 2008
Von Oberregierungsrat Harald Poxrucker und Andreas Poxrucker
Fundstelle: NWB DokID: MAAAB-05505

Pkw-Besteuerung beim gewillkürten Betriebsvermögen
Von Steuerberater und Betriebswirt Stefan Mücke
Fundstelle: NWB DokID: WAAAB-87784

A. Steuerpflicht

I. Persönliche Steuerpflicht

Die Steuerpflicht der Einkommensteuer umfasst das Einkommen, das in der Bunderepublik Deutschland bezogen wird, einer natürlichen Person, die sich in ihrem Herrschaftsbereich aufhält, unabhängig von der Staatsangehörigkeit und dem Wohnort des Beziehers. Bei der persönlichen Steuerpflicht wird unterschieden zwischen

- unbeschränkte Steuerpflicht (§ 1 Abs. 1 EStG),
- Option zur unbeschränkten Steuerpflicht (§ 1 Abs. 3 EStG) und der
- beschränkten Steuerpflicht (§ 1 Abs. 4 EStG).

II. Fiktive unbeschränkte Steuerpflicht

Natürliche Personen können auf Antrag, wenn kein Wohnsitz oder gewöhnlicher Aufenthalt im Inland vorliegt, ihre Einkünfte, die zu mindestens 90 v.H. der deutschen Einkommensteuer unterliegen oder wenn die nicht der deutschen Einkommensteuer unterliegenden Einkünfte den Grundfreibetrag der Einkünfte in § 32a Abs. 1 S. 2 Nr. 1 EStG nicht überschreiten, als unbeschränkt steuerpflichtig behandelt werden. Beschränkt einkommensteuerpflichtig können Personen sein, soweit sie inländische Einkünfte i.S.d. § 49 EStG beziehen.

§ 49 EStG zählt die Einkünfte auf, die, soweit sie nicht durch Doppelbesteuerungsabkommen von der deutschen Besteuerung freigestellt sind, der beschränkten Steuerpflicht unterfallen. Betriebsausgaben und Werbungskosten dürfen nur insoweit abgezogen werden, als sie mit inländischen Einkünften im Zusammenhang stehen. Auf weitere Besonderheiten ist bei Arbeitnehmer zu achten.

III. Erweiterte beschränkte Steuerpflicht

Gemäß § 2 AStG unterliegen Einkünfte eines beschränkt Steuerpflichtigen über den Rahmen des § 49 EStG hinaus der Steuerpflicht, wenn ein deutscher Staatsangehöriger in den letzten zehn Jahren mindestens fünf Jahre unbeschränkt steuerpflichtig war, in einem Niedrigsteuergebiet ansässig ist und im Inland wesentliche wirtschaftliche Interessen hat. Der erweiterten beschränkten Steuerpflicht unterliegen damit alle Einkünfte, die nicht als inländische Einkünfte i.S.d. § 49 EStG anzusehen sind, die aber bei unbeschränkter Steuerpflicht keine ausländischen Einkünfte i.S.d. § 34d EStG wären.

§§ des EStG	Inhalt der Bestimmung	2007	2008
§ 1 Abs. 3 EStG	Grenzpendlerregelung		
	Summe der Einkünfte muss der deutschen Einkommensteuer unterliegen zu mindestens	90 %	90 %
	nicht der deutschen Einkommensteuer unterliegende Einkünfte übersteigen nicht	6 136	7 664
§ 1a Abs. 1 EStG	unbeschränkte Steuerpflicht für Staatsangehörige EU-/EWR-Ausland		
	Summe der Einkünfte muss der deutschen Einkommensteuer unterliegen zu mindestens	90 %	90 %
	nicht der deutschen Einkommensteuer unterliegende Einkünfte übersteigen nicht	6 136	7 664
	bei Ehegatten Verdopplung auf	12 272	15 328
§ 1a Abs. 2 EStG	unbeschränkte Steuerpflicht von Bundes-/Landesbediensteten ohne diplomatischen/konsularischen Status		
	Summe der Einkünfte muss der deutschen Einkommensteuer unterliegen zu mindestens	90 %	90 %
	nicht der deutschen Einkommensteuer unterliegende Einkünfte übersteigen nicht	6 136	7 664

Vertiefungshinweis: *Catrin Geißler - Steuerpflicht - NWB DokID: XAAAB-40285*

B. Steuerfreie Einnahmen

Jahressteuergesetz 2009: Mit § 3 Nr. 34 EStG soll ein neuer Freibetrag für vom Arbeitgeber zusätzlich zum Arbeitslohn erbrachte Leistungen zur Gesundheitsförderung eingeführt werden.

Der Gesetzgeber hat zahlreiche Einnahmen steuerfrei gestellt. Viele unterliegen jedoch als Lohnersatzleistungen im Rahmen der Einkommensteuerveranlagung dem Progressionsvorbehalt. Soweit Ausgaben mit steuerfreien Einnahmen in einem unmittelbaren Zusammenhang stehen, können diese nicht als Betriebsausgaben oder Werbungskosten abgezogen werden. Für den Arbeitgeber gilt das Saldierungsverbot zwischen steuerpflichtigen Einnahmen und dem steuerfreien Ersatz von Aufwendungen seiner Arbeitnehmer. Hier einige Beispiele für Steuerbefreiungen im Einzelnen:

- Steuerfreie Sozialleistungen, insbesondere Leistungen aus der Krankenversicherung, Pflegeversicherung, der gesetzlichen Unfallversicherung, das Mutterschaftsgeld und entsprechende Leistungen;
- Leistungen der Arbeitsförderung wie das Arbeitslosengeld, das Kurzarbeitergeld, das Winterausfallgeld, die Arbeitslosenhilfe und ähnliche Leistungen;
- Einnahmen aus Pflegeleistungen bis zur Höhe des Pflegegeldes, soweit die Leistungen durch Angehörige des Pflegebedürftigen oder andere, sittlich verpflichtete Personen, erfolgen;
- Kapitalabfindungen auf Grund der gesetzlichen Rentenversicherung oder der Beamtengesetze;
- Krankenversicherungszuschüsse der gesetzlichen Rentenversicherung; Beitragszuschüsse der Alterskasse für versicherungspflichtige Landwirte;

- Wohngeld nach den Wohngeldgesetzen und die Zusatzförderung nach der Wohnraumförderung sowie Mietvorteile; Erziehungsgeld;
- von einer öffentlichen Kasse gezahlte Aufwandsentschädigungen, z.B. für ehrenamtliche Tätigkeiten (steuerfreier Höchstbetrag ab dem 01.01.2007: 175€);
- Versorgungsbezüge an Kriegs-, Wehr- oder Zivildienstgeschädigte und deren Hinterbliebene, die nicht auf Grund der Dienstzeit geleistet werden, sowie laufende Zuwendungen eines früheren alliierten Besatzungssoldaten an seine im Inland ansässige Ehefrau;
- geldwerte Vorteile aus der Überlassung von Dienstkleidung, Einkleidungsbeihilfen, im Einsatz gewährte Verpflegung / Verpflegungszuschüsse sowie der geldwerte Vorteil aus der gewährten Heilfürsorge für Angehörige der Bundeswehr, des Bundesgrenzschutzes, der Zollfahndung, der Feuerwehr und der Polizei;
- Erstattungen von Reise- und Umzugskosten von Arbeitnehmern sowie dem Arbeitnehmer zur Verfügung gestellte durchlaufende Gelder und der Auslagenersatz durch den Arbeitgeber;
- geldwerte Vorteile aus der privaten Nutzung betrieblicher Computer und Telekommunikationseinrichtungen;
- Zukunftssicherungsleistungen an Arbeitnehmer, Beiträge des Arbeitgebers an eine Pensionskasse oder einen Pensionsfonds, bis zu einem Jahreshöchstbetrag von 4 v.H. der Beitragsbemessungsgrenze in der Rentenversicherung und Leistungen an Pensionsfonds zur Übernahme von Versorgungen;
- zusätzlich zum Arbeitslohn gezahlte Sonn-, Feiertags- und Nachtzuschläge. Mit § 3 Nr. 34 EStG soll ein neuer Freibetrag für vom Arbeitgeber zusätzlich zum Arbeitslohn erbrachte Leistungen zur Gesundheitsförderung einge-

führt werden;
- Leistungen zur Förderung von Wissenschaft, Forschung, Bildung, Erziehung, Kunst und Kultur;
- Bezüge auf Grund von Leistungen zur Erfüllung der Wehr- und Zivildienstpflicht wie Heilfürsorge für Wehr- und Zivildienstleistende und Versorgungsbezüge für Wehr- und Zivildienstbeschädigte;
- 50 v.H. der Einnahmen, die dem Halbeinkünfteverfahren unterliegen;
- Förderungen bei der Aufgabe der Landwirtschaft.

Einnahmen aus bestimmten nebenberuflichen Tätigkeiten können bis zur Höhe von 2 100 € steuerfrei belassen werden. Eine Tätigkeit wird nebenberuflich ausgeübt, wenn sie nicht mehr als ein Drittel der Arbeitszeit einer vergleichbaren Vollzeitbeschäftigung in Anspruch nimmt. Vgl. hierzu Bayerisches Landesamt für Steuern v. 29.07.2008 - S 2121.1.1-1/4 St 32/St 33, NWB DokID: QAAAC-86798.

§§ des EStG	Inhalt der Bestimmung	2007	2008
§ 3 Nr. 26 EStG	Steuerbefreiung von Einnahmen für nebenberufliche Übungsleiter usw.	2 100	2 100
§ 3 Nr. 26a EStG	Steuerbefreiung von Einnahmen aus nebenberuflicher gemeinnütziger Tätigkeit	500	500
§ 3 Nr. 27 EStG	Grundbetrag der Produktionsaufgaberente und Ausgleichsgeld bei Betriebsaufgabe in Landwirtschaft	18 407	18 407
§ 3 Nr. 38 EStG	Sachprämie für Kundenbindung steuerfrei jährlich bis	1 080	1 080
§ 3 Nr. 40 EStG	Dividenden, Anteilsveräußerung usw. (Halbeinkünfteverfahren) steuerfrei zu	50 %	50 %

§§ des EStG	Inhalt der Bestimmung	2007	2008
§ 3 Nr. 41 EStG	Bezüge aus Wagnis-Kapitalgesellschaften (Carried Interest) steuerfrei zu	50 %	50 %
§ 3 Nr. 50 EStG	pauschaler Auslagenersatz an Arbeitnehmer für Telekommunikationsleistungen	20 %	20 %
	höchstens	20	20
§ 3 Nr. 56 EStG	Zuwendungen des Arbeitgebers an betriebliche Versorgungssysteme steuerfrei bis... % der Beitragsbemessunsgrundlage	-	1 %
§ 3 Nr. 63 EStG	Beiträge zur betrieblichen Altersversorgung steuerfrei bis... der Beitragsbemessungsgrenze	4 %	4 %
	bei Neuzusagen (nach dem 31. 12. 2004) Erhöhung um zusätzlichen Festbetrag	1 800	1 800
§ 3 Nr. 70 EStG	Steuerbefreiung für Grundstücksübertragung auf einen REIT	50 %	50 %
R 3.11 LStR	Beihilfen an Arbeitnehmer in Notfällen	600	600
R 3.12 LStR	Aufwandsentschädigungen aus öffentlichen Kassen für Ehrenamtliche steuerfrei mindestens	175	175
R 9.13 LStR	Heimarbeitszuschläge steuerfrei	10 %	10 %
R 19.3 Abs. 1 LStR	pauschale Fehlgeldentschädigung kein Arbeitslohn bis mtl.	16	16
§ 3b Abs. 1 EStG	Zuschläge zum Grundlohn steuerfrei bis		
	Nachtarbeit	25 % / 40 %	25 % / 40 %
	Sonntagsarbeit	50 %	50 %
	gesetzliche Feiertage	125 %	125 %

§§ des EStG	Inhalt der Bestimmung	2007	2008
	Weihnachten und 1. Mai	150 %	150 %
§ 3c Abs. 2 EStG	Abzug von Werbungskosten., die mit Einnahmen i. S. des § 3 Nr. 40 EStG im Zusammenhang stehen	50 %	50 %

Vertiefungshinweis: *Udo Vanheiden - Steuerfreie Einnahmen - NWB DokID: NAAAB-04884*

C. Gewinneinkünfte

Bei Land- und Forstwirtschaft, Gewerbebetrieb und selbständiger Arbeit sind gemäß § 2 Abs. 2 Nr. 2 EStG die Einkünfte der Gewinn. Dieser ist gemäß § 4 Abs. 1 S. 1 EStG, dem Betriebsvermögensvergleich nach folgendem Schema zu ermitteln:

Betriebsvermögen am Schluss des Wirtschaftsjahres

./. Betriebsvermögen am Schluss des vorangegangenen Wirtschaftsjahres

= Unterschiedsbetrag

+ Wert der Entnahmen

./. Wert der Einlagen

= Gewinn

Es ist zu unterscheiden zwischen dem Betriebsvermögen nach § 5 Abs. 1 EStG, das ist das unter Beachtung des Prinzips der Maßgeblichkeit der Handelsbilanz für die Steuerbilanz ermittelte Betriebsvermögen; steuerliche Bewertungswahlrechte können hierbei nur in Übereinstimmung mit der Handelsbilanz ausgeübt werden,

und dem Betriebsvermögen nach § 4 Abs. 1 S. 1 EStG, das ist das steuerliche Betriebsvermögen, das in sinngemäßer Anwendung handelsbilanzieller Ansatz- und Bewertungsvorschriften ermittelt worden ist; steuerliche Bewertungswahlrechte sind hierbei nicht durch handelsrechtliche Bewertungsvorschriften – wie z.B. das strenge Niederstwertprinzip beim Umlaufvermögen - eingeschränkt.

I. Bilanz

Als Besteuerungsgrundlage hat die Bilanz die Aufgabe, den periodengerechten Gewinn oder Verlust eines Geschäftsjahres auszuweisen. Sie bildet somit die Basis der steuerlichen Gewinnermittlung. Sie ist Teil des Jahresabschlusses.

*Näheres siehe im **Fünften Teil - Bilanzsteuerrecht***

II. Einnahmen-Überschussrechnung

Nach § 4 Abs. 3 S. 1 EStG ist der Gewinn der Überschuss der Betriebseinnahmen über die Betriebsausgaben. Diese Form der Gewinnermittlung ist eine Unterart des Betriebsvermögensvergleichs nach § 4 Abs. 1 S. 1 EStG. Sie erhebt daher auch bei Verschiedenheit der Periodengewinne den Anspruch, den gleichen Totalgewinn zu ermitteln. Betriebseinnahmen und Betriebsausgaben sind im Zeitpunkt ihrer Vereinnahmung bzw. Verausgabung nach § 11 EStG gewinnwirksam zu erfassen.

Für Wirtschaftsjahre, die nach dem 31.12. 2004 beginnen , haben Steuerpflichtige, die den Gewinn nach § 4 Abs. 3 EStG ermitteln, ihrer Steuererklärung gemäß §§ 60 Abs. 4 EStDV eine Gewinnermittlung nach amtlich vorgeschriebenem Vordruck beizufügen. Bei Betriebseinnahmen bis zu 17.500 Euro ist gemäß BMF v. 10.02.2005 - IV A 7 -S 1451 - 14/05 das Fehlen der Anlage nicht zu beanstanden.

Im Grundsatz handelt es sich um eine einfache Ist-Rechnung - jedoch sind folgende Ausnahmen zu beachten:
- Durchlaufende Posten scheiden bei der Gewinnermittlung aus.
- Umsatzsteuer und die Praxisgebühr der Ärzte gehören nicht hierzu.
- Darlehnsaufnahme, –gewährung sowie Tilgung finden keine Berücksichtigung.
- Bei Fremdwährungsdarlehen eintretende Kursänderungen werden bei (Teil-)Tilgung gewinnwirksam.
- Die Vorschriften über die AfA und AfS sind zu befolgen, nicht jedoch die Vorschriften zur Teilwertabschreibung.
- Bewertungsfreiheit für geringwertige Wirtschaftsgüter kann in Anspruch genommen werden
- Anschaffungs- / Herstellungskosten von Wirtschaftsgütern des nicht abnutzbaren Anlagevermögens sind erst im Zeitpunkt des Zuflusses des Veräußerungserlöses oder Entnahme bzw. ihres Verlustes oder Untergangs zu berücksichtigen
- Steuerfreie Rücklagen können gebildet werden
- Regelmäßig wiederkehrende Einnahmen oder Ausgaben sind bereits in dem Kalenderjahr zu berücksichtigen, in welches sie wirtschaftlich gehören
- Nicht in Geld bestehende Einlagen und Entnahmen sind gewinnwirksam zu erfassen
- Vereinfachungs- / Billigkeitsregelungen bestehen für Kaufpreisraten und Rentenzahlungen

Die Gewinnermittlung nach § 4 Abs. 3 EStG durch Einnahme-Überschussrechnung setzt nach dem Gesetzeswortlaut eine Wahl durch den Steuerpflichtigen voraus. Die Wahrnehmung des Wahlrechts kann nur zu Beginn eines Gewinnermittlungszeitraums erfolgen und setzt zudem das Bewusstsein voraus,

Gewinneinkünfte zu erzielen. Das Wahlrecht zugunsten der Gewinnermittlung nach § 4 Abs. 3 EStG wird dadurch ausgeübt, dass zu Beginn des Gewinnermittlungszeitraums keine Eröffnungsbilanz aufgestellt und keine laufende Buchführung eingerichtet wird, sondern stattdessen die Betriebseinnahmen und Betriebsausgaben aufgezeichnet werden.

Vertiefungshinweis: *Bodo Ebber - Gewinnermittlungsarten - NWB DokID: UAAAB-14434; ders. - Einnahme-Überschussrechnung - NWB DokID: JAAAB-14429; Uwe Ritzkat - Bilanz - NWB DokID: FAAAB-14426*

III. Betriebsausgaben

Gemäß § 4 Abs. 4 EStG sind Betriebsausgaben Aufwendungen, die durch den Betrieb veranlasst sind. Sie mindern, unabhängig von der Gewinnermittlungsart, den Gewinn. Zum Teil sind Betriebsausgaben steuerlich nicht oder nur beschränkt abzugsfähig. Die Abgrenzung zwischen einer betrieblichen und privaten Veranlassung ist nach den erkennbaren objektiven Umständen vorzunehmen. Gemischte Aufwendungen sind in vollem Umfang grundsätzlich nicht abzugsfähig. Ist die private Mitveranlassung nur von untergeordneter Bedeutung, so können Ausnahmen gemacht werden. Den Betriebsumfang und damit den Umfang der betrieblichen Veranlassung bestimmt der Steuerpflichtige selbst. Ob Aufwendungen notwendig, üblich oder zweckmäßig sind, beeinträchtigt nicht die betriebliche Veranlassung und die Abzugsfähigkeit.

Nicht bzw. beschränkt abzugsfähige Betriebsausgaben

Aufwendungen, die in einem unmittelbarem wirtschaftlichen Zusammenhang mit steuerfreien Einnahmen stehen, sind nicht als Betriebsausgaben abzugsfähig. Das Abzugsverbot ist ggf. anteilig bei steuerpflichtigen und steuerfreien Einnahmen zu beachten

- § 3 Nr. 40 EStG (Halbeinkünfteverfahren bzw. ab 01.01.2009 Teileinkünfteverfahren) dürfen Betriebsausgaben nur zur Hälfte bzw. ab 01.01.2009 zu 60 v.H. abgezogen werden.

§ 4 Abs. 5 EStG listet die nicht abzugsfähigen Betriebsausgaben auf. Sie sind nicht abzugsfähig, da sie objektiv auch die private Lebensführung berühren.

- Nr. 1 - Geschenke an Nichtarbeitnehmer über 35 Euro
- Nr. 3 - Gästehäuser
- Nr. 4 - Jagd, Fischerei, Segel- und Motorjachten
- Nr. 7 - unangemessene Aufwendungen
- Nr. 8 - Geldbußen, Ordnungsgelder, Verwarnungsgelder
- Nr. 8a - Hinterziehungszinsen
- Nr. 9 - Ausgleichszahlungen an außenstehende Anteilseigner in Organschaftsfällen
- Nr. 10 - Bestechungs- und Schmiergelder
- Nr. 11 - Zuwendungen von nicht einlagefähigen Vorteilen zur Verwendung in Betrieben, deren Gewinn nach § 5a Abs. 1 EStG ermittelt wird

Nach dem Unternehmensteuerreformgesetz 2008 ist die Gewerbesteuer und die darauf entfallenden Nebenleistungen ab 2008 nicht mehr als Betriebsausgabe abzugsfähig, § 4 Abs. 5 b EStG. Ebenso wenig sind die Aufwendungen für die Wege zwischen Wohnung und Betriebsstätte und für Familienheimfahrten Betriebsausgaben, § 4 Abs. 5 a EStG.

§§ des EStG	Inhalt der Bestimmung	
§ 4 Abs. 5a EStG	Fahrten zwischen Wohnung und Betriebsstätte bei Nutzung eines betrieblichen Kraftfahrzeugs je Kalendermonat und Entfernungskilometer in Höhe von... des Listenpreises	0,03 %
	für Familienheimfahrten	0,002 %

Auch beschränkt abzugsfähigen Betriebsausgaben stehen in § 4 Abs. 5 EStG. Sie sind nur beschränkt abzugsfähig, da sie objektiv auch die private Lebensführung berühren.
- Nr. 2 - Bewirtungskosten
- Nr. 5 - Mehraufwendungen für Verpflegung
- Nr. 6b - häusliches Arbeitszimmer
- betrieblicher Schuldzinsenabzug

§§ des EStG	Inhalt der Bestimmung	
§ 4 Abs. 5 Satz 1 Nr. 2 EStG	Begrenzung der Bewirtungsaufwendungen auf	70 %
R 4.10 Abs. 6, 8 EStR	Bewirtung in betriebseigener Kantine - vereinfachender Ansatz von	15
	Name des Bewirtenden zwingend bei Rechnungen über	100
§ 4 Abs. 5 Satz 1 Nr. 5 EStG	Verpflegungsmehraufwendungen	
	Abwesenheit 24 Stunden	24
	weniger als 24 Stunden, mindestens 14 Stunden	12
	weniger als 14 Stunden, mindestens 8 Stunden	6

Die nicht oder nur beschränkt abzugsfähigen Betriebsausgaben im Sinne des Absatzes 5 S. 1 Nr. 1 bis 4, 6b und 7 müssen gem. § 4 Abs. 7 EStG einzeln und getrennt von den sonstigen Betriebsausgaben aufgezeichnet werden.

Vertiefungshinweis: *Uwe Ritzkat - Betriebsausgaben - NWB DokID: TAAAA-41698*

a) Pauschalen

Für bestimmte Personengruppen gibt es die Möglichkeiten, Betriebsausgaben pauschal zu ermitteln.

§§ des EStG	Inhalt der Bestimmung	
§ 4 Abs. 4 H 18.2 EStH	Betriebsausgabenpauschale	
	hauptberuflich tätige Schriftsteller/Journalisten (nicht Parlamentsjournalisten)	30 %
	höchstens	2 455
	wissenschaftliche, künstlerische, schriftstellerische Nebentätigkeit (auch Lehr- und Prüfungstätigkeit)	25 %
	höchstens	614

b) Schuldzinsen

Der Schuldzinsenabzug ist nach dem Unternehmensteuerreformgesetz 2008 nun in zwei Vorschriften zu finden.
Der betriebliche Schuldzinsenabzug wurde ab VZ 1999 gem. § 4 Abs. 4a Satz 1 EStG neu geregelt. Demnach sind Schuldzinsen nicht abziehbar, wenn im Wirtschaftsjahr Überentnahmen getätigt worden sind. Dabei handelt es sich im Regelfall um den Betrag, um den die Entnahmen des Wirtschaftsjahres den Gewinn zuzüglich etwaiger Einlagen in das Betriebsvermögen übersteigen. Zinsen, die auf Darlehn zur Finanzierung von

Anschaffungs- und Herstellungskosten des Anlagevermögens entfallen, sind in die Berechnung nicht einzubeziehen.

§§ des EStG	Inhalt der Bestimmung	
§ 4 Abs. 4a EStG	Schuldzinsenabzugsverbot in Höhe von... der Überentnahme	6 %
	Sockelbetrag für abziehbare Schuldzinsen	2 050

Durch das Unternehmenssteuerreformgesetz 2008 wird der Betriebsausgabenabzug für Zinsaufwendungen durch eine Zinsschranke eingeschränkt. Danach sind Zinsaufwendungen bis zur Höhe des Zinsertrags desselben Wirtschaftsjahres, darüber hinaus nur bis zur Höhe von 30 v.H. des um die Zinsaufwendungen und die Abschreibungen erhöhten und um die Zinserträge verminderten maßgeblichen Gewinns (maßgeblich ist somit das sog. EBITDA) abzugsfähig. Diese Einschränkung gilt nicht, wenn die Zinsaufwendungen, soweit sie die Zinserträge übersteigen, weniger als eine Million Euro betragen oder der Betrieb nicht zu einem Konzern gehört. Nicht abziehbare Zinsaufwendungen können über ein Feststellungsverfahren vorgetragen werden (Zinsvortrag).

Vertiefungshinweis: *Reinald Gehrmann - Zinsschranke - NWB DokID: DAAAC-52602; Udo Vanheiden - Zweikontenmodell - NWB DokID: IAAAB-04919*

c) Reisekosten

Reisekosten können durch Dienstreisen, durch eine Einsatzwechseltätigkeit oder durch eine Fahrtätigkeit verursacht werden. In diesem Zusammenhang können als Reisekosten steuerlich zu berücksichtigende Fahrtkosten, Verpflegungsmehraufwendungen, Übernachtungskosten und Reisenebenkosten entstehen.

§§ der EStG	Inhalt der Bestimmung	2007	2008
R 9.4 ff. LStR, Fahrtkosten je gefahrenen km			
	Kraftwagen	0,30	0,30
	Motorrad/Motorroller	0,13	0,13
	Moped/Mofa	0,08	0,08
	Fahrrad	0,05	0,05
Erhöhung für jede mitgenommene Person			
	Kraftwagen	0,02	0,02
	Motorrad/Motorroller	0,01	0,01
Übernachtungskosten Dienstreise Inland (Ersatz durch Arbeitgeber)			
	Pauschbetrag	20	20
Kürzung Gesamtübernachtungspreis			
	um Frühstück Inland	4,50	20 %
	Ausland	20 %	20 %
	Mittag-/Abendessen jeweils	-	40 %

§§ der EStG	Inhalt der Bestimmung	
§ 9 Abs. 2 EStG	Fahrten zwischen Wohnung und Arbeitsstätte	
	Entfernungspauschale je Entfernungskilometer (ab dem 21. Entfernungskilometer)	0,30
	Höchstbetrag	4 500
doppelte Haushaltsführung		
	Familienheimfahrt je Entfernungskilometer	0,30
Unterbringungskosten (Ersatz durch Arbeitgeber)		
	Übergangszeit (drei Monate)	20
	Folgezeit	5

Vertiefungshinweis: *Bernd Langenkämper - Dienstreise - NWB DokID: HAAAC-34341; ders. - Fahrtätigkeit AAAAC-33983; ders. - Reisekosten - TAAAB-05371*

d) Erwerbsbedingte Kinderbetreuungskosten

Kinderbetreuungskosten sind Ausgaben in Geld oder Geldeswert, die als Entgelt für Dienstleistungen zur persönlichen (behütenden oder beaufsichtigenden) Betreuung eines Kindes geleistet werden. In Betracht kommen z.B. Aufwendungen für die Unterbringung in Kindergärten, Kindertagesstätten und bei Tagesmüttern oder Aufwendungen für die Beschäftigung von entsprechendem Personal, soweit es Kinder betreut, nicht dagegen Aufwendungen für jede Art von Unterricht.

§§ des EStG	Inhalt der Bestimmung	
§ 4f EStG	erwerbsbedingte Kinderbetreuungskosten	
	für Kinder bis vor Vollendung des... Lebensjahrs	14. Lj.
	bei Behinderung	25. Lj.
	Abzug in Höhe von... der Aufwendungen	66,7 %
	Höchstbetrag	4 000

Vertiefungshinweis: *Michael Meier - Kinderbetreuungskosten - NWB DokID: EAAAA-57064*

D. Ermittlung der Überschusseinkünfte

Einnahmen oder Ausgaben des Steuerpflichtigen sind im Kalenderjahr des Zuflusses / Abflusses an- bzw. abzusetzen. Ausnahmsweise gelten regelmäßig wiederkehrende Zahlungen, die innerhalb kurzer Zeit (zehn Tage) vor oder nach Beendigung des Kalenderjahres zu- oder abgeflossen sind, als in diesem Kalenderjahr bezogen bzw. gezahlt.

Unmittelbarer Anwendungsbereich des § 11 EStG:
- ▶ Gewinnermittlung nach § 4 Abs. 3 EStG,
- ▶ Ermittlung der Überschusseinkünfte,
- ▶ Sonderausgabenabzug nach § 10 und § 10b EStG,
- ▶ Abzug der außergewöhnlichen Belastungen nach §§ 33, 33a, 33c EStG. 2.

Nichtanwendung
- ▶ Betriebsvermögensvergleich,
- ▶ Einkünften i.S.d. § 17 EStG.

Ausnahmen
- ▶ Absetzungen für Abnutzungen, GWG
- ▶ Größerer Erhaltungsaufwand ab 2004, der auf Antrag des Steuerpflichtigen auf zwei bis fünf Jahre bei nicht zum Betriebsvermögen gehörenden und überwiegend Wohnzwecken dienenden Gebäuden verteilt werden kann
- ▶ Erhaltungsaufwand bei Gebäuden in Sanierungsgebieten und bei Baudenkmalen
- ▶ Großspendenabzug
- ▶ Verlustabzug
- ▶ Mieterzuschüsse und Mietvorauszahlungen
- ▶ Zusammenballung von Einnahmen (z.B. Entschädigungen)
- ▶ Werbungskosten bei privaten Veräußerungsgeschäften
- ▶ Vorauszahlungen für eine Nutzungsüberlassung von mehr als 5 Jahren.

§§ des EStG	Inhalt der Bestimmung	
§ 11a EStG	Verteilung von Erhaltungsaufwand bei Gebäuden in Sanierungsgebieten	2 - 5 J.
11b EStG	Verteilung von Erhaltungsaufwand bei Baudenkmalen	2 - 5 J.

Vertiefungshinweis: *Bernd Langenkämper - Zufluss-Abfluss-Prinzip - NWB DokID: YAAAB-05702*

E. Die Einkunftsarten
I. Einkünfte aus Land- und Forstwirtschaft

Einkünfte aus dem Betrieb der Land- und Forstwirtschaft erzielt, wer mit Gewinnerzielungsabsicht nachhaltig eine selbständige Tätigkeit ausübt, die sich als Beteiligung am allgemeinen wirtschaftlichen Verkehr darstellt und auf der planmäßigen Nutzung der natürlichen Kräfte des Bodens zur Gewinnung von Erzeugnissen sowie ihrer Verwertung beruht. Häufiger als bei anderen Einkunftsarten stellt sich der Land- und Forstwirtschaft, insbesondere im Nebenerwerb, die Frage nach der Gewinnerzielungsabsicht. Fehlt diese, sind die Einkünfte bei der Ermittlung des zu versteuernden Einkommens nicht zu berücksichtigen.

Für Land- und Forstwirte gibt es drei Gewinnermittlungsarten, die unterschiedliche Voraussetzungen haben:

Betriebsvermögensvergleich
- Gesamtumsätze von mehr als 350 000 € im Kalenderjahr
- selbst bewirtschaftete (eigene oder gepachtete) Flächen mit einem Wirtschaftswert von mehr als 25 000 € oder
- einen Gewinn von mehr als 30 000 € im Kalenderjahr

Besteuerung nach Durchschnittssätzen
- es besteht keine Buchführungspflicht,
- die selbst bewirtschaftete Fläche überschreitet ohne Sonderkulturen nicht 20 Hektar,
- der Tierbestand übersteigt insgesamt nicht 50 Vieheinheiten und

- der Wert der selbst bewirtschafteten Sondernutzungen nach § 13 Abs. 5 EStG beträgt nicht mehr als jeweils 1 024 €.

Einnahme-Überschuss-Rechnung
- für nicht buchführungspflichtige Land- und Forstwirte,
- die einen Antrag nach § 13a Abs. 2 S. 2 EStG auf Gewinnermittlung durch Einnahme-Überschuss-Rechnung stellen und
- mindestens für das erste Wirtschaftsjahr entsprechende Aufzeichnungen machen oder
- die die Voraussetzungen des § 13a EStG nicht erfüllen.

§§ des EStG	Inhalt der Bestimmung	
§ 13 Abs. 1 Nr. 1 EStG	Einkünfte aus landwirtschaftlicher Tierzucht/Tierhaltung je Hektar	
	für die ersten 20 Hektar nicht mehr als	10 VE
	für die nächsten 10 Hektar nicht mehr als	7 VE
	für die nächsten 20 Hektar nicht mehr als	6 VE
	für die nächsten 50 Hektar nicht mehr als	3 VE
	für die weitere Fläche nicht mehr als	1,5 VE
§ 13 Abs. 3 EStG	Freibetrag für Land- und Forstwirtschaft	
	Alleinstehende	670
	Summe der Einkünfte nicht über	30 700
	Zusammenveranlagung	1 340
	Summe der Einkünfte nicht über	61 400

Vertiefungshinweis: *Catrin Geißler - Land- und Forstwirtschaft - NWB DokID: JAAAB-14442*

II. Einkünfte aus Gewerbebetrieb

Gewerbebetrieb ist jede selbständige nachhaltige Tätigkeit, die mit Gewinnerzielungsabsicht unter Beteiligung am allgemeinen wirtschaftlichen Verkehr ausgeübt wird, weder Ausübung von Land- und Forstwirtschaft noch freiberufliche oder andere selbständige Arbeit ist und über den Rahmen privater Vermögensverwaltung hinausgeht. Dazu gehören auch
- Einkünfte aus betrieblichem Kapitalvermögen,
- aus Vermietung und Verpachtung von betrieblichem unbeweglichem Vermögen, Sachinbegriffen und Rechten sowie
- sonstige Einkünfte im Sinne des § 22 EStG, die im Rahmen eines Gewerbebetriebs erzielt werden.

Negative gewerbliche Einkünfte bzw. Einkunftsteile unterliegen besonderen Verlustausgleichs- und Verlustabzugsbeschränkungen. Gewerbliche Einkünfte unterliegen unabhängig von der Rechtsform des Steuerpflichtigen der Gewerbesteuer, soweit der Betrieb im Inland betrieben wird.

1. Betriebsaufspaltung

Eine Betriebsaufspaltung liegt vor, wenn ein regelmäßig nur vermögensverwaltend tätiges Besitzunternehmen eine wesentliche Betriebsgrundlage an eine gewerbliche Betriebsgesellschaft zur Nutzung überlässt (sachliche Verflechtung) und das Besitzunternehmen das Betriebsunternehmen gesellschaftsrechtlich oder - im Ausnahmefall - nur faktisch beherrscht (personelle Verflechtung). Liegen beide Voraussetzungen vor, führt dies zur Gewerblichkeit der Einkünfte der Besitzgesellschaft und damit - anders als bei der bloßen Betriebsverpachtung - auch zu ihrer Gewerbesteuerpflicht. Als Besitzunternehmen kommt
- jede natürliche oder

- juristische Person und
- jede Personengesellschaft/-gemeinschaft in Frage,

die steuerlich Träger eines gewerblichen Unternehmens sein kann. Betriebsgesellschaft kann
- jede juristische Person und
- jede Personengesellschaft / -gemeinschaft sein,

die gewerbliche Einkünfte erzielt.

Eine sachliche Verflechtung liegt vor, wenn das zur Nutzung überlassenen Wirtschaftsgut eine funktional wesentliche Betriebsgrundlage für dieBetriebsgesellschaft darstellt. Um eine personelle Verflechtung handelt es sich, wenn eine Person oder Personengruppe beide Unternehmen in der Weise beherrscht, dass sie ihren einheitlichen Geschäfts- und Betätigungswillen durchsetzen kann.

Liegen die Voraussetzungen der Betriebsaufspaltung insgesamt vor, so führt dies zur Gewerblichkeit der Einkünfte des Besitzunternehmens, auch wenn und soweit dieses eigentlich nur vermögensverwaltend tätig ist. Von der Gewerblichkeit erfasst werden insbesondere
- Mieten und Pachten,
- Lizenzen,
- Zinsen und
- Gewinnausschüttungen (auch verdeckte),

die das Besitzunternehmen von der Betriebsgesellschaft im Zusammenhang mit der Betriebsaufspaltung erhält. Handelt es sich beim Besitzunternehmen um eine Personengesellschaft, werden auch die Einkünfte, die nicht aus der Betriebsaufspaltung resultieren, gewerblich eingefärbt.

Der Gewinn des Besitzunternehmens ist durch Betriebsvermögensvergleich nach §§ 4 Abs. 1 und 5 EStG zu ermitteln.Eine Gewinnermittlung nach § 4 Abs. 3 EStG ist nur zulässig, wenn sich die Buchführungspflicht nicht nach § 238 HGB, § 140 AO, noch § 141 AO ergibt und die Gewinnermittlung nach § 4 Abs. 3 EStG bewusst gewählt worden ist.

Vertiefungshinweis: *Bodo Ebber - Betriebsaufspaltung - NWB DokID: EAAAB-13223*

2. Mitunternehmerschaften

Als Mitunternehmer wird allgemein eine Person bezeichnet, die zusammen mit anderen Personen Unternehmerinitiative (Mitunternehmerinitiative) entfalten kann und Unternehmerrisiko (Mitunternehmerrisiko) trägt. Mitunternehmer können insbesondere die Gesellschafter einer GbR , OHG, KG sowie atypisch stille Gesellschafter sein, aber auch Freiberufler wie z. B. Rechtsanwälte, Steuerberater, Ärzte usw. können sich zu Mitunternehmerschaften in Sozietäten, Gemeinschaftspraxen oder Partnerschaftsgesellschaften zusammenschließen. Der Gewinn der Gesellschaft wird auf der Ebene der Gesellschafter versteuert, zu den Einkünften der Gesellschafter rechnen dabei ihre Anteile am Gewinn der Gesellschaft sowie die Vergütungen, die die Gesellschafter von der Gesellschaft für eine Tätigkeit im Dienst der Gesellschaft oder für die Hingabe von Darlehen oder für die Überlassung von Wirtschaftsgütern beziehen, sogenannte Sondervergütungen.

Zu den Einkünften der Gesellschafter rechnen
- ihre Anteile am Gewinn der Gesellschaft,
- die Vergütungen, die die Gesellschafter von der Gesellschaft für eine Tätigkeit im Dienst der Gesellschaft

- für die Hingabe von Darlehen oder
- für die Überlassung von Wirtschaftsgütern beziehen.

Seit 2008 können Mitunternehmer die Gewerbesteuer ihrer Mitunternehmerschaft pauschal mit dem 3,8fachen des Gewerbesteuermessbetrags (vorher 1,8) der Mitunternehmerschaft bei ihrer tariflichen Einkommensteuer abziehen, soweit sie anteilig auf die im zu versteuernden Einkommen enthaltenen gewerblichen Einkünfte entfällt. Zusätzlich wird die Anrechnung der Gewerbesteuer ab 2008 auf die tatsächlich von der Personengesellschaft zu entrichtende Steuer begrenzt.

Sonderbetriebsvermögen I: Zum gewerblichen Betriebsvermögen rechnen alle Wirtschaftsgüter eines Mitunternehmers, die dem Betrieb der Mitunternehmerschaft – z.B. auf Grundlage eines Miet- oder Pachtvertrages - dienen.

Sonderbetriebsvermögen II: Wirtschaftsgüter, die der Beteiligung eines Gesellschafters an der Gesellschaft zu dienen bestimmt sind, wie z. B. die Anteile der Kommanditisten einer GmbH & Co. an der Komplementär-GmbH, rechnen ebenfalls zum Betriebsvermögen.

Besondere Erscheinungsformen:
- Familiengesellschaft - Beteiligung von Familienangehörigen an einer Personengesellschaft
- Abschreibungsgesellschaften - durch Inanspruchnahme von Sonderabschreibungen und Ausnutzung von Steuervergünstigungen werden Verluste generiert, die auf die Gesellschafter verteilt und von diesen mit positiven Einkünften verrechnet werden

Nicht gewerbliche Mitunternehmerschaften Mitunternehmerschaften können auch Einkünfte aus Land- und Forstwirtschaft oder freiberuflicher Tätigkeit erzielen. Auf sie finden die für die gewerblichen Mitunternehmerschaften geltenden Regeln entsprechende Anwendung.

Werden in einer Personengesellschaft teils gewerbliche, teils nichtgewerbliche wie freiberufliche, land- und forstwirtschaftliche oder vermögensverwaltende Tätigkeiten ausgeübt, gilt sie in vollem Umfang als Gewerbebetrieb, so dass damit auch originär nicht gewerbliche Einkünfte der Gewerbesteuer zu unterwerfen sind.

Die Einkünfte der einzelnen Mitunternehmer aus der Mitunternehmerschaft werden gesondert und einheitlich ermittelt und verbindlich für die ESt- (bzw. KSt-)Veranlagung der Mitunternehmer festgestellt.

Vertiefungshinweis: *Reinald Gehrmann - Mitunternehmerschaft - NWB DokID: XAAAA-88442*

3. Betriebsveräußerung

Im Rahmen des § 16 EStG werden im Wesentlichen die folgenden Tatbestände der Veräußerung bzw. Aufgabe erfasst:

a) Veräußerungstatbestände

Ganzer Gewerbebetrieb
- Die nicht unentgeltliche Übertragung
- des Betriebs mit allen wesentlichen Betriebsgrundlagen
- an einen Erwerber,
- wenn der Veräußerer die mit dem Betriebsvermögen verbundene Tätigkeit aufgibt

Teilbetrieb
- ▶ Die nicht unentgeltliche Übertragung
- ▶ eines organisch geschlossenen,
- ▶ mit einer gewissen Selbständigkeit ausgestatteten Teils eines Gesamtbetriebs,
- ▶ der für sich betrachtet alle Merkmale eines Betriebs aufweist und als solcher lebensfähig ist
- ▶ mit allen wesentlichen Betriebsgrundlagen dieses Teilbetriebs,
- ▶ wenn der Veräußerer die mit dem Teil dieses Betriebsvermögens verbundene Tätigkeit aufgibt.

Als Teilbetrieb gilt auch die zu einem Betriebsvermögen gehörige 100-prozentige Beteiligung an einer Kapitalgesellschaft. Entsprechendes gilt für die Veräußerung eines land- und forstwirtschaftlichen (Teil-) Betriebs sowie einer freiberuflichen Praxis / eines freiberuflichen Praxisanteils.

Gesamter Mitunternehmeranteil
- ▶ Die nicht unentgeltliche Übertragung
- ▶ des ganzen Mitunternehmeranteils, einschließlich der zum Sonderbetriebsvermögen gehörenden wesentlichen Betriebsgrundlagen des Mitunternehmers.
- ▶ Veräußerung ist auch das Ausscheiden gegen Abfindung aus der Mitunternehmerschaft.

Teil- / Betriebsaufgabe
- ▶ Alle wesentlichen Betriebsgrundlagen des Teil- / Betriebs werden
- ▶ innerhalb kurzer Zeit
- ▶ in das Privatvermögen überführt oder
- ▶ an verschiedene Erwerber veräußert oder
- ▶ teilweise veräußert und teilweise in das Privatvermögen überführt und

- damit hört der Betrieb als selbständiger Organismus des Wirtschaftslebens zu bestehen auf.
- Entnahme einer 100-prozentigen Beteiligung ist ebenfalls Teilbetriebsaufgabe.

Die Realteilung einer land- und forstwirtschaftlichen, freiberuflichen oder gewerblichen Mitunternehmerschaft ist eine Betriebsaufgabe.

b) Einbringungen

Die Einbringung eines Betriebs, Teilbetriebs oder Mitunternehmeranteils in eine Mitunternehmerschaft oder Kapitalgesellschaft gegen Gewährung der Mitunternehmerstellung bzw. von neuen Gesellschaftsrechten steht als tauschähnlicher Vorgang einer Veräußerung gleich. Für Einbringungen sind die besonderen steuerlichen Regelungen/ Wahlrechte des Umwandlungssteuergesetzes zu beachten.

Veräußerungs- / Aufgabegewinn

Der Veräußerungsgewinn ist grundsätzlich der Betrag, um den der Veräußerungspreis nach Abzug der Veräußerungskosten den Buchwert des Betriebsvermögens im Zeitpunkt der Veräußerung übersteigt. Der Veräußerungsgewinn unterliegt nicht der Gewerbesteuer.

Veräußerungspreis bzw. gemeiner Wert der ins Privatvermögen überführten Wirtschaftsgüter

./. Veräußerungskosten

./. Wert des (Anteils am) Betriebsvermögen im Sinne des § 4 Abs. 1 oder § 5 EStG

= Veräußerungs-/Aufgabegewinn

Laufender Gewinn liegt vor,
- soweit auf Seite des Veräußerers und
- auf Seite des Erwerbers dieselben Personen Unternehmer oder Mitunternehmer sind,
- ein Entgelt für ein selbständiges Wettbewerbsverbot gezahlt wird oder
- wenn es sich bei dem Veräußerungsgeschäft um die Fortsetzung der bisherigen unternehmerischen Tätigkeit handelt.

Die Betriebsveräußerung gegen Leibrente eröffnet dem Veräußerer ein Wahlrecht:
- sofortige Versteuerung des Rentenbarwerts (= Veräußerungspreis) und anschließende laufende Versteuerung des Ertragsanteils aus den Rentenzahlungen als sonstige Einkünfte im Sinne des § 22 Nr. 1 S. 3 EStG oder
- spätere (volle) Versteuerung der Rentenzahlungen (einschließlich Ertragsanteil) als nachträgliche Betriebseinnahmen im Sinne von § 15 in Verbindung mit § 24 Nr. 2 EStG

Gewinn entsteht erst dann, wenn die Rentenzahlungen das steuerliche Kapitalkonto des Veräußerers und etwaige Veräußerungskosten übersteigen. Bei Betriebsveräußerung gegen festen Barpreis und Leibrente bezieht sich das Wahlrecht nur auf die Leibrente. Bei Betriebsaufgabe besteht ein solches Wahlrecht nicht.

c) Steuerermäßigung

Veräußerungsvorgänge, bei denen regelmäßig stille Reserven realisiert werden, die vielfach über einen längeren Zeitraum gebildet wurden, sind gegenüber laufenden Gewinnen begünstigt zu besteuern.

Steuerpflichtigen, die das 55. Lebensjahr vollendet haben oder die dauernd berufsunfähig sind, wird auf Antrag bei der Einkommensteuer ein Veräußerungsfreibetrag gewährt. Dieser beträgt bei einem Veräußerungsgewinn von nicht mehr als 136.000 Euro 45.000 Euro. Übersteigt der Veräußerungsgewinn 136.000 Euro, so wird der Freibetrag um den übersteigenden Betrag gemindert.

Einmalig kann ein Antrag auf ermäßigte Besteuerung gestellt werden. Die Einkommensteuer auf Veräußerungsgewinne beträgt das Fünffache der auf einem Fünftel des Veräußerungsgewinns entfallenden Einkommensteuer. Liegen die Voraussetzungen für die Gewährung des Veräußerungsfreibetrags dem Grunde nach vor, so kann die Einkommensteuer auf Antrag bis zur Höhe eines Veräußerungsgewinns von 5 Millionen Euro auf 56 v.H. des durchschnittlichen Steuersatzes, mindestens jedoch 15 v.H., beschränkt werden.

Vertiefungshinweis: *Udo Vanheiden - Veräußerungsgewinn - NWB DokID: EAAAB-17523; Bodo Ebber - Betriebsveräußerung - NWB DokID: XAAAB-05656*

III. Einkünfte aus selbständiger Arbeit

§ 18 EStG unterscheidet zwischen drei Arten von Einkünften aus selbständiger Arbeit:
- Einkünfte der Freiberufler
- Einkünfte der Einnehmer einer staatlichen Lotterie
- Einkünfte aus sonstiger selbständiger Tätigkeit

Voraussetzung ist wie bei allen Gewinneinkunftsarten die Selbständigkeit, Nachhaltigkeit, Beteiligung am allgemeinen wirtschaftlichen Verkehr und Gewinnerzielungsabsicht. Unter selbständiger Arbeit versteht man eine Tätigkeit, bei der vor-

wiegend das geistige Vermögen sowie die persönliche Arbeitskraft eingesetzt werden.
- ▶ Wissenschaftliche Tätigkeiten: schreiben von Büchern, Aufsätzen, Gutachtenerstattung, Vortragstätigkeit sowie Lehr- und Prüfungstätigkeit
- ▶ Künstlerische Tätigkeit: aufgrund einer persönlichen, nicht erkennbaren Begabung Gegenstände oder Gestaltungen hervorbringen, hierzu gehören auch reproduktive Tätigkeiten wie die des Dirigenten, Schauspielers und Musikers.
- ▶ Schriftstellerische Tätigkeit: in selbständiger Gestaltung Gedanken für die Öffentlichkeit niederschreiben
- ▶ Unterrichtende Tätigkeit: Vermittlung von Wissen, Kenntnissen und Fähigkeiten an andere Menschen.
- ▶ Erzieherisches Wirken: eine planmäßige Tätigkeit zur körperlichen, geistigen und sittlichen Formung junger Menschen.
- ▶ Die Katalogberufe sind in § 18 Abs. 1 Nr. 1 S. 2 abschließend aufgezählt

Bei gemischter Tätigkeit sind beide Tätigkeiten steuerlich getrennt zu behandeln, wenn eine Trennung nach der Verkehrsauffassung ohne besondere Schwierigkeit möglich ist. Für Personengesellschaft gilt, dass sich Angehörige eines freien Berufs zu einer Personengesellschaft zusammen schließen können und weiterhin Einkünfte aus selbständiger Tätigkeit beziehen..Wird die Personengesellschaft jedoch auch nur teilweise gewerblich tätig, so erzielt sie insgesamt Einkünfte aus Gewerbebetrieb, auch insoweit sie der Tätigkeit eines Freiberuflers nachgeht (Abfärberegelung). Üben mehrere Freiberufler ihre Tätigkeit gemeinsam in Form einer Kapitalgesellschaft aus, so erzielt die Gesellschaft stets gewerbliche Einkünfte.

Welche Tätigkeiten unter den Begriff der sonstigen selbständigen Arbeit fallen, ist in der Rechtsprechung nicht abschließend geklärt. Beispielhaft werden in § 18 Abs. 1 Nr. 3 EStG aufgeführt:
- Testamentsvollstrecker,
- Vermögensverwalter,
- Aufsichtsratsmitglieder.

Für Selbständige gilt bei der Gewinnermittlung nicht die Vorschrift des § 5 EStG, sondern nur § 4 EStG, insbesondere § 4 Abs. 3 EStG, bei der der Gewinn unabhängig von den Buchführungsgrenzen des § 141 AO durch Einnahme-Überschuss-Rechnung ermittelt werden kann. Nur wenn der Steuerpflichtige freiwillig Bücher führt, wird der Gewinn durch Betriebsvermögensvergleich ermittelt.

Vertiefungshinweis: *Catrin Geißler - Selbständige Arbeit - NWB DokID: MAAAB-36694*

IV. Einkünfte aus nichtselbständiger Arbeit

Arbeitnehmer sind Personen, die im öffentlichen oder privaten Dienst angestellt oder beschäftigt sind oder waren und die aus diesem oder einem früheren Dienstverhältnis Arbeitslohn beziehen. Aber auch Rechtsnachfolger dieser Personen (z.B. Witwen und Waisen) sind Arbeitnehmer, wenn sie Arbeitslohn aus dem früheren Dienstverhältnis des Verstorbenen erhalten. Ein Dienstverhältnis liegt vor, wenn der Arbeitnehmer dem Arbeitgeber seine Arbeitskraft schuldet.

Die wichtigsten Merkmale
- Eingliederung in den Betrieb des Arbeitgebers
- Weisungsgebundenheit
- fehlendes Unternehmerrisiko

Arbeitslohn sind alle Bezüge und Vorteile, die für eine Beschäftigung im öffentlichen oder privaten Dienst gewährt werden. Zum Arbeitslohn gehören auch Zahlungen Dritter (z.B. Trinkgelder). Es ist somit jeder geldwerte Vorteil, der durch das individuelle gegenwärtige, zukünftige oder frühere Dienstverhältnis veranlasst ist.

Ab dem Veranlagungszeitraum 2005 werden die Besteuerung der Pensionen und Versorgungsbezüge und der Altersrenten angeglichen:
Pensionen und Versorgungsbezüge werden nach Abzug eines Versorgungsfreibetrags, der von 40 v.H., höchstens 3 000 € in 2005 bis 2020 um jährlich 1,6 v.H., höchstens 120 €, und danach bis 2040 um jährlich 0,8 v.H., höchstens 60 € bis auf Null abgeschmolzen wird, eines Zuschlags zum Versorgungsfreibetrag (als Ausgleich für den verminderten Arbeitnehmer-Pauschbetrag), der von 900 € in 2005 bis 2020 um jährlich 36 € und danach bis 2040 um jährlich 18 € bis auf Null abgeschmolzen wird, sowie eines verminderten Arbeitnehmer-Pauschbetrags von 102 € (werden nebeneinander laufender Arbeitslohn und Versorgungsbezüge bezogen, kommen beide Pauschbeträge nebeneinander zur Anwendung) als Einkünfte aus nichtselbständiger Arbeit versteuert.

§§ des EStG	Inhalt der Bestimmung	2007	2008
§ 19 Abs. 2 EStG	Versorgungsfreibetrag		
	von Versorgungsbezügen	36,8 %	35,2 %
	Höchstbetrag	2 760	2 640
	Zuschlag zum Versorgungsfreibetrag	828	792

Altersrenten werden mit einem Besteuerungsanteil, der sich nach dem Jahr des Rentenbeginns richtet und von 50 v.H.

(Rentenbeginn bis 2005) bis 2020 um jährlich 2 v.H. und danach bis 2040 um jährlich 1 v.H. bis auf 100 v.H. steigt nach Abzug des Werbungskosten-Pauschbetrags von 102 € als sonstige Einkünfte versteuert.

Vertiefungshinweis: *Jochen Wenning - Arbeitnehmer NWB DokID: DAAAB-05654; ders. - Arbeitslohn - NWB DokID: LAAAB-14424; Michael Meier - Pensionen und Versorgungsbezüge - NWB DokID: DAAAB-14444*

V. Einkünfte aus Kapitalvermögen

Einkünfte im Sinne des § 20 EStG sind die Erträge aus der Überlassung des Kapitalstamms. Sie unterliegen größtenteils dem Kapitalertragsteuerabzug, ab 2009 der Abgeltungssteuer. Der Steuersatz für Kapitaleinkünfte beträgt ab 2009 25 v.H. Der Sonderausgabenabzug für die Kirchensteuer auf Kapitalerträge entfällt. Sofern die Einkünfte dem Kapitalertragsteuerabzug unterlegen haben, ist die Einkommensteuerschuld des Anlegers abgegolten. Diese müssen grundsätzlich nicht mehr in der Einkommensteuererklärung aufgenommen werden. Kapitalerträge, die nicht dem Steuerabzug unterlegen haben, müssen demgegenüber deklariert werden. Dem Anleger stehen verschiedene "Veranlagungsoptionen" zu, wodurch die Steuerlast durch den Steuerabzug reduziert werden kann. Die Abgeltungsteuer gilt nur für Einkünfte aus Kapitalvermögen und damit nur für Kapitalanlagen im Privatvermögen.

Tatbestände des § 20 EStG:
- Gewinnanteile aus der Beteiligung an einer AG, GmbH oder Genossenschaft sowie aus bestimmten Genussrechte§ 20 Abs. 1 Nr. 1 EStG
- stille Beteiligung an einem Handelsgewerbe§ 20 Abs. 1 Nr. 4 EStG

- Zinsen und Gewinnbeteiligung aus einem partiarisches Darlehen§ 20 Abs. 1 Nr. 4 EStG
- Durch das Alterseinkünftegesetz sind die Steuerbegünstigungen der Kapitallebensversicherung (Sonderausgabenabzug und Steuerfreiheit der Erträge) für Verträge, die nach dem 31.12.2004 abgeschlossen werden, weggefallen. Bei den Einnahmen wird zukünftig wird nicht mehr auf die rechnungsmäßigen und außerrechnungsmäßigen Zinsen, sondern auf die Differenz zwischen den Beiträgen und der Ablaufleistung abgestellt. Diese sind grds. voll steuerpflichtig. Erträge aus Kapitallebensversicherungen werden zur Hälfte versteuert, wenn diese nach Vollendung des 60. Lebensjahres und nach Ablauf von zwölf Jahren seit dem Vertragsabschluss ausgezahlt werden. Entsprechendes gilt bei Rentenversicherungen mit Kapitalwahlrecht, wenn keine Rentenzahlung erfolgt. Mittlerweile hat die Finanzverwaltung in einer umfangreichen Verwaltungsanweisung zu Einzelfragen hinsichtlich der Neuregelung Stellung genommen. Für Altverträge (Vertragsabschluss vor dem 01.01.2005) bleibt es unter den bisherigen Voraussetzungen bei der Steuerfreiheit der Erträge.
- Sonstige Kapitalerträge § 20 Abs. 1 Nr. 7 EStG erfasst Erträge aus sonstigen Kapitalforderungen jeder Art. Sie sind steuerpflichtig, wenn die Rückzahlung des Kapitalvermögens (auch teilweise) oder ein Entgelt für die Überlassung des Kapitalvermögens zur Nutzung zugesagt oder gewährt worden ist. Hinsichtlich der Besteuerung von Zinseinnahmen sind mehrere Verfahren vor dem Bundesverfassungsgericht anhängig. Einsprüche, die sich auf diese Verfahren beziehen, ruhen nach § 363 Abs. 2 S. 2 AO. Der BFH hält die Besteuerung der Zinseinnahmen jedoch für verfassungsgemäß. Die zivilrechtliche Bezeichnung der Erträge (Zinsen, Bonus u.ä.) spielt keine Rolle. Beispiele:

Erträge aus Sparkonten, Girokonten, Kontokorrentkonten, Bausparkonten Erträge aus verbrieften Kapitalforderungen Zinsen aus privaten Darlehen Vorfälligkeitsentschädigungen Verzugszinsen Prozesszinsen Zinsen auf Steuererstattungen
- 6. Stückzinsen Nach § 20 Abs. 2 S. 1 Nr. 3 EStG gehören die sog. Stückzinsen beim Veräußerer der Schuldverschreibung zu den Einnahmen aus Kapitalvermögen, wenn sie besonders in Rechnung gestellt werden (s.a. Stichwort Stückzinsen).
- Veräußerung / Einlösung Grds. fällt die Veräußerung / Einlösung einer Kapitalforderung nicht unter § 20 EStG , da hier der Kapitalstamm betroffen ist. Ausnahmen: Veräußerung von Dividenden- und Zinsscheinen (-forderungen) getrennt von dem dazugehörigen Stammrecht (§ 20 Abs. 2 S. 1 Nr. 2 EStG) Veräußerung / Einlösung sog. Finanzinnovationen (§ 20 Abs. 2 S. 1 Nr. 4 EStG). Hierzu gehören z.B. abgezinste Anleihen bzw. solche, bei denen die Höhe der Erträge von ungewissen Ereignissen abhängt.
- § 20 Abs. 1 Nr. 9 u. 10 EStG Leistungen von Körperschaften, Personenvereinigungen und Vermögensmassen i.S.d. § 1 Abs. 1 Nr. 3-5 KStG und Leistungen / Vermögensübertragungen von Betrieben gewerblicher Art und wirtschaftlichen Geschäftsbetrieben sind auf Ebene des Empfängers zu versteuern.

Der Abzug tatsächlicher Werbungskosten ist ab 2009 ausgeschlossen. Der Werbungskosten-Pauschbetrag entfällt. Eingeführt wird ein Sparer-Pauschbetrag in Höhe der bisherigen Sparer-Freibeträge und Werbungskosten-Pauschbeträge. Das Halbeinkünfteverfahren für Privatanleger fällt weg.

Verluste aus Kapitalvermögen dürfen nur mit zukünftigen

Überschüssen aus Kapitalvermögen ausgeglichen werden. Verluste werden regelmäßig im Rahmen der Einkommensteuerveranlagung berücksichtigt. Anstelle dessen können die Verluste auch durch das (inländische) Kreditinstitut ins nächste Jahr vorgetragen werden.

Erträge aus Investmentfonds sowie aus der Veräußerung von Investmentanteilen unterliegen zukünftig ebenfalls der Abgeltungssteuer, sofern die Anteile zum Privatvermögen des Anlegers gehören. Ausgeschüttete laufende Erträge (insbes. Zinsen, Dividenden, Mieten) und Wertpapierveräußerungsgewinne unterliegen bei Zufluss der Abgeltungsteuer. Ausgeschüttete "Altveräußerungsgewinne" (d. h. Wertpapierveräußerungsgewinne unter bisheriger Rechtslage) sind auch nach 2009 beim Privatanleger nicht steuerpflichtig. Thesaurierte laufende Erträge (insbes. Zinsen, Dividenden, Mieten) gelten wie bisher zum Geschäftsjahresende des Fonds als zugeflossen. Wertpapierveräußerungsgewinne führen demgegenüber nicht zu einem fiktiven Zufluss. Zwischengewinne sind nach wie vor steuerpflichtig. Die Veräußerung / Rückgabe der Fondsanteile ist zukünftig unabhängig von der Haltedauer steuerpflichtig und unterliegt der Kapitalertragsteuer.

Von der Abgeltungsteuer ausgenommen:
- Erträge aus sonstigen Kapitalforderungen
- stillen Gesellschaften
- partiarischen Darlehen bei nahe stehenden Personen
- bestimmten gesellschaftlichen Beziehungen
- "back to back"- Finanzierungen

Die Erträge unterliegen der progressiven Besteuerung, Werbungskosten sind abzugsfähig und Verluste können mit anderen Einkunftsarten verrechnet werden.

Der Kapitalertragsteuerabzug ist nach wie vor in den §§ 43 ff. EStG geregelt. Die in § 20 EStG neu eingeführten Besteuerungstatbestände unterliegen größtenteils dem Steuerabzug.

Abzugsverpflichteter: Schuldner der Kapitalerträge (z.B. für inländische Dividenden, Gewinnausschüttungen, Wandelanleihen, Lebensversicherungen) (Inländische) auszahlende Stelle, d.h.insbesondere Kreditinstitute (z.B. für ausländische Dividenden, Zinsen, Termingeschäfte, Stillhaltergeschäfte, Verkauf von Aktien und Wertpapieren).

Verluste werden durch die auszahlende Stelle innerhalb eines Jahres berücksichtigt (Verlustverrechnungstopf). Verbleibende Verluste werden von der auszahlenden Stelle ins nächste Jahr vorgetragen, es sei denn, der Anleger verlangt die Bescheinigung der Verluste. Das Volumen für einen Freistellungsauftrag bleibt unverändert (801 € / 1602 €).

Die Anwendung der Abgeltungsteuer ist in § 52a EStG geregelt. Für laufende Kapitalerträge (z. B. Zinsen, Dividenden, Stillhalterprämien) gilt das neue Recht bei Zufluss der Erträge nach dem 31.12.2008. Die Veräußerung bzw. Einlösung von Kapitalanlagen nach § 20 Abs. 2 EStG ist wie folgt steuerpflichtig:
- Aktien: bei Erwerb nach dem 31.12.2008
- Termingeschäfte: bei Erwerb / Begründung des Rechts nach dem 31.12.2008
- "normalverzinsliche" Anleihen: bei Erwerb nach dem 31.12.2008
- Finanzinnovationen: bei Zufluss nach dem 31.12.2008
- Zertifikate, die keine Finanzinnovationen darstellen bei Erwerb vor dem 15.03.2007: keine Anwendung der Neuregelung
- Zertifikate, die keine Finanzinnovationen darstellen bei

Erwerb nach dem 14.03.2007: keine Anwendung der Neuregelung bei Veräußerung bis zum 30.06.2009
- Zur Anwendung für Investmentanteile vgl. §§ 18 -19 InvStG

Der bis zum Veranlagungszeitraum 2008 geltende Werbungskosten-Pauschbetrag beträgt 51 EUR, bei Zusammenveranlagung erhöht er sich auf insgesamt 102 EUR. Mit Wirkung zum 1.1.2009 entfällt die Regelung.

Werbungskosten sind grundsätzlich jeder Kapitalanlage einzeln zuzuordnen (Gruppenbildung wird zugelassen). Hierdurch wird gewährleistet, dass die Werbungskosten nur bei der Kapitalanlage abgezogen werden, bei der sie auch entstanden sind. Nur so kann auch die Einkunftserzielungsabsicht bei jeder einzelnen Kapitalanlage geprüft werden. Es erfolgt keine Aufteilung von Schuldzinsen bei einem einheitlich angeschafften, teilweise fremdfinanzierten Wertpapier. Aufwendungen, die mit steuerfreien Einnahmen zusammenhängen, unterliegen i. d.R. einem Abzugsverbot. Soweit Werbungskosten mit Einnahmen zusammenhängen, die dem Halbeinkünfteverfahren unterliegen, dürfen diese nur zur Hälfte abgezogen werden.

Einzelne Werbungskosten
- Bankspesen
- Gebühren für die Depotverwaltung
- Gebühren
- Fachliteratur
- Reisekosten zur Hauptversammlung
- Rechtsanwaltskosten

Vertiefungshinweis: *Roland Ronig - Abgeltungsteuer -NWB DokID: FAAAC-58984; ders. - Kapitalvermögen - NWB DokID: DAAAB-14243; ders. - Werbungskosten Kapitalvermögen NWB DokID: FAAAA-88461*

VI. Einkünfte aus Vermietung und Verpachtung

Gegenstand der Vermietung und Verpachtung können sein:

Unbewegliches Vermögen
- unbebaute Grundstücke
- Gebäude
- Gebäudeteile
- unmöblierte Wohnungen
- Räume
- Wohneigentum
- im Schiffsregister eingetragene Schiffe
- in der Luftfahrzeugrolle eingetragene Luftfahrzeuge

Grundstücksgleiche Rechte
- Erbbaurechte
- Mineralgewinnungsrechte
- Ausbeuterechte
- Bergrechte
- Fischereirechte
- Einräumung eines dinglichen Nutzungsrechts an unbeweglichem Vermögen
- Grunddienstbarkeiten

Sachinbegriffe
- Mobiliarausstattung
- bewegliches Betriebsvermögen

Überlassung von Rechten
- Urheberrecht an geschützten oder ungeschützten Erfindungen
- Patente
- selbst erworbenes Werk eines Künstlers, Schriftstellers oder Erfinders

Veräußerung von Miet- und Pachtzinsforderungen
- ausstehende Miet- oder Pachtansprüche werden beim Grundstücksverkauf mit übertragen

Teile der selbstgenutzten Wohnung
- Liegen die Einnahmen nicht über 520 € im VZ, kann von einer Besteuerung abgesehen werden

Überschusserzielungsabsicht Einzelfälle:

auf Dauer angelegte Vermietung	grundsätzlich keine weitere Prüfung der Überschusserzielungsabsicht	Prüfung ausnahmsweise dann, wenn bei voller Fremdfinanzierung der Anschaffungs- oder Herstellungskosten und der Schuldzinsen kein Konzept für ein positives Gesamtergebnis vorliegt
Ferienwohnung ausschließlich vermietet	keine weitere Prüfung der Überschusserzielungsabsicht	unabhängig davon, ob in Eigenregie oder über eine Vermieterorganisation vermietet wird, es sei denn, die Vermietungszeit unterschreitet die ortsübliche Vermietungszeit um mindestens 25 v.H., dann Prüfung der Überschusserzielungsabsicht
befristete Vermietung eines Gebäudes im Anschluss an die Herstellung oder Anschaffung	Prüfung der Überschusserzielungsabsicht	
befristete Vermietung mit anschließender Selbstnutzung	Prüfung der Überschusserzielungsabsicht	

befristete Vermietung im Anschluss an die Anschaffung oder Herstellung und anschließender Veräußerungsabsicht	Prüfung der Überschusserzielungsabsicht	wenn die Veräußerung innerhalb von 5 Jahren nach Anschaffung / Herstellung erfolgt
Erwerb eines vermieteten Grundstücks mit anschließender Selbstnutzung	Prüfung der Überschusserzielungsabsicht	wenn der Mietvertrag nach dem 31.12.2003 abgeschlossen wurde
Vermietung einer Luxusimmobilie	Prüfung der Überschusserzielungsabsicht	
Dauerverpachtung unbebauter Grundstücke		Kein typisierende Annahme der Überschusserzielungsabsicht; Prognosezeitraum 30 Jahre

Bei der verbilligten Vermietung zu mehr als 56 v.H. und weniger als 75 v.H. der ortsüblichen Miete (Kaltmiete zzgl. umlagefähige Kosten) ist zur Überprüfung der Einkunftserzielungsabsicht die Vermietung bei einer negativen Überschussprognose in einen entgeltlichen und einen unentgeltlichen Teil aufzuteilen. Der Werbungskostenabzug auf den entgeltlichen Anteil beschränkt. Beträgt das Entgelt zuzüglich der Nebenkosten zwar mehr als 56 v.H., jedoch weniger als 75 v.H. der ortsüblichen Miete und ist die Überschussprognose negativ, so ist auch diese Vermietung in einen entgeltlichen und einen unentgeltlichen Teil aufzuteilen mit der Folge des beschränkten Werbungskostenabzugs. Dieses gilt auch, wenn die Miete aufgrund der Kappungsgrenze des § 558 Abs. 3 BGB nicht auf mindestens 75% der ortsüblichen Miete angehoben werden kann.

ABC der Einnahmen

Abstandszahlungen des Mieters	Einnahme aus VuV	sofern kein Schadensausgleich
Aufwendungsbeihilfen	Einnahme aus VuV	
Bausparguthabenzinsen	Einnahme aus VuV	immer wenn Abschlussgebühr zu den WK gehört
Entschädigung - Nutzungsentschädigung	grds. Einnahme aus VuV	
Mietausfallversicherung	Einnahme aus VuV	Ersatz für entgangene Einnahmen
Erbbauzins	Einnahme aus VuV	Möglichkeit der Verteilung auf den Zeitraum, für den sie geleistet werden
Erschließungskostenübernahme	Einnahme aus VuV	Zufluss erst bei Realisierung des Wertzuwachses
Mietentgelte an den Restitutionsberechtigten	Einnahme aus VuV	
Verbesserungen des Mieters, die er bei Vertragsende dem Vermieter zu überlassen hat	Wert der Verbesserung als Einnahme	
Entschädigungen wegen unterlassener Instandhaltung	Einnahme aus VuV	
Nebenkosten / Umlagen	Einnahme aus VuV	
Entgelt für die Einräumung des Nießbrauchs	Einnahme aus VuV	
Einnahme nach § 22 Nr. 3 EStG öffentliche Fördermittel im Rahmen des sog. Dritten Förderungswegs für Belegungs- und Mietpreisbindung	Einnahme aus VuV	

Umsatzsteuererstattung	Einnahme aus VuV	in Optionsfällen
Verzugszinsen bei verspäteter Mietzahlung	Einnahme aus VuV	
Dienstbarkeit	Entgelt für deren Bestellung ggf. Einnahme	Maßgebend ist der wirtschaftliche Gehalt der Vereinbarung
Schadensersatzleistungen wegen Beschädigung der Mietsache	Einnahme aus VuV	soweit der Mietvertrag Rechtsgrund ist
Private Baukostenzuschüsse	grds. Einnahme aus VuV	Verteilung auf 10 Jahre möglich
Entgelt für die Einräumung eines Wohnrechts	Einnahme aus VuV	

Zinsen aus der Instandhaltungsrücklage	keine Einnahme aus VuV	Einnahmen aus Kapitalvermögen
Schadensersatzleistungen zur Abgeltung von Werbungskosten	keine Einnahmen aus VuV	soweit über den Werbungskostenabzug hinausgehend z.B. bei Versicherungsleistungen
Öffentliche Baukostenzuschüsse	keine Einnahme aus VuV	ggf. Minderung der Herstellungskosten
Aufwendungsdarlehen nach § 88 WBauG	keine Einahme aus VuV	
Bausparentschädigung	keine Einnahme aus VuV	

Bauduldung	keine Einnahme aus VuV § 22 Nr. 3 EStG	
Verzicht auf Grunddienstbarkeit	grds. keine Einnahme aus VuV	
aus Feuerversicherung	grds. keine Einnahme aus VuV	
Mieterkaution	keine Einnahme aus VuV	Ausnahme: Verfall zugunsten des Vermieters
Mieteraufwendungen - Instandhaltungsaufwendungen zu denen der Mieter verpflichtet ist	keine Einnahme aus VuV	
Entgelt für eine Nutzungsbeschränkung	keine Einnahme aus VuV	
Einspeisungsvergütungen durch den Betrieb von Photovoltaikanlagen	keine Einnahme aus VuV	grundsätzlich Einkünfte aus Gewerbebetrieb
Schadensersatzleistungen wegen Beschädigung der Mietsache	keine Einnahme aus VuV	wenn nicht der Mietvertrag Rechtsgrund ist z.B. § 823 ff BGB
Entgelt für die Einräumung eines Vorkaufsrechts	keine Einnahme aus VuV	sonstige Einkünfte § 22 Nr. 3 EStG

Entschädigung für ein Anbaurecht	grds. nicht steuerbar	
entgeltlicher Verzicht auf ein Wohnrecht	grds. nicht steuerbar	

Vertiefungshinweis: *Bernd Langenkämper - Vermietung und Verpachtung - NWB DokID: BAAAB-13237*

VII. Sonstige Einkünfte

§ 22 EStG enthält unterschiedliche Besteuerungstatbestände. Die Vorschrift umfasst Einkünfte aus
- wiederkehrenden Bezügen,
- Unterhaltsleistungen des geschiedenen oder dauernd getrennt lebenden Ehegatten,
- Versorgungsleistungen,
- privaten Veräußerungsgeschäften,
- Leistungen aufgrund eines schuldrechtlichen Versorgungsausgleichs,
- sonstigen Leistungen,
- Abgeordnetenbezügen und
- Riester-Verträgen und
- betrieblicher Altersvorsorge.

Damit fängt § 22 EStG auf, was außerhalb der übrigen Einkunftsarten die wirtschaftliche Leistungsfähigkeit des Steuerpflichtigen mitbestimmt. Die Einkünfte werden als Überschuss der Einnahmen über die Werbungskosten ermittelt.

Private Veräußerungsgeschäfte nach Rechtslage ab VZ 2009

Private Veräußerungsgeschäfte i. S. des § 22 Nr. 2 i. V. mit § 23 EStG liegen vor, wenn
- zwischen Erwerb und Veräußerung von Grundstücken und grundstücksgleichen Rechten (z. B. Erbbaurecht und Mineralgewinnungsrecht) nicht mehr als zehn Jahre liegen;
- wenn zwischen Erwerb und Veräußerung von anderen Wirtschaftsgütern nicht mehr als ein Jahr liegt.

Gewinn oder Verlust aus Veräußerungsgeschäften ist der Unterschied zwischen dem Veräußerungspreis und den Anschaffungs- oder Herstellungskosten und den Werbungskosten. Gewinne aus privaten Veräußerungsgeschäften bleiben steuerfrei, wenn sie 600 € (ab Veranlagungszeitraum 2008) Gewinn pro Kalenderjahr und Person nicht überschreiten (Freigrenze). Bis Veranlagungszeitraum 2007 beträgt die Freigrenze 512 €. Verluste aus privaten Veräußerungsgeschäften dürfen nur mit Gewinnen aus anderen privaten Veräußerungsgeschäften im gleichen Kalenderjahr verrechnet werden. Verluste aus privaten Veräußerungsgeschäften i. S. d. § 23 EStG in der bis zum 31. 12. 2008 anzuwendenden Fassung können abweichend von den oben dargestellten Regelungen auch mit Einkünften aus Kapitalvermögen i. S. des § 20 Abs. 2 EStG in der Fassung der Unternehmensteuerreform ausgeglichen werden. Sie mindern nach Maßgabe des § 10d EStG auch die Einkünfte, die der Steuerpflichtige in den folgenden Veranlagungszeiträumen aus § 20 Abs. 2 EStG in der Fassung der Unternehmensteuerreform erzielt.

Vertiefungshinweis: *Michael Meier - Renten - Dauernde Lasten - NWB DokID: VAAAA-88447*

VIII. Einnahmen i. S. des § 24 EStG

Einkünfte i. S. der einzelnen Einkunftsarten sind auch diejenigen, die dem Steuerpflichtigen zufließen als Entschädigungen für entgangene oder entgehende Einnahmen oder für die Aufgabe oder Nichtausübung einer Tätigkeit oder für die Aufgabe einer Gewinnbeteiligung oder einer Anwartschaft auf eine Gewinnbeteiligung oder als Ausgleichszahlungen an Handelsvertreter; Einkünfte aus einer ehemaligen land- und forstwirtschaftlichen, gewerblichen, selbständigen oder nichtselbständigen Tätigkeit oder aus einem früheren Rechtsverhältnis i. S. des § 2 Abs. 1 Nr. 5–7 EStG (z. B. Mietvertrag), und zwar auch dann, wenn sie dem Steuerpflichtigen als Rechtsnachfolger zufließen; Nutzungsvergütungen für die Inanspruchnahme von Grundstücken für öffentliche Zwecke und Zinsen auf solche Vergütungen.

F. Einkommensermittlung
I. Der Altersentlastungsbetrag

§ 24a EStG gewährt den Altersentlastungsbetrag für unbeschränkt Steuerpflichtige, die im Alter - ggf. zusätzlich - andere als die bereits begünstigten Versorgungsbezüge, Leibrenten oder Abgeordneten-Versorgungsbezüge erzielen. Bemessungsgrundlage ist der Arbeitslohn (ohne Versorgungsbezüge und Freibeträge). Zu den Versorgungsbezügen gehören nach Auffassung der Finanzverwaltung auch sonstige Einkünfte im Sinne von § 22 Nr. 5 S. 1 EStG.

Ab dem Veranlagungszeitraum 2005 richten sich der Prozentsatz und der Höchstbetrag danach, in welchem Kalenderjahr der Steuerpflichtige das 64. Lebensjahr vollendet.

Vollendung des 64. Lj.	Freibetrag in Prozent	Höchstwert ... Euro
vor dem Kalenderjahr 2004	40	1 908
im Kalenderjahr 2004	40	1 900
...	...	...
im Kalenderjahr 2007	35,2	1 672
im Kalenderjahr 2008	33,6	1 596
im Kalenderjahr 2009	32,0	1 520
...	...	...
im Kalenderjahr 2038	0,8	38
im Kalenderjahr 2039	entfällt	entfällt

Begünstigt ist, wer vor Beginn des Kalenderjahrs das 64. Lebensjahr vollendet hat. Wer am 01.01. geboren ist, vollendet am 31.12. und damit vor Beginn des Kalenderjahrs ein Lebensjahr. Der Alterentlastungsbetrag wird von der Summe der Einkünfte abgezogen, und zwar erst nach der Ermittlung der außerordentlichen Einkünfte, so dass er diese nicht mindert.

Vertiefungshinweis: *Michael Meier - Altersentlastungsbetrag - NWB DokID: NAAAA-57035*

II. Entlastungsbetrag für Alleinerziehende

Ab 2004 erhalten „echte" Alleinerziehende einen Entlastungsbetrag in Höhe von 1.308 € im Kalenderjahr, der von der Summe der Einkünfte abgezogen wird. Voraussetzungen sind:
- Zum Haushalt gehört mindestens ein Kind,
- Voraussetzungen für die Ehegattenveranlagung liegen nicht vor,
- es gehört keine volljährige Person zum Haushalt, für die der Steuerpflichtige
  kein Kindergeld und
  keinen Kinderfreibetrag erhält.
  Ausnahme: ein Kind, das Grundwehrdienst, Zivildienst oder Dienst als Entwicklungshelfer leistet.

Liegen die Voraussetzungen nicht ganzjährig vor, ist der Entlastungsbetrag zu zwölfteln.

Vertiefungshinweis: *Michael Meier - Familienleistungsausgleich - NWB DokID: FAAAA-57055*

III. Freibetrag für Land- und Forstwirte nach § 13 Abs. 3 EStG

Bei Einkünften i.S.d. § 13 EStG wird ein Freibetrag von 670 € gewährt, wenn die Summe der Einkünfte 30 700 € nicht übersteigt, diese Beträge werden bei der Zusammenveranlagung unabhängig von der Mitarbeit des Ehegatten im Betrieb verdoppelt.

G. Sonderausgaben

Sonderausgaben sind Lebenshaltungskosten, die der Gesetzgeber zum Abzug vom Gesamtbetrag der Einkünfte zulässt, weil sie eine unvermeidbare oder förderungswürdige Minderung der wirtschaftlichen Leistungsfähigkeit bewirken. In den §§ 10 bis 10i EStG ist eine abschließende Aufzählung.

§§ des EStG	Inhalt der Bestimmung	2007	2008
Sonderausgaben-Pauschbetrag, § 10c Abs. 1 EStG		36	36
	Zusammenveranlagung	72	72
Ausbildungskosten, § 10 Abs. 1 Nr. 7 EStG	Seit dem VZ 2005 sind Aufwendungen des Steuerpflichtigen für die erstmalige Berufsausbildung und für das Erststudium als Sonderausgaben abziehbar.	bis zu 4 000	bis zu 4 000
Erbschaftsteuer	Die Jahreserbschaftsteuer auf Renten, Nießbrauchsrechte und sonstige wiederkehrende Leistungen ist bei jährlicher Versteuerung nach § 23 ErbStG eine dauernde Last und damit als Sonderausgabe abziehbar.		

§§ des EStG	Inhalt der Bestimmung	2007	2008
Kinderbetreuungskosten	Aufwendungen für die Unterbringung in Kindergärten, Kindertagesstätten und bei Tagesmüttern oder Aufwendungen für die Beschäftigung von Kinderpflegerinnen, Erzieherinnen, Kinderschwestern sowie von Hilfen im Haushalt, soweit sie Kinder betreuen		
Kinderbetreuungskosten, § 10 Abs. 1 Nr. 5 EStG	Alter der Kinder	3-6 J.	3-6 J.
	Berücksichtigung der Aufwendungen bis zu	66,7 %	66,7 %
	Höchstbetrag	4 000	4 000
Kinderbetreuungskosten, § 10 Abs. 1 Nr. 8 EStG	Kinderbetreuungskosten bei in Ausbildung befindlichen, behinderten oder kranken Eltern		
	Berücksichtigung der Aufwendungen bis zu	66,7 %	66,7 %
	Höchstbetrag	4 000	4 000
Kirchensteuer / Kirchgeld	Gezahlte Kirchensteuer (auch Kirchgeld) ist in voller Höhe als Sonderausgabe abziehbar; dies gilt ab 2009 vorbehaltlich des § 32d Abs. 2 und 6 nicht für die nach § 51a Abs. 2b bis 2d erhobene Kirchensteuer.		

§§ des EStG	Inhalt der Bestimmung	2007	2008
Kulturgüter, Baudenkmale und Gebäude	Aufwendungen für Herstellungs- und Erhaltungsmaßnahmen an eigenen schutzwürdigen Kulturgütern, die der wissenschaftlichen Forschung oder der Öffentlichkeit zugänglich gemacht werden sowie Wohnung im eigenen Denkmal, Aufwendungen an einem eigenen Gebäude, welches ein Baudenkmal ist oder in einem Sanierungsgebiet oder städtebaulichen Entwicklungsbereich liegt, können über zehn Jahre verteilt wie Sonderausgaben abgezogen werden, wenn sie im Falle der Vermietung oder betrieblichen Nutzung nach §§ 7h, 7i EStG abzugsfähig wären.		
Baudenkmale und Gebäude, § 10f EStG	Steuerbegünstigung für in Sanierungsgebieten (Zeit/Umfang)	10 J. / 9 %	10 J. / 9 %
Kulturgüter, § 10g EStG	Steuerbegünstigung für Kulturgüter (Zeit/Umfang)	10 J. / 9 %	10 J. / 9 %
Realsplitting, § 10 Abs. 1 Nr. 1 EStG	Unterhaltsleistungen an den geschiedenen oder dauernd getrennt lebenden Ehegatten können Sonderausgaben sein.	13805	13805

§§ des EStG	Inhalt der Bestimmung	2007	2008
Renten/ Dauernde Lasten	Renten und dauernde Lasten können Sonderausgaben sein und sind dann mit dem Ertragsanteil bzw. in voller Höhe abziehbar. Eine Rente ist ein einheitlich nutzbares, selbständiges Recht (Stammrecht), dessen Erträge aus regelmäßig wiederkehrenden, gleichmäßigen Leistungen in Geld oder vertretbaren Sachen bestehen und das dem Berechtigten auf die Lebenszeit eines oder mehrerer Menschen oder auf die Dauer von mindestens zehn Jahren eingeräumt ist. Dauernde Lasten sind wiederkehrende, nach Zahl oder Wert abänderbare Aufwendungen, die ein Steuerpflichtiger in Geld oder Sachwerten für längere Zeit einem anderen gegenüber auf Grund einer rechtlichen Verpflichtung zu erbringen hat.		
Rentenzahlung, § 10 Abs. 1 Nr. 2 EStG	Zahlung der Leibrente nicht vor Vollendung des	60. Lj.	60. Lj.

§§ des EStG	Inhalt der Bestimmung	2007	2008
Schulgeld (ohne Verpflegung/Übernachtung), § 10 Abs. 1 Nr. 9 EStG	Für ein beim Steuerpflichtigen zu berücksichtigendes Kind für den Besuch einer gemäß Art. 7 Abs. 4 GG staatlich genehmigten Ersatzschule, nach Landesrecht erlaubten Ersatzschule oder nach Landesrecht anerkannten allgemein bildenden Ergänzungsschule, Europäischen Schule im Inland, nicht dagegen einer Auslandsschule (mit Ausnahme der von der ständigen Konferenz der Kultusminister der Länder anerkannten Deutschen Schulen im Ausland), privaten Hochschule, (außer wenn es sich um eine genehmigte Ersatzschule handelt) oder nicht öffentlichen Schule sind 30 % der Aufwendungen als Sonderausgaben abziehbar.	30 %	30 %
Spenden, § 10b Abs. 1 EStG	Zuwendungen für steuerbegünstigte Zwecke, zu denen auch Spenden gehören, sind im Rahmen von Höchstgrenzen als Sonderausgaben abziehbar.		
	Spenden für bestimmte Zwecke		
	vom Gesamtbetrag der Einkünfte bis	20 %	20 %
	oder von Umsätzen und Löhnen bis	4 ‰	4 ‰
	zeitlich unbegrenzter Spendenvortrag bei die Höchstbeträge überschreitenden Zuwendungen	ja	ja
	Wahlrecht 2007 (auf Antrag):		
	vom Gesamtbetrag der Einkünfte bis	5 %	-
	oder von Umsätzen und Löhnen bis	2 ‰	-

§§ des EStG	Inhalt der Bestimmung	2007	2008
	bei wissenschaftlichen, mildtätigen, kulturellen Zwecken Erhöhung auf	10 %	-
	Zuwendungen an Stiftung zusätzlich bis	20 450	-
	Großspenden ab 25 565 Rücktrag/Vortrag	1 J./5 J.	-
Vermögensstock, § 10b Abs. 1a EStG	Zuwendungen in den Vermögensstock einer Stiftung innerhalb 10 Jahren abziehbar bis	1 Mio	1 Mio
Parteispenden, § 10b Abs. 2 EStG	Zuwendungen für steuerbegünstigte Zwecke, zu denen auch Parteispenden gehören, sind im Rahmen von Höchstgrenzen als Sonderausgaben abziehbar. Zuwendungen an politische Parteien bis	1 650	1 650
	Zusammenveranlagung	3 300	3 300
Falsch ausgestellte Spendenquittungen, § 10b Abs. 4 EStG	Aussteller-/Veranlasserhaftung Höhe der Steuer	30 %	30 %
Nachweis, § 50 Abs. 2 Nr. 2 EStDV	Bareinzahlungsbeleg/Buchungsbestätigung als Zuwendungsnachweis bei Zuwendungen bis	200	200
Verlustabzug, § 10d Abs. 1 EStG	Verlustrücktrag	1 J.	1 J.
	Höchstbetrag	511.500	511 500
	Zusammenveranlagung	1 023 000	1 023 000
Verlustabzug, § 10d Abs. 2 EStG	Verlustvortrag		
	bis Gesamtbetrag der Einkünfte	1 Mio	1 Mio

§§ des EStG	Inhalt der Bestimmung	2007	2008
	Zusammenveranlagung	2 Mio	2 Mio
	Verlustabzug	100 %	100 %
	darüber hinaus	60 %	60 %

Vorsorgeaufwendungen

§§ des EStG	Inhalt der Bestimmung	2007	2008
ungekürzte Vorsorgepauschale, § 10c Abs. 2 EStG	Summe aus Altersvorsorgebeiträge, begrenzt auf... des Rentenversicherungsbeitrags	28 %	32 %
	und... % des Arbeitslohns,	11 %	11 %
	höchstens	1 500	1 500
	bei Zusammenveranlagung	3 000	3 000
gekürzte Vorsorgepauschale, § 10c Abs. 3 EStG	... % des Arbeitslohns,	11 %	11 %
	höchstens	1 500	1 500
	bei Zusammenveranlagung	3 000	3 000
Günstigerprüfung, § 10c Abs. 5 EStG	ungekürzte Vorsorgepauschale a.F.		
	... % Arbeitslohn (abzüglich Versorgungs-Freibetrag und Altersentlastungsbetrag)	20 %	20 %
	höchstens	3 068	3 068
	abzüglich... % des Arbeitslohns	16 %	16 %
	zuzüglich (wenn 3 068 überschritten) höchstens	1 334	1 334
	zuzüglich (wenn 4 402 überschritten) höchstens (bei Zusammenveranlagung Verdopplung der Beträge)	667	667

§§ des EStG	Inhalt der Bestimmung	2007	2008
	gekürzte Vorsorgepauschale a. F.		
	... % des Arbeitslohns	20 %	20 %
	höchstens	1 134	1 134
	bei Zusammenveranlagung Verdopplung des Betrags auf	2 268	2 268
Vorsorgeaufwendungen - Basisaltersversorgung, 10 Abs. 3 EStG	Basishöchstbetrag	20 000	20 000
	Zusammenveranlagung	40 000	40 000
	Berücksichtigung der Aufwendungen bis zu	64 %	66 %
	Höchstbetrag Alleinstehende	12 800	13 200
	Zusammenveranlagung	25 600	26 400
Vorsorgeaufwendungen - sonstige, § 10 Abs. 4 EStG	Höchstbetrag	2 400	2 400
	bei Kostenerstattungsanspruch ohne Eigenaufwand	1 500	1 500
Günstigerprüfung, § 10 Abs. 4a EStG	Vorwegabzug Höchstbetrag	3 068	3 068
	Zusammenveranlagung	6 136	6 136
zusätzliche Altersvorsorge für Pflichtversicherte, § 10a EStG	Sonderausgabenbetrag	1 575	2 100

Altersvorsorgebeiträge	Altersvorsorgebeiträge sind seit 2002 als Sonderausgaben abziehbar, sofern der Sonderausgabenabzug günstiger als die gezahlte Altersvorsorgezulage ist.
Berufsunfähigkeitsversicherungsbeiträge	Beiträge zu Berufsunfähigkeitsversicherungen sind Vorsorgeaufwendungen und damit im Rahmen der Höchstbeträge als Sonderausgaben abziehbar.
Haftpflichtversicherungsbeiträge	Beiträge zu Haftpflichtversicherungen sind Vorsorgeaufwendungen und damit im Rahmen der Höchstbeträge als Sonderausgaben abziehbar.
Krankenversicherungsbeiträge	Beiträge zu Krankenversicherungen sind Vorsorgeaufwendungen und damit im Rahmen der Höchstbeträge als Sonderausgaben abziehbar.
Lebensversicherungsbeiträge	Beiträge zu Lebensversicherungen können Vorsorgeaufwendungen sein und sind dann im Rahmen der Höchstbeträge als Sonderausgaben abziehbar.
Pflegeversicherungsbeiträge	Beiträge zu Pflegeversicherungen sind Vorsorgeaufwendungen und damit im Rahmen der Höchstbeträge als Sonderausgaben abziehbar.
Rentenversicherungsbeiträge	Beiträge zu den gesetzlichen Rentenversicherungen sind Vorsorgeaufwendungen und damit im Rahmen der Höchstbeträge als Sonderausgaben abziehbar. Beiträge zu privaten Rentenversicherungen können Vorsorgeaufwendungen sein und sind dann im Rahmen der Höchstbeträge als Sonderausgaben abziehbar.
Unfallversicherungsbeiträge	Beiträge zu Unfallversicherungen sind Vorsorgeaufwendungen und damit im Rahmen der Höchstbeträge als Sonderausgaben abziehbar.
Zukunftssicherungsaufwendungen	Beiträge des Arbeitgebers für die Zukunftssicherung des Arbeitnehmers i.S.d. § 10 Abs. 1 Nr. 2 EStG können als Sonderausgaben des Arbeitnehmers abgezogen werden, es sei denn, der Arbeitgeber hat die Lohnsteuer für diese Beiträge pauschal berechnet und übernommen.

Vertiefungshinweis: Michael Meier - Sonderausgaben - ABC - NWB DokID: ZAAAC-34001

H. Außergewöhnliche Belastungen

Eine außergewöhnliche Belastung liegt vor, wenn das Existenzminimum durch außergewöhnliche Umstände im Bereich der privaten Lebensführung höher liegt als im Normalfall. Eine Steuerermäßigung kann abgezogen werden, wenn der Steuerpflichtige zwangsläufige, d.h. er kann sich ihnen aus rechtlichen, tatsächlichen oder sittlichen Gründen nicht entziehen und die Aufwendungen sind den Umständen nach notwendig und übersteigen einen angemessenen Betrag nicht, größere Aufwendungen hat als die überwiegende Mehrzahl der Steuerpflichtigen gleicher Einkommensverhältnisse, gleicher Vermögensverhältnisse und gleichen Familienstands. Ist dies erfüllt, kann auf Antrag der Teil der Aufwendungen, der die dem Steuerpflichtigen zumutbare Belastung übersteigt, vom Gesamtbetrag der Einkünfte abgezogen werden.

I. Allgemeine außergewöhnlichen Belastungen

Außergewöhnlichen Belastungen sind z.B.:
- Behinderungsbedingte Aufwendungen, behinderte Menschen können nach dem Grad der Behinderung gestaffelte Pauschbeträge als außergewöhnliche Belastung sowie weitere Vergünstigungen geltend machen.
- Behinderte Menschen können ihre behinderungsbedingten Kraftfahrzeugkosten als außergewöhnliche Belastung geltend machen.
- Berufsausbildungskosten als Sonderform der Unterhaltsleistungen können bei gesetzlicher Unterhaltpflicht als außergewöhnliche Belastung zu berücksichtigen sein.
- Bestattungskosten eines nahen Angehörigen sind regelmäßig als außergewöhnliche Belastung zu berücksichti-

gen, soweit sie nicht aus dem Nachlass gezahlt werden können und nicht durch Ersatzleistungen gedeckt sind.
- Aufwendungen zur Wiederbeschaffung oder Schadensbeseitigung bei existentiell notwendigen Gegenständen sind trotz Gegenwerts außergewöhnliche Belastung .
- Aufwendungen für die Inanspruchnahme von Dienstleistungen in einem Alten- oder Pflegeheim können unter bestimmten Voraussetzungen (Alter, Krankheit, Hilflosigkeit) als außergewöhnliche Belastung abgezogen werden.
- Bezieher bestimmter Hinterbliebenenbezüge können einen Pauschbetrag von 370 € als außergewöhnliche Belastung abziehen
- In bestimmten Fällen (Erwerbstätigkeit, Ausbildung, Behinderung, Krankheit) sind Kinderbetreuungskosten im Rahmen des Familienleistungsausgleichs als außergewöhnliche Belastung abzugsfähig.
- Krankheitskosten sind regelmäßig als außergewöhnliche Belastung zu berücksichtigen. Dies gilt wegen des von kosmetischen und ästhetischen Zwecken nicht eindeutig abgrenzbaren reinen Heilbehandlungscharakters nicht automatisch auch für Aufwendungen für eine LASIK-Augenoperation, sondern nur bei einer ausdrücklichen medizinischen Indikation.
- Kurkosten können nur als außergewöhnliche Belastung berücksichtigt werden, wenn die Kur zur Heilung oder Linderung einer Krankheit nachweislich notwendig ist und eine andere Behandlung nicht oder kaum Erfolg versprechend erscheint.
- Pflegeaufwendungen sind regelmäßig als außergewöhnliche Belastung zu berücksichtigen.
- Behinderungs- oder krankheitsbedingte Aufwendungen für einen Privatschulbesuch sind als außergewöhnliche Belastung zu berücksichtigen, nicht dagegen Aufwendun-

gen für einen Privatschulbesuch aus sonstigen Gründen.
- ► Sämtliche Kosten der Ehescheidung und Scheidungsfolgen (bzgl. Sorgerecht, Unterhalt, Versorgungsausgleich, güterrechtliche Regelung etc.) sind als außergewöhnliche Belastung zu berücksichtigen. Keine außergewöhnlichen Belastungen sind dagegen Kosten der vermögensrechtlichen Auseinandersetzung in einem gerichtlichen Vergleich sowie Kosten für die Aufhebung der Gütergemeinschaft anlässlich der Scheidung.
- ► Unterhaltsleistungen (z.B. Betreuungskosten für ältere Angehörige) können bei gesetzlicher Unterhaltspflicht als außergewöhnliche Belastung zu berücksichtigen sein.
- ► Kosten eines Vaterschaftsfeststellungsprozesses können eine außergewöhnliche Belastung sein, wenn der Vater ernsthafte Zweifel an seiner Vaterschaft substantiiert dargelegt und schlüssige Beweise angeboten hat und sein Verteidigungsvorbringen bei objektiver Betrachtung Erfolg versprechend schien.
- ► Aufwendungen für die Unterbringung eines verhaltensauffälligen Jugendlichen können eine außergewöhnliche Belastung sein.

keine außergewöhnlichen Belastungen sind z.B.
- ► Aufwendungen für Diätverpflegung, dies gilt auch für Sonderdiäten, die - wie z.B. bei Zöliakie - eine medikamentöse Behandlung ersetzen
- ► Erpressungsgelder, die gezahlt werden, damit der Ehepartner nichts von einem außerehelichen Verhältnis erfährt, sind keine außergewöhnliche Belastung. Dagegen sollen Erpressungsgelder abziehbar sein, wenn der Steuerpflichtige die Erpressbarkeit nicht selbst herbeigeführt hat.
- ► Steht den Aufwendungen ein marktgängiger Gegenwert gegenüber, liegt keine außergewöhnliche Belastung vor.

- Hochzeitsaufwendungen sind mangels Außergewöhnlichkeit und Zwangsläufigkeit keine außergewöhnliche Belastung.
- Aufwendungen eines manisch-depressiven Steuerpflichtigen, der in einer manischen Phase in einen Kaufzwang verfällt, sind wegen des erlangten Gegenwerts keine außergewöhnliche Belastung.
- Aufwendungen für die Löschung einer Sicherungshypothek mit dem Ziel des freihändigen Verkaufs sind mangels Außergewöhnlichkeit und Zwangsläufigkeit keine außergewöhnliche Belastung.
- Aufwendungen, die durch eine Familienmediation im Ehescheidungsverfahren entstehen, sind nicht als außergewöhnliche Belastung abzugsfähig.
- Aufwendungen für die Entnahme und Einlagerung von Nabelschnurblut zur späteren therapeutischen Nutzung der darin enthaltenen Stammzellen sind keine außergewöhnliche Belastung, wenn das Kind nicht krank und heilungsbedürftig ist.
- Mangels Belastung stellt ein Verdienstausfall keine außergewöhnliche Belastung dar.

Eine Belastung liegt auch vor, wenn außergewöhnliche Belastungen mit Darlehensmitteln bestritten werden.

Die zumutbare Belastung beträgt:

zumutbare Belastung je nach Voraussetzungen bei Gesamtbetrag der Einkünfte, § 33 Abs. 3 EStG	Einzelveranlagung	Zusammenveranlagung	bis zwei Kinder	drei oder mehr Kinder
bis 15 340	5%	4%	2%	1%
über 15 340 bis 51 130	6%	5%	3%	1%
über 51 130	7%	6%	4%	2%

II. Besonderen Fällen und Pauschbeträge

1. Unterhalt, § 33a Abs. 1 EStG

Der Empfänger-Personenkreis ist auf gesetzlich Unterhaltsberechtigte begrenzt.

Gesetzliche Unterhaltspflicht besteht
- zwischen Verwandten in gerader Linie , also auch zwischen Eltern und Kindern,
- zwischen Adoptiveltern und -kindern,
- zwischen zusammen lebendenEhegatten oder Lebenspartnern,
- zwischen getrennt lebendenEhegatten oder Lebenspartnern,
- zwischen geschiedenen Ehegatten oder Lebenspartnern nach gerichtlicher Aufhebung der Lebenspartnerschaft,
- zwischen Verwandten in gerader Linie , also z.B. zwischen Großeltern und Enkelkindern,
- für den Vater / die Mutter gegenüber der Mutter / dem Vater eines nichtehelichen Kindes ,
- für den Erben gegenüber dem geschiedenen Ehegatten des Erblassers.

Ein Abzug ist nicht möglich wenn
- ein Anspruch auf Kinderfreibetrag / Kindergeld für die unterstützte Person besteht,
- die unterstützte Person mehr als nur geringes Vermögen (15 500 €) besitzt, R 33a.1 EStR,
- für Unterhaltsleistungen an geschiedene / dauernd getrennt lebende Ehegatten der Sonderausgabenabzug (Realsplitting) beantragt wurde,
- Unterhalt an den unbeschränkt steuerpflichtigen, nicht dauernd getrennt lebenden Ehegatten geleistet wird (auch nicht im Trennungsjahr),

- dem Leistenden keine angemessenen Mittel zur Bestreitung des Lebensbedarfs für sich sowie ggf. für seine Ehefrau und seine Kinder verbleiben (sog. Opfergrenze).

Der Abzug ist der Höhe nach auf 7.680 € unter Anrechnung eigener Einkünfte und Bezüge der unterstützen Person über 624 € beschränkt.

2. Ausbildungsfreibetrag, § 33a Abs. 2 EStG

Für auswärtig untergebrachte und volljährige Kinder, für die er Anspruch auf einen Kinderfreibetrag oder Kindergeld besteht und die sich in Berufsausbildung befinden, können Aufwendungen abgezogen werden. Der Abzug ist der Höhe nach auf 924 € beschränkt. Ist das Kind nicht unbeschränkt steuerpflichtig, werden die Beträge nach den Verhältnissen des Wohnsitzstaats gekürzt. Liegen die Voraussetzungen nicht das ganze Jahr über vor, sind die Beträge zu zwölfteln.

Der Freibetrag wird gekürzt um die eigenen Einkünfte und Bezüge des Kindes, die zur Bestreitung seines Unterhalts oder seiner Berufsausbildung bestimmt oder geeignet sind, soweit sie 1 848 € im Kalenderjahr übersteigen.

3. Hilfe im Haushalt, § 33a Abs. 3 EStG

Begünstigt sind Steuerpflichtige oder deren Ehegatte, wenn das 60. Lebensjahr vollendet ist (bis 624 € / Kalenderjahr) oder
- die Hilfe im Haushalt erforderlich ist wegen Krankheit (bis 624 € / Kalenderjahr) oder
- schwerer Behinderung (GdB = 50) oder
- Hilflosigkeit (bis 924 € / Kalenderjahr) des
- Steuerpflichtigen, seines nicht dauernd getrennt lebenden Ehegatten, eines zum Haushalt gehörenden Kindes oder

einer anderen zum Haushalt gehörenden Person, für die Unterhalt nach § 33a Abs. 1 EStG abgezogen wird.

Die Höchstbeträge sind haushaltsbezogen und werden auch bei Ehegatten, die beide die Voraussetzungen erfüllen, nicht verdoppelt.

Begünstigt sind Aufwendungen für die Beschäftigung einer Hilfe im Haushalt. Aufwendungen für die Inanspruchnahme von Dienstleistungen, die mit den Arbeiten einer Hilfe im Haushalt vergleichbar sind, können vom Gesamtbetrag der Einkünfte abgezogen werden, wenn der Steuerpflichtige oder sein Ehegatte in einem Heim untergebracht ist, ohne Pflegebedürftigkeit sind bis zu 624 € / Kalenderjahr, zur dauernden Pflege können bis zu 924 € / Kalenderjahr angesetzt werden. Eine Berücksichtigung der Aufwendungen ist bei Ehegatten nur dann möglich, wenn sie wegen der Pflegebedürftigkeit des anderen Ehegatten an einer gemeinsamen Haushaltsführung gehindert sind. Liegen die Voraussetzungen nicht ganzjährig vor, werden die Höchstbeträge gezwölftelt.

4. Behinderung, § 33b Abs. 1-3 EStG

Behinderte Menschen können gestaffelte Pauschbeträge bei der Ermittlung des Einkommens als außergewöhnliche Belastung abziehen. Die Pauschbeträge sind Jahresbeträge und nicht zu zwölfteln. Bei Änderung im Laufe eines Jahres gilt der höchste Pauschbetrag. Werden die Pauschbeträge in Anspruch genommen, können daneben außerordentliche Kosten, die zwar mit der Körperbehinderung zusammenhängen, sich aber infolge ihrer Einmaligkeit der Typisierung des § 33b EStG entziehen, als außergewöhnliche Belastungen abgezogen werden

- Kosten einer Operation,
- Aufwendungen für eine Heilkur,
- außerordentliche Krankheitskosten,
- Kosten für den ausschließlich durch die Behinderung verursachten Besuch einer Privatschule,
- Kfz-Aufwendungen bei geh- und stehbehinderten Menschen (GdB = 80 oder GdB = 70 und Merkzeichen G)
- Kfz-Aufwendungen bei außergewöhnlich gehbehinderten (Merkzeichen aG), blinden (Bl) und hilflosen (H) Menschen

§§ des EStG	Inhalt der Bestimmung	
§ 33b Abs. 3 EStG	Behinderten-Pauschbetrag	
	Grad der Behinderung	
	25 und 30	310
	35 und 40	430
	45 und 50	570
	55 und 60	720
	65 und 70	890
	75 und 80	1 060
	85 und 90	1 230
	95 und 100	1 420
	hilflose Menschen und Blinde	3 700
H 33.1-33.4 EStH	Kosten für Fahrten Geh- und Stehbehinderter bis	3 000 km
	außergewöhnlich Gehbehinderter, Blinder, Hilfloser	15 000 km

An Stelle der Inanspruchnahme der Pauschbeträge können sämtliche behinderungsbedingte Aufwendungen als außergewöhnliche Belastung nach § 33 EStG abgezogen werden. Dabei ist die zumutbare Belastung zu berücksichtigen.

5. Hinterbliebenen-Pauschbetrag, § 33b Abs. 4 EStG

Personen, denen laufende Hinterbliebenenbezüge bewilligt worden sind, erhalten auf Antrag einen Pauschbetrag von 370 Euro (Hinterbliebenen-Pauschbetrag), wenn die Hinterbliebenenbezüge geleistet werden nach dem Bundesversorgungsgesetz oder einem anderen Gesetz, das die Vorschriften des Bundesversorgungsgesetzes über Hinterbliebenenbezüge für entsprechend anwendbar erklärt, oder nach den Vorschriften über die gesetzliche Unfallversicherung oder nach den beamtenrechtlichen Vorschriften an Hinterbliebene eines an den Folgen eines Dienstunfalls verstorbenen Beamten oder nach den Vorschriften des Bundesentschädigungsgesetzes über die Entschädigung für Schäden an Leben, Körper oder Gesundheit. 2 Der Pauschbetrag wird auch dann gewährt, wenn das Recht auf die Bezüge ruht oder der Anspruch auf die Bezüge durch Zahlung eines Kapitals abgefunden worden ist.

6. Pflege-Pauschbetrag, § 33b Abs. 6 EStG

Der Pflege-Pauschbetrag beträgt 924 Euro. Er kann als außergewöhnliche Belastung abgesetzt werden, wenn eine hilflose Person (Merkzeichen H oder Bl) in deren oder in der Wohnung des Steuerpflichtigen im Inland persönlich gepflegt wird, ohne das der Steuerpflichtige irgendwelche Einnahmen erhält. Die Weiterleitung des Pflegegeldes an die Pflegeperson ist unschädlich, wenn die Pflegeperson die Mittel lediglich treuhänderisch verwaltet und deren tatsächliche Verwendung für den Pflegebedürftigen nachweist. Werden mehrere Personen gepflegt, kann der Pflege-Pauschbetrag mehrfach abgezogen werden. Pflegen mehrere Personen dieselbe Person, ist der Pflege-Pauschbetrag aufzuteilen. Der Betrag ist nicht zu zwölften.

Vertiefungshinweis: Michael Meier - Außergewöhnliche Belastungen - ABC - NWB DokID: QAAAC-33982; ders. - Außergewöhnliche Belastungen - NWB DokID: TAAAA-88426

I. Steuerermäßigungen
Unter Steuerermäßigung versteht man eine Verringerung des Steuersatzes oder der festgesetzten Tarifsteuer.

I. Haushaltsnahe Beschäftigungsverhältnisse
Ab 2003 kann für haushaltsnahe Beschäftigungsverhältnisse eine Ermäßigung von der tariflichen Einkommensteuer abgezogen werden. Voraussetzung ist dabei ein Beschäftigungsverhältnis zwischen dem Steuerpflichtigen und der Haushaltshilfe.

Begünstigte Tätigkeiten sind:

haushaltsnahen Dienstleistungen:
- die Reinigung der Wohnung (z.B. durch Angestellte einer Dienstleistungsagentur oder einen selbständigen Fensterputzer)
- die Pflege von Angehörigen (z.B. durch Inanspruchnahme eines Pflegedienstes),
- die Zubereitung von Mahlzeiten im Haushalt,
- die Gartenpflege (z.B. Rasenmähen, Heckenschneiden),
- Umzugsdienstleistungen für Privatpersonen,
- 50 v.H. der Aufwendungen für die Aufnahme eines Au-pairs in die Familie, wenn diese Aufwendungen nicht als Kinderbetreuungskosten abgezogen werden.

Handwerkerleistungen
- Arbeiten an Innen- und Außenwänden,
- Arbeiten am Dach,

- an der Fassade,
- an Garagen,
- Reparatur oder Austausch von Fenstern und Türen,
- Streichen/Lackieren von Türen, Fenstern, Wandschränken, Heizkörpern und Heizungsrohren,
- Reparatur oder Austausch von Bodenbelägen,
- Reparatur, Wartung oder Austausch von Heizungsanlagen,
- Elektro-, Gas- und Wasserinstallationen,
- Modernisierung oder Austausch der Einbauküche,
- Modernisierung des Badezimmers,
- Reparatur und Wartung von Gegenständen im Haushalt (z. B. Waschmaschine, Geschirrspüler, Herd, Fernsehgerät, PC und andere Gegenstände, die in der Hausratversicherung mitversichert werden können),
- Gartengestaltung,
- Pflasterarbeiten auf dem Wohngrundstück,
- Kontrollaufwendungen (z.B. für den Schornsteinfeger),
- Aufwendungen für Hausanschlüsse, soweit sie sich nicht auf öffentlichen Grundstücken befinden (z.B. nachträglich eingerichteter Kabel-, Telefon- oder Internetanschluss).

Die Aufwendungen dürfen nicht Betriebsausgaben oder Werbungskosten darstellen und nicht bereits als außergewöhnliche Belastungen berücksichtigt worden sein. Die Steuerermäßigung gilt nur für Arbeitskosten einschließlich der in Rechnung gestellten Maschinen- und Fahrtkosten. Ab 2008 reicht es aus, wenn der Steuerpflichtige über die Aufwendungen eine Rechnung erhalten und diese auf ein Konto bezahlt hat. Eine Belegvorlage ist nur auf Anforderung des Finanzamts erforderlich.

Die Steuerermäßigung beträgt 20 v.H. der Aufwendungen, höchstens 600 €, für haushaltsnahe Dienstleistungen ohne

Handwerkerleistungen. Für Pflege- und Betreuungsleistungen einer pflegebedürftigen Person im eigenen Haushalt erhöht sich der Höchstbetrag auf 1 200 €. 20 v.H. der Aufwendungen, höchstens 600 €, für Handwerkerleistungen. Beide Steuerermäßigungen können nebeneinander in Anspruch genommen werden.

Vertiefungshinweis: *Michael Meier - Haushaltsnahe Dienstleistungen - NWB DokID: UAAAC-33985*

II. Besteuerung außerordentlicher Einkünfte

Durch die Zusammenrechnung von laufenden Einkünften mit den außerordentlichen Einkünften können sich erhebliche progressionsbedingte steuerliche Belastungen ergeben. Sind daher in dem zu versteuernden Einkommen außerordentliche Einkünfte enthalten, so ist - auf alle im Veranlagungszeitraum enthaltenen außerordentlichen Einkünfte - die Einkommensteuer in einem besonderen Verfahren zu ermitteln.

Begünstigte Einkünfte
- Veräußerungsgewinne i.S.d. §§ 14, 16 und 18 Abs. 3 EStG liegen grundsätzlich nur dann vor, wenn alle stillen Reserven in einem einheitlichen wirtschaftlichen Vorgang aufgedeckt werden. Ausgenommen sind die steuerpflichtigen Teile der Veräußerungsgewinne, die dem Halbeinkünfteverfahren unterliegen.
- Entschädigungen als Ersatz für entgangene oder entgehende Einnahmen
- Nutzungsvergütung und Zinsen i.S.d. § 24 Nr. 3 EStG. Die Nachzahlung muss einen Zeitraum von mehr als 36 Monaten erfassen.
- Vergütungen für mehrjährige Tätigkeiten, d.h. die Zusammenballung von Einkünften, die bei Einkünften aus nicht-

selbständiger Arbeit auf wirtschaftlich vernünftigen Gründen beruht und bei anderen Einkünften nicht dem vertragsgemäßen oder dem typischen Ablauf entspricht. Die Vergütung muss zudem für eine bestimmte Sondertätigkeit gewährt werden, die sich von den übrigen Tätigkeiten des Steuerpflichtigen abhebt. Die Annahme außerordentlicher Einkünfte setzt voraus, dass die Vergütung für mehrjährige Tätigkeiten eine Progressionswirkung typischerweise erwarten lässt.
- Außerordentliche Holznutzungen - von einer Zusammenballung i.S.d. § 34b Abs. 1 Nr. 1 EStG ist auszugehen, wenn kein Bestandsvergleich für das stehende Holz vorgenommen wurde. (Änderungen geplant im Rahmen des Jahressteuergesetzes 2008).

Ermittlung und Umfang:

Betriebsausgaben, Arbeitnehmer-Pauschbeträge, der Versorgungsfreibetrag, Altersentlastungsbetrag, Werbungskostenpauschbeträge und der Sparer - Freibetrag sind vorrangig den steuerlich nicht ermäßigten Einkünften zuzurechnen. Die laufenden Einkünfte einer Einkunftsart sind zunächst miteinander zu verrechnen, bevor ein etwaiger verbleibender negativer Saldo mit den außerordentlichen Einkünften der entsprechenden Einkunftsart saldiert wird. Veräußerungsgewinne sind zu bereinigen, d.h. der Veräußerungsfreibetrag und Gewinne, für die das Halbeinkünfteverfahren Anwendung findet, sind herauszurechnen.

§§ des EStG	Inhalt der Bestimmung	2007	2008
§ 34 Abs. 1 EStG	ermäßigter Steuersatz für außerordentliche Einkünfte (Fünftelregelung) durch rechnerische Verteilung auf	5 J.	5 J.
§ 34 Abs. 3 EStG	Veräußerungsgewinne bei Berufsunfähigkeit oder Überschreiten der Altersgrenze		
	begünstigter Veräußerungsgewinn höchstens	5 Mio	5 Mio
	Steuersatz	56 %	56 %
	mindestens	15 %	15 %
§ 34a EStG	Steuersatz für nicht entnommene Gewinne	-	28,25 %
	Gewinnanteil bei Mitunternehmer mehr als	-	10 %
	oder mehr als	-	10 000
	Steuersatz auf Nachversteuerungsbetrag		25 %
	Stundung der Steuer auf Nachversteuerungsbetrag für höchstens	-	10 J.
§ 34b Abs. 3 EStG	Steuersatz bei Einkünften aus Kalamitätsnutzung	50 %	50 %
§ 34g EStG	Zuwendungen an politische Parteien und unabhängige Wählervereinigungen		
	Steuerermäßigung	50 %	50 %
	höchstens jeweils	825	825
	Zusammenveranlagung höchstens jeweils	1 650	1 650
§ 35 Abs. 1 EStG	Anrechnungsfaktor der Gewerbesteuer - vom Gewerbesteuermessbetrag das	1,8-fache	3,8-fache

§§ des EStG	Inhalt der Bestimmung	2007	2008
§ 35a EStG	haushaltsnahe Beschäftigungsverhältnisse		
	geringfügig entlohnte Beschäftigung	10 %	10 %
	höchstens	510	510
	bei Sozialversicherungspflicht	12 %	12 %
	höchstens	2 400	2 400
	haushaltsnahe Dienstleistungen	20 %	20 %
	höchstens	600	600
	Pflege- und Betreuungsleistungen	20 %	20 %
	höchstens	1 200	1 200
	Handwerkerleistungen	20 %	20 %
	höchstens	600	600

Vertiefungshinweis: *Udo Vanheiden - Außerordentliche Einkünfte - NWB DokID: IAAAB-04770*

J. Ermittlung des zu versteuernden Einkommens

Ermittlung der Einkünfte innerhalb jeder Einkunftsart (§ 2 Abs. 2 EStG)

+ Einkünfte aus Land- und Forstwirtschaft, §§ 13-14 EStG

+ Einkünfte aus Gewerbebetrieb, §§ 15-17 EStG

+ Einkünfte aus selbständiger Arbeit, § 18 EStG

+ Einkünfte aus nicht selbständiger Arbeit, § 19 EStG

+ Einkünfte aus Kapitalvermögen, § 20 EStG

+ Einkünfte aus Vermietung und Verpachtung, § 21 EStG

+ sonstige Einkünfte, §§ 22, 23 EStG

= Summe der Einkünfte

./. Altersentlastungsbetrag nach § 24a EStG

./. Entlastungsbetrag für Alleinerziehende nach § 24b EStG

./. Freibetrag für Land- und Forstwirte nach § 13 Abs. 3 EStG

= Gesamtbetrag der Einkünfte § 2 Abs. 3 EStG

./. Verlustabzug nach § 10d EStG

./. Sonderausgaben nach §§ 10-10c EStG

./. außergewöhnliche Belastungen nach §§ 33-33c EStG

./. Steuerbegünstigungen nach §§ 10e-10h EStG und § 7 FördG

= Einkommen § 2 Abs. 4 EStG

./. Freibeträge für Kinder nach §§ 31 und 32 Abs. 6 EStG

./. Härteausgleichsbetrag nach § 46 Abs. 3 EStG, § 70 EstDV

= zu versteuerndes Einkommen § 2 Abs. 5 EStG

K. Veranlagung

Die Veranlagung ist die Festsetzung der Steuer im Einzelfall. Grundsätzlich wird jeder Steuerpflichtige mit dem von ihm bezogenen zu versteuernden Einkommen zur Einkommensteuer veranlagt (Einzelveranlagung). Ehegatten haben ein Wahlrecht zwischen getrennter, besonderer und Zusammenveranlagung im Jahr der Eheschließung.

I. Zusammenveranlagung

Die Ehe muss rechtswirksam bestehen, die Eheleute dürfen nicht dauernd getrennt leben, die Eheleute müssen unbeschränkt einkommensteuerpflichtig sein oder als unbeschränkt einkommensteuerpflichtig behandelt werden. Diese Voraussetzungen müssen zu Beginn des Veranlagungszeitraumes vorliegen oder im Laufe des Veranlagungszeitraumes eintreten. Gem. § 26 Abs. 1 S. 2 EStG bleibt eine Ehe, die im Laufe des Veranlagungszeitraumes durch Tod, Scheidung, oder Aufhebung aufgelöst worden ist, für die Veranlagung außer Betracht, wenn einer der Ehegatten in demselben Veranlagungszeitraum wieder geheiratet hat und bei ihm und seinem neuen Ehegatten die Voraussetzungen des § 26 Abs. 1 S. 1 EStG ebenfalls vorliegen.

1. Wahlrecht

Liegen die Voraussetzungen der Ehegattenveranlagung für einen Veranlagungszeitraum vor, so haben die Ehegatten ein Wahlrecht, ob eine Zusammenveranlagung, eine getrennte Veranlagung oder im Jahr der Eheschließung eine besondere Veranlagung durchgeführt werden soll. Wählt mindestens einer der Ehegatten die getrennte Veranlagung, so ist diese unabhängig vom Willen des anderen durchzuführen. Ausnahme: Der Ehegatte, der die getrennte Veranlagung wählt, hat keine oder nur geringe Einnahmen aus nichtselbständiger Arbeit, die nicht dem Lohnsteuerabzug unterliegen, und der andere Ehegatte begehrt wegen der Höhe seiner Einkünfte die Zusammenveranlagung. In diesem Fall ist die Ausübung des Wahlrechts rechtsmissbräuchlich und daher unbeachtlich; es wird eine Zusammenveranlagung durchgeführt.

2. Gütergemeinschaft

Haben die Ehegatten Gütergemeinschaft vereinbart, so werden grundsätzlich alle Vermögensgegenstände, egal ob vor oder während der Ehe erworben, gemeinschaftliches Vermögen der Ehegatten (Gesamtgut). Einkünfte aus Vorbehalts- und Sondergut werden weiterhin dem Ehegatten zugerechnet, dem dieses Gut gehört.

II. Getrennte Veranlagung

Getrennte Veranlagung: Wie bei der Einzelveranlagung wird das zu versteuernde Einkommen bei der getrennten Veranlagung für jeden Ehegatten gesondert ermittelt, dafür sind grundsätzlich zwei Steuererklärungen abzugeben. Bei der Veranlagung gelten aber einige Besonderheiten:

- Sonderausgaben nach §§ 10 und 10b EStG können nur bei dem Ehegatten abgezogen werden, der die Ausgaben geleistet hat.
- Es kann nur der Ehegatten den Verlust nach § 10d EStG abziehen, der ihn erlitten hat.
- Außergewöhnliche Belastungen sind wie bei einer Zusammenveranlagung zu ermitteln und bei den Ehegatten jeweils zur Hälfte abzuziehen, wenn die Ehegatten keine andere Aufteilung wählen.
- Die zumutbare Belastung ist vom Gesamtbetrag der Einkünfte beider Ehegatten zu berechnen.
- Für haushaltsnahe Dienstleistungen besteht ein Zuordnungswahlrecht.
- Ein Haushaltsfreibetrag oder ein Entlastungsbetrag für Alleinerziehende ist nicht zu gewähren.
- Baukindergeld (§ 34f EStG) steht den Ehegatten in dem Verhältnis zu, in dem sie die Abzugsbeträge in Anspruch nehmen.

III. Besondere Veranlagung

Bei der besonderen Veranlagung, die nur für das Jahr der Eheschließung gewählt werden kann, werden die Steuerpflichtigen so behandelt, als ob sie unverheiratet wären. Diese Veranlagungsform kann insbesondere vorteilhaft sein, wenn für einen Ehegatten im Jahr der Eheschließung aufgrund des Todes des vorherigen Ehegatten das Witwensplitting angewendet werden kann. Grundsätzlich ist der Grundtarif anzuwenden. Dies gilt nicht, wenn aufgrund einer vorherigen, durch Tod beendeten Ehe, das Splittingverfahren zur Anwendung kommt.

Vertiefungshinweis: *Catrin Geißler - Veranlagungsformen - NWB DokID: QAAAB-36697*

Dritter Teil: Körperschaftsteuer

System und Inhalt des Körperschaftsteuergesetzes in aller Kürze

Berechnungshilfen zur Körperschaftsteuer

Körperschaft-/Gewerbesteuer - Rechtsformvergleich
Von Steuerberater u. Dipl.-Kfm. Holger Gemballa
Fundstelle(n):NWB DokID: YAAAB-05527

Körperschaftsteuerguthaben nach § 37 KStG - Bilanzansätze ab 2006
Von Steuerberater u. Dipl.-Kfm. Holger Gemballa
Fundstelle(n): NWB DokID: FAAAC-39174

Unternehmensteuerreform - Kapitalgesellschaften
Von Steuerberater u. Dipl.-Kfm. Holger Gemballa
Fundstelle(n): NWB DokID: RAAAC-47257

A. Jahressteuergesetz 2008

Für den Veranlagungszeitraum 2008 hat der Gesetzgeber den Körperschaftsteuertarif auf 15 v.H. (§ 23 I KStG) gesenkt. Gleichzeitig hat der Gesetzgeber aber auch die Verbreiterung der Bemessungsgrundlage vorgenommen. Eingeführt wurden z.B. die "Zinsschranke" und ein Abzugsverbot für die Gewerbesteuer.Hier die letzten wichtigsten Änderungen im Besteuerungsverfahren im Überblick:

- Steuersenkungsgesetz 2001: Abschaffung des Anrechnungsverfahrens, das die Ausschüttungen beim Anteilseigner belasten sollte.
- Ab 2001 kehrt das Halbeinkünfteverfahren zurück zur Definitivbesteuerung auf Ebene der Kapitalgesellschaft.

Durch das Anrechnungsverfahren geminderte oder erhöhte Körperschaftsteuerschuld kommt nur noch für Gewinnausschüttungen in Betracht, die auf einem Gewinnverteilungsbeschluss für ein abgelaufenes Wirtschaftsjahr beruhen. Nach der durch das SEStEG erfolgten Gesetzesänderung wird das verbliebene Körperschaftsteuerguthaben letztmalig zum 31.12.2006 festgestellt und in einem zehnjährigen Abrechnungszeitraum von 2007 bis 2018 ratierlich ausgezahlt.

► Jahressteuergesetz 2008: Das System der Körperschaftsteuererhöhung wird durch eine pauschale Abschlagszahlung ersetzt, indem von dem am 31.12.2006 vorhandenen Bestand der Ausschüttung unbelasteter Einkommensteile (EK 02) ein Anteil von 10 v.H. des EK 02- Bestandes mit 30 v. H. verwendungsunabhängig besteuert. Der verbleibende Bestand soll entfallen und keine weitere Körperschaftsteuer-Erhöhung auslösen.

B. Unbeschränkte Steuerpflicht

Unbeschränkt körperschaftsteuerpflichtig sind folgende Körperschaften, Personenvereinigungen und Vermögensmassen, die ihren Sitz oder ihre Geschäftsleitung im Inland haben:
► Kapitalgesellschaften
► Erwerbs- und Wirtschaftsgenossenschaften
► Versicherungsvereine auf Gegenseitigkeit
► sonstige juristische Personen des privaten Rechts wie insbes. die rechtsfähigen Vereine
► nichtrechtsfähige Vereine, Anstalten, Stiftungen und andere Zweckvermögen des privaten Rechts sowie
► Betriebe gewerblicher Art von juristischen Personen des öffentlichen Rechts.

Die Steuerpflicht unbeschränkt körperschaftsteuerpflichtiger Gesellschaften erstreckt sich auf sämtliche Einkünfte, soweit nicht in einem Doppelbesteuerungsabkommen etwas anderes bestimmt ist.

§§	Inhalt der Bestimmung	
§ 4 KStG, R 6 KStR	Betrieb gewerblicher Art, Jahresumsatz nachhaltig über	30 678

C. Persönliche Steuerbefreiungen

Aus § 5 KStG ergeben sich für einzelne Körperschaften, Vermögensmassen und Personenvereinigungen wie z.B. gemeinnützige Vereine oder Berufsverbände persönliche Befreiungen von der Steuerpflicht.

§§	Inhalt der Bestimmung	
§ 4 KStDV	Steuerfreiheit Versicherungsvereine aG, wenn Beitragseinnahmen durchschnittlich jährlich nicht übersteigen	
	Lebens-/Krankenversicherungen	797 615
	übrige Versicherungen	306 775
R 6 KStR	Betrieb gewerblicher Art, Jahresumsatz nachhaltig über	35 000

D. Bemessungsgrundlage

Als Bemessungsgrundlage für die Körperschaftsteuer dient das körperschaftsteuerliche Einkommen, welches durch Gesetz als Einkommen nach dem EStG, korrigiert um körperschaftsteuerliche Besonderheiten definiert ist, § 8 Abs 1 KStG. Ausgangsgröße für die Ermittlung des körperschaftsteuerlichen Einkommens ist der Gewinn/Verlust nach Steuerbilanz bzw. der nach § 60 Abs. 2 EStDV korrigierte Jahresüberschuss/Jahresfehlbetrag laut Handelsbilanz. Bei Körperschaften, die nicht nach den Vorschriften des HGB verpflichtet sind Bücher zu führen (z. B. Vereine), ist die Zusammensetzung der Besteuerungsgrundlage aus verschiedenen Einkunftsarten möglich. Bei Steuerpflichtigen, die nach den Vorschriften des HGB verpflichtet sind Bücher zu führen, ist der Gewinn gem. § 7 Abs. 4 S. 1 KStG nach dem Wirtschaftsjahr zu ermitteln, für das sie regelmäßig Abschlüsse machen.

Ausgehend von der Handelsbilanz einer Körperschaft ergibt sich folgendes Schema zur Ermittlung des Steuerbilanzgewinns:

Handelsbilanzgewinn

./. Gewinnvortrag

+ Verlustvortrag

+ Einstellungen in Rücklagen

./. Entnahme aus Rücklagen

= Jahresüberschuss

+/./. Gewinnkorrekturen auf Grund abweichender steuerlicher Vorschriften

= Steuerbilanzgewinn

Die Abweichungen zwischen Handelsbilanzgewinn und Steuerbilanzgewinn werden außerhalb der Handelsbilanz erfasst. Sie entstehen durch steuerlich unzulässige Wertansätze in der Handelsbilanz, die z.B. auf Unterschieden bei den Bewertungsvorschriften, abweichenden Abschreibungsmöglichkeiten (z. B. progressive AfA) oder der Zurechnung von Gewinnanteilen aus Beteiligungen an Personengesellschaften beruhen können.

Bei Körperschaften, die - anders als Kapitalgesellschaften, Genossenschaften und Versicherungs- und Pensionsfondsvereine - auch andere Einkünfte als gewerbliche haben können, tritt an die Stelle des Gewinns/Verlusts lt. Steuerbilanz die Summe aller Einkunftsarten.

I. Hinzurechnungen und Abzüge

Im Einzelnen können sich bei Körperschaften, die gewerbliche Einkünfte erzielen, beispielhaft folgende Korrekturen ergeben:

+ steuerlich nicht abzugsfähige Gewinnminderungen (§ 52 Abs. 59 EStG i. V.m. § 50c EStG),

+ nicht ausgleichsfähige Verluste (§ 8 Abs. 4 KStG, § 8c KStG, § 15 Abs. 4 EStG (gewerbliche Tierzucht), § 15a Abs. 1, 3 EStG),

./. in Vorjahren nicht ausgleichsfähige Verluste, die abziehbar geworden sind (§ 15 Abs. 4, § 15a Abs. 2, 3 EStG)

+ Gewinnzuschläge (§ 6b Abs. 7 EStG, § 7g Abs. 5 EStG),

+ Entstrickungsgewinne nach § 12 Abs. 1 KStG,

+ verdeckte Gewinnausschüttungen,

./. Gewinnerhöhungen im Zusammenhang mit bereits in vorangegangenen Veranlagungszeiträumen versteuerten verdeckten Gewinnausschüttungen,

./. steuerfreier Übernahmegewinn (§ 12 Abs. 2 UmwStG) + steuerfreier Übernahmeverlust (§ 12 Abs. 2 UmwStG)

+ Berichtigungsbetrag nach § 1 AStG,

./. Offene und verdeckte Einlagen,

+ nichtabziehbare Aufwendungen (z. B. § 10 KStG, §§ 4 Abs. 5, 4h EStG, § 160 AO),

./. Gewinnausschüttungen, Gewinne aus Anteilsveräußerungen nach § 8b KStG,

+ 5 v.H. der Gewinnausschüttungen, Gewinne aus Anteilsveräußerungen,

./. sonstige inländische steuerfreie Einnahmen (z.B. Investitionszulagen),

+/./. Korrekturen bei Organschaften i. S. der §§ 14, 17 und 18 KStG (wie z.B. gebuchte Gewinnabführungen oder Verlustübernahmen) sowie Ausgleichszahlungen i. S. des § 16 KStG,

+ /./. Korrekturen bei ausländischen Einkünften wie z.B. Kürzung um nach einem Doppelbesteuerungsabkommen steuerfreie Einkünfte bzw. Hinzurechnung von mit diesen steuerfreien Erträgen zusammenhängenden Aufwendungen, Hinzurechnung nach § 52 Abs. 3, 4 i.V.m. § 2a Abs. 3 und 4 EStG 1997, Hinzurechnungsbetrag nach § 10 AStG einschließlich Aufstockungsbetrag nach § 12 Abs. 1 und 3 AStG

./. Zinsvortrag nach § 4h Abs. 1 S. 2 EStG

+ Gesamtbetrag der Zuwendungen nach § 9 Abs. 1 Nr. 2 KStG (Mitgliedsbeiträge)

= Summe der Einkünfte

+ wegen Überschreitens der maßgeblichen Betragsgrenzen nicht abzugsfähige Zuwendungen (Spenden, einschließlich vorzutragende Großspenden),

./. abzuziehende Großspenden aus Vorjahren bzw. vorgetragene Zuwendungen

+ dem Organträger zuzurechnendes positives Einkommen der Organgesellschaft

./. dem Organträger zuzurechnendes negatives Einkommen der Organgesellschaft./.vom Organträger geleistete Ausgleichszahlungen

./. bei einer Organgesellschaft an den Organträger abgeführtes positives Einkommen

+ bei einer Organgesellschaft vom Organträger übernommenes negatives Einkommen

+ bei einer Organgesellschaft vom Organträger geleistete Ausgleichszahlungen

./. Abzug ausländischer Steuern vom Einkommen nach § 26 Abs. 6 KStG oder § 12 Abs. 3 AStG i. V. m. § 34c Abs. 2, 3 und 6 EStG,

---

= Gesamtbetrag der Einkünfte

./. vortragsfähige Verluste der Vorjahre

./. Verlustrücktrag aus dem Folgejahr

= Einkommen

II. Steuerfreie Einnahmen

Steuerfreie Vermögensmehrungen sind bei der Ermittlung des Einkommens abzuziehen, wenn sie bei Kapitalgesellschaften im handelsrechtlichen Jahresüberschuss enthalten sind. Bei den übrigen Körperschaften werden sie von vornherein bei der Ermittlung der Einkünfte nicht berücksichtigt. Zu den steuerfreien Einnahmen zählen insbesondere

- Investitionszulagen
- steuerfreie Zinsen
- sonstige nach den Vorschriften des EStG steuerbefreite Einnahmen, soweit sie bei Körperschaften anfallen können sowie
- nach Einführung des Halbeinkünfteverfahrens Beteiligungserträge an in- und ausländischen Körperschaften und
- Gewinne aus der Veräußerung einer Beteiligung an einer in- oder ausländischen Körperschaft sowie eigener Anteile, unabhängig von der Beteiligungshöhe und der Beteiligungsdauer und Gewinne, die durch eine verdeckte Einlage entstehen.

III. Nichtabziehbare Aufwendungen

Folgende Aufwendungen sind nicht abzugsfähig: Ein allgemeines Abzugsverbot gilt für Aufwendungen, die in unmittelbarem wirtschaftlichen Zusammenhang mit steuerfreien Einnahmen stehen. Für Einkommen, dass nur aus Einkünften besteht, von denen lediglich ein Steuerabzug vorzunehmen ist, dürfen keine Betriebsausgaben angesetzt werden. Ferner sind nicht abziehbar:

- Pauschal fünf v.H. des Gewinns aus der Veräußerung von Beteiligungen an in- wie ausländischen Körperschaften bzw. aus der Veräußerung der Bezüge auch aus Anteilen an inländischen Kapitalgesellschaften als nicht abzugsfähige Betriebsausgaben.

- Personensteuern wie die Körperschaftsteuer, für Rechnung der Körperschaft einbehaltene Kapitalertragsteuer,
- Umsatzsteuer auf Umsätze, die durch Entnahmen oder verdeckte Gewinnausschüttungen ausgelöst wird,
- die Vorsteuerbeträge auf Aufwendungen, für die das Abzugsverbot des § 4 Abs. 5 Satz 1 Nr. 1 bis 4 und 7 oder Abs. 7 des Einkommensteuergesetzes gilt
- sowie Nebenleistungen wie z.B. Säumniszuschläge und Zinsen auf diese Steuern.
- In einem Strafverfahren festgesetzte Geldstrafen, sonstige Rechtsfolgen vermögensrechtlicher Art, bei denen der Strafcharakter überwiegt, und Leistungen zur Erfüllung von Auflagen oder Weisungen, soweit diese nicht lediglich der Wiedergutmachung des durch die Tat verursachten Schadens dienen.
- die Aufwendungen für die Erfüllung von Zwecken des Steuerpflichtigen, die durch Stiftungsgeschäft, Satzung oder sonstige Verfassung vorgeschrieben sind.
- die Hälfte der Vergütungen jeder Art, die an Mitglieder des Aufsichtsrats, Verwaltungsrats, Grubenvorstands oder andere mit der Überwachung der Geschäftsführung beauftragte Personen gewährt werden und die keinen Kostenersatz darstellen.
- Zinsaufwendungen, die unter die durch das Unternehmensteuerreformgesetz 2008 eingeführte Zinsschranke fallen.

§§ des KStG	Inhalt der Bestimmung	
§ 8 b Abs. 5	Ausgaben, die keine Betriebsausgaben sind	5%
§ 10	Nichtabziehbare Aufwendungen	

IV. Freibeträge

Vom Einkommen unbeschränkt steuerpflichtiger juristischer Personen des öffentlichen Rechts, der Stiftungen und der Versicherungsvereine auf Gegenseitigkeit kann ein Freibetrag in Höhe von max. 3.835 EUR abgezogen werden (§ 24 KStG). Für unbeschränkt steuerpflichtige Erwerbs- und Wirtschaftsgenossenschaften sowie unbeschränkt steuerpflichtige Vereinen, deren Tätigkeit sich auf den Betrieb der Land- und Forstwirtschaft beschränkt, gilt unter bestimmten Voraussetzungen ein Freibetrag in Höhe von max. 15.339 EUR im Veranlagungszeitraum der Gründung und den folgenden neun Veranlagungszeiträumen.

E. Tarifbelastung

Für den VZ 2003 galt einmalig ein Körperschaftsteuer Satz von 26,5 v.H.. Durch das Steuersenkungsgesetz 2001 ist das Anrechnungsverfahren abgeschafft worden, dessen Zweck darin bestand, die auf ausgeschütteten Gewinnen bzw. Vermögensmehrungen von unbeschränkt körperschaftsteuerpflichtigen Kapitalgesellschaften lastende Körperschaftsteuer grds. beim Anteilseigner auf dessen Einkommen- bzw. Körperschaftsteuerschuld anzurechnen. Das Halbeinkünfteverfahren kehrt zurück zur Definitivbesteuerung auf Ebene der Kapitalgesellschaft. Die Herstellung einer Ausschüttungsbelastung entfällt, eine Gliederungsrechnung wird entbehrlich. Für noch unter Geltung des Anrechnungsverfahrens thesaurierte Gewinne hat der Gesetzgeber ein Körperschaftsteuerguthaben eingeführt, das sich jeweils um 1/6 der offenen Gewinnausschüttungen mindert und auf die Körperschaftsteuerschuld angerechnet wird. Für die Nutzung des Körperschaftsteuerguthabens wurde eine Übergangszeit von zunächst 15 Jahren eingeräumt. Das StVergAbG hat für Gewinnausschüttungen, die nach dem 11.04.2003 und vor dem 01.01.2006 erfolgen, die Anrechnung des Körperschaftsteuerguthabens aus Haushaltsgründen ausgesetzt (sog. Moratorium).

§§ des KStG	Inhalt der Bestimmung	2007	2008
§ 23 KStG	Steuersatz	25 %	15 %

Festzusetzende Körperschaftsteuer
Die veranlagte Steuer entsteht mit Ablauf des Veranlagungszeitraums, soweit die Steuer nicht schon als Steuerabzug oder als Vorauszahlung vorher entstanden ist. Die festzusetzende und verbleibende Körperschaftsteuer ermittelt sich wie folgt:

Steuerbetrag nach Regelsteuersatz (§ 23 Abs.1 KStG) bzw. Sondersteuersätzen (z.B. §§ 26 Abs. 6 S. 1 KStG i.V.m. § 34c Abs. 5 EStG; § 34 Abs.12 S. 2 ff. KStG)

./. anzurechnende ausländische Steuer

= Tarifbelastung

././+ Minderung oder Erhöhung der Körperschaftsteuer

= festzusetzende Körperschaftsteuer

./. anzurechnende Kapitalertragsteuer einschließlich Zinsabschlag

= verbleibende Körperschaftsteuer

F. Gesellschafter - Fremdfinanzierung

Gesellschafter-Fremdfinanzierung beschreibt die Regelungen des Körperschaftsteuergesetzes, die die Voraussetzungen normieren, unter denen Vergütungen an Gesellschafter einer Kapitalgesellschaft für die Überlassung von Fremdkapital steuerlich nicht als Betriebsausgaben der Kapitalgesellschaft anzuerkennen, sondern als verdeckte Gewinnausschüttungen zu qualifizieren sind. Unter bestimmten Voraussetzungen qualifiziert § 8a KStG die von einer Kapitalgesellschaft an ihre Anteilseigner für die Überlassung von Fremdkapital gezahlten Vergütungen in verdeckte Gewinnausschüttungen um.

§§ des KStG	Inhalt der Bestimmung	2007	2008
§ 8b KStG	nicht abziehbare Betriebsausgaben		
	bei Beteiligungsveräußerung	5 %	5 %
	bei steuerbefreiten Bezügen	5 %	5 %
	keine Gewinnminderung durch Wertverluste auf Darlehen von Beteiligten zu mehr als	-	25 %

I. Der Fremdkapitalnehmer

§ 8a KStG gilt für in- wie ausländische Kapitalgesellschaften, die im Inland der Körperschaftsteuerpflicht unterliegen. Damit fallen z. B. auch inländische Betriebsstätten ausländischer Kapitalgesellschaften, die von ihren Anteilseignern fremdfinanziert werden, unter den Regelungsinhalt.

§§ des KStG	Inhalt der Bestimmung	2007	2008
§ 8a KStG	Gesellschafter-Fremdfinanzierung		
	Freigrenze	250 000	-
	wesentliche Beteiligung, wenn Beteiligung über	25 %	-
	Freigrenze Nettozinsaufwendungen	1 Mio	1 Mio
	darüber hinaus abziehbar (Zinsschranke)	30 %	30 %
	Ausnahmeregelung bei Konzernbeteiligung über	25 %	25 %
	und Nettozinserträge nicht mehr als	10 %	10 %

II. Der Fremdkapitalgeber

Fremdkapitalgeber können wesentlich Beteiligte, diesen nahestehende Personen oder Dritte sein. Wesentlich beteiligt ist, wer unmittelbar zu 25 v.H. am Grund- oder Stammkapital der Kapitalgesellschaft beteiligt ist, diese muss lediglich zu irgendeinem Zeitpunkt des Wirtschaftsjahres bestanden haben. Ein nicht wesentlich beteiligter Anteilseigner wird einem wesentlich beteiligten Anteilseigner gleich gestellt, wenn er alleine oder zusammen mit anderen Anteilseignern einen beherrschenden Einfluss ausüben kann und dies auch tatsächlich tut.

III. Das Fremdkapital

Gesellschafter-Fremdkapital bilden alle - verzinslichen wie unverzinslichen - als Verbindlichkeiten passivierungsfähigen Kapitalzuführungen in Geld wie typische stille Beteiligungen und Gewinnschuldverschreibungen. Nicht dazu rechnen z.B. durchlaufende Posten, Sachdarlehen und einem Gesellschafter geschuldete Nutzungsentgelte.Nicht von § 8a KStG erfasst werden kurzfristige Kapitalüberlassungen mit einer Laufzeit von weniger als einem Jahr.

IV. Vergütungen für Fremdkapital

§ 8a KStG qualifiziert lediglich die Vergütungen für der Kapitalgesellschaft überlassenes Fremdkapital in verdeckte Gewinnausschüttungen um. Hierzu rechnen alle Gegenleistungen, die sie für die Kapitalüberlassung schuldet. Voraussetzung ist ferner, dass sie eine - gesellschaftsbezogene - Freigrenze von 250.000 Euro übersteigen. Hinsichtlich der steuerlichen Behandlung ist zwischen erfolgsabhängigen und nicht erfolgsabhängigen Vergütungen zu differenzieren.

1. Erfolgsabhängige Vergütungen

Gewinn- oder umsatzabhängige Vergütungen für Gesellschafter-Fremdkapital sind - nach Überschreiten der Freigrenze - als verdeckte Gewinnausschüttungen zu behandeln.

2. Nicht erfolgsabhängige Vergütungen

Eine nicht erfolgsabhängige Vergütung liegt vor, wenn sie nach einem Bruchteil des überlassenen Fremdkapitals bemessen ist. Diese werden nur dann und insoweit in verdeckte Gewinnausschüttungen umqualifiziert, wenn und soweit das Fremdkapital das Eineinhalbfache des - rechnerisch - auf den überlassenden Anteilseigner entfallenden Eigenkapitals ("safe haven") übersteigt. Trotz Überschreitung des "safe havens" bleiben die Vergütungen als Betriebsausgaben abzugsfähig, wenn die Kapitalgesellschaft nachweisen kann, dass sie das Fremdkapital bei sonst gleichen Umständen auch von einem fremden Dritten hätte erhalten können.

V. Finanzierung durch Dritte

§ 8a KStG erfasst nicht nur die Finanzierung durch Anteilseigner und diesen nahestehende Personen, sondern auch die durch Dritte. Voraussetzung ist, dass sie für das von ihnen zur Verfügung gestellte Fremdkapital auf Anteilseigner oder diesen nahestehende Personen zurückgreifen können. Eine schädliche Finanzierung liegt immer dann vor, wenn der Anteilseigner oder eine diesem nahe stehende Person eine langfristige (Laufzeit über 1 Jahr) Kapitalforderung besitzt, über die er aus Anlass der Darlehensgewährung eine Verfügungsbeschränkung zugunsten des rückgriffsberechtigten Dritten getroffen hat. Eine derartige Verfügungsbeschränkung liegt insbesondere vor, wenn eine dingliche Sicherheit besteht, wobei es ausreicht, wenn bei einer Bürgschaftserklärung des Anteilseigners ein Pfandrecht an Kapitalforderungen des Bürgen zu Gunsten des Darlehensgebers vereinbart worden ist (§ 14 AGB-Pfandrecht) oder dem Darlehensgeber ein schuldrechtlicher Anspruch - z.B. aus einer Bürgschaft oder Garantieerklärung - gegen den Anteilseigner oder eine diesem nahe stehende Person verbunden mit einer Verfügungsbeschränkung hinsichtlich einer Kapitalforderung oder einer Unterwerfung unter die sofortige Zwangsvollstreckung eingeräumt wird. Auch in den Rückgriffsfällen erfolgt eine Umqualifizierung der Vergütungen nur, wenn das Fremdkapital den "safe haven" überschreitet bzw. die Vergütungen die Freigrenze von 250.000 Euro übersteigen.

VI. Der "safe haven"

Der vom Anteilseigner oder einer ihm nahestehenden Person überlassene bzw. durch sie gesicherte Kapitalbetrag ist in ein Verhältnis zu dem rechnerischen Anteil des Gesellschafters am Eigenkapital der Kapitalgesellschaft zu setzen. Überschreitet bei dieser Verhältnisrechnung zu irgendeinem Zeitpunkt im Wirtschaftsjahr das vom Gesellschafter zur Verfügung gestellte Fremdkapital das Eineinhalbfache des - anteiligen - Eigenkapitals, wird der Teil der Vergütung, der diese Quote übersteigt, für die Zeitdauer der Überschreitung in eine verdeckte Gewinnausschüttung umqualifiziert. Maßgeblich ist das nach folgendem Schema ermittelte Eigenkapital zum Schluss des vorangegangenen Wirtschaftsjahres laut Handelsbilanz:

Gezeichnetes Kapital
./. ausstehende Einlagen
+ Kapitalrücklagen
+ Gewinnrücklagen
+/./.Gewinnvortrag / Verlustvortrag
+/./. Jahresüberschuss / Jahresfehlbetrag
+ die Hälfte der Sonderposten mit Rücklagenanteil
./. Buchwert der Beteiligungen an einer Kapitalgesellschaft

= Eigenkapital der Kapitalgesellschaft nach § 8a KStG.

Durch den Abzug des Buchwerts der Beteiligung an einer Kapitalgesellschaft soll verhindert werden, dass innerhalb einer Kette von Beteiligungen der "safe haven" mehrfach berücksichtigt wird ("Kaskadeneffekt"), indem für das bei wirtschaftlicher Betrachtungsweise gleiche Kapital mehrere Kapitalgesellschaften hintereinander geschaltet werden. Handelsrechtlich als Eigenkapital behandelte Bilanzpositionen wie bestimmte Formen von Genussrechtskapital oder Einlagen stiller Gesellschafter gehören nicht zum Eigenkapital im Sinne des § 8a Abs. 2 KStG. Gehört zum Betriebsvermögen der Kapitalgesellschaft eine Beteiligung an einer Personengesellschaft, werden an Stelle des handelsbilanziellen Beteiligungsansatzes die anteiligen Buchwerte der Wirtschaftsgüter der Personengesellschaft angesetzt. Bei einer neu gegründeten Kapitalgesellschaft ist das Eigenkapital in der Eröffnungsbilanz maßgebend. Das anteilige Eigenkapital entspricht demjenigen Anteil am gesamten Eigenkapital der Kapitalgesellschaft, der rechnerisch auf den unmittelbar oder mittelbar beteiligten Anteilseigner entfällt, der das Fremdkapital selbst oder über eine nahestehende Person zur Verfügung gestellt hat oder gegen den für den kreditgebenden Dritten eine Rückgriffsmöglichkeit besteht. Maßgebender Zeitpunkt ist der Schluss des vorangegangenen Wirtschaftsjahres.

VII. Die Rechtsfolgen des § 8a KStG

1. Die Rechtsfolgen bei der Kapitalgesellschaft

Sind die Voraussetzungen des § 8a KStG erfüllt, stellen die von der Kapitalgesellschaft geschuldeten Vergütungen verdeckte Gewinnausschüttungen dar, die unabhängig davon, ob sie an einen Anteilseigner, eine ihm nahestehende Person oder an einen Dritten zu leisten sind, bei der Einkommensermittlung außerbilanziell hinzuzurechnen sind. Diese Hinzurechnung kann zu einer Körperschaftsteuererhöhung nach § 38 KStG führen. Unberührt von der Umqualifikation der Vergütungen ist das Fremdkapital selbst in der Handels- und Steuerbilanz weiterhin als solches auszuweisen. Ab Erhebungszeitraum 2004 gilt die Umqualifikation der Vergütungen auch für die Gewerbesteuer. § 9 Nr. 10 GewStG, der bis Erhebungszeitraum 2003 eine entsprechende Kürzung des Gewerbeertrags vorsah, wurde mit Wirkung ab 2004 aufgehoben. Die Kapitalgesellschaft hat von den als verdeckte Gewinnausschüttungen zu qualifizierenden Vergütungen im Zeitpunkt des Zuflusses bei dem Gläubiger Kapitalertragsteuer einzubehalten und abzuführen.

2. Rechtsfolgen beim Anteilseigner

Ab 2004 handelt es sich bei den Vergütungen für Gesellschafter-Fremdkapital i.S.d. § 8a KStG um verdeckte Gewinnausschüttungen mit der Folge, dass der Anteilseigner insoweit Einnahmen aus Kapitalvermögen i.S.d. § 20 Abs. 1 Nr. 1 EStG bezieht. Bei einer Darlehensvergabe durch eine Kapitalgesellschaft als Anteilseigner führt § 8a KStG damit im Ergebnis zu einer Verschiebung der Steuerbelastung von dem Anteilseigner auf die Darlehensempfängerin. Ist der Anteilseigner eine natürliche Person, die die Anteile im Privatvermögen hält, entsteht durch die Behandlung bei der Kapitalgesellschaft eine erhebliche steuerliche Mehrbelastung, da die verdeckten Gewinnausschüttungen bei dem Anteilseigner nur zur Hälfte steuerfrei bleiben. Die Rechtsfolgen einer von § 8a KStG erfassten Fremdfinanzierung durch eine dem Anteilseigner nahestehende Person sind umstritten. In den Fällen einer Fremdfinanzierung durch rückgriffsberechtigte Dritte können die Zinszahlungen einer mehrfachen ertragsteuerlichen Belastung unterliegen, indem sie

- bei dem darlehensgewährenden Dritten als Betriebseinnahmen / Einnahmen aus Kapitalvermögen erfasst,
- bei der darlehensnehmenden Kapitalgesellschaft dem Einkommen hinzugerechnet werden und
- bei dem Anteilseigner als verdeckte Gewinnausschüttungen entweder in Höhe von 5 v.H. bei Kapitalgesellschaften oder
- in Höhe von 50 v.H. bei natürlichen Personen der Besteuerung unterworfen werden.

VIII. Fremdfinanzierung über Personengesellschaften

Grundsätzlich erfasst § 8a KStG nur die Gewährung von Fremdkapital an Kapitalgesellschaften. Ab 2004 hat der Gesetzgeber den Anwendungsbereich auch auf Fallkonstellationen ausgedehnt, in denen eine Darlehensgewährung an eine einer Kapitalgesellschaft nachgeschaltetete Personengesellschaft erfolgt, deren Ergebnis wirtschaftlich der Kapitalgesellschaft als Gesellschafterin der Personengesellschaft zu Gute kommt.

IX. Konzernfinanzierungen
Schließlich gelten ab VZ 2004 Sonderregelungen für fremdfinanzierte Anteilsverkäufe innerhalb eines Konzerns.

G. Organschaft
Mit Organschaft bezeichnet man im Ertragsteuerrecht eine (partielle) Einkommensgemeinschaft zwischen zwei Unternehmen - der Organgesellschaft und dem Organträger -, durch die die beiderseits erzielten Einkommen nur bei einem Unternehmen - dem Organträger - zu versteuern sind. Die Begründung einer Organschaft führt im Ergebnis dazu, dass ertragsteuerlich mehrere zivilrechtlich selbständige Unternehmen wie ein einziges Steuersubjekt behandelt werden und damit auch Verluste eines beteiligten Unternehmens im Organkreis ausgeglichen werden können. Ertragsteuerlich ist zwischen der körperschaftsteuerlichen und der gewerbesteuerlichen Organschaft zu unterscheiden. Eine Organschaft kann aber auch aus umsatzsteuerlichen Gründen gewählt werden. Die gesetzlichen Regelungen zur ertragsteuerlichen Organschaft haben seit 2001 eine Vielzahl von Änderungen erfahren. Nach der Entscheidung des EuGH in der Rechtssache Marks & Spencer (Urt. v. 13.12.2005 C-446/03) sind weitere Änderungen der gesetzlichen Voraussetzungen der ertragsteuerlichen Organschaft in der politischen Diskussion. Grund dafür ist die Aussage des EuGH, dass ausnahmsweise das Gemeinschaftsrecht eine Berücksichtigung von im Ausland erzielten Verlusten einer Tochtergesellschaft bei der Muttergesellschaft gebiete, wenn die Tochtergesellschaft alle Möglichkeiten zur Berücksichtigung von Verlusten ausgeschöpft habe und keine Möglichkeit bestehe, die Verluste im Staat ihres Sitzes für künftige Zeiträume selbst oder zugunsten eines Dritten zu nutzen. In der politischen Diskussion sind derzeit

weitere Änderungen u.a. durch die geplante gesetzliche Neuregelung zur Gemeindefinanzreform ab 2004.

§§ des KStG	Inhalt der Bestimmung	2007	2008
§ 16 KStG	Versteuerung von Ausgleichszahlungen in Höhe von... des Einkommens bei Organgesellschaft	33	20/17

Vierter Teil: Umsatzsteuer

Berechnungshilfen zur Umsatzsteuer

Umsatzsteuer - Vorsteuerberichtigung (Komfortversion)
Von Steuerberater u. Dipl.-Kfm. Holger Gemballa
Fundstelle(n): NWB DokID: SAAAB-17245

Umsatzverprobung (§ 13 UStG und § 20 UStG)
Dipl.-Finanzwirt Karl-Hermann Eckert und Dipl.-Finanzwirt Ronny Sebast
Fundstelle(n): NWB DokID: VAAAC-90848

Reiseleistungen nach § 25 UStG
Dipl.-Finanzwirt Karl-Hermann Eckert und Dipl.-Finanzwirt Ronny Sebast
Fundstelle(n): NWB DokID: LAAAC-90886

Aktuelle Umsatzsteuerumrechnungskurse erhalten Sie auf unserer Homepage unter http://www.nwb.de

A. Steuerbarkeit gem. § 1 Abs. 1 Nr. 1 UStG

Steuerbarkeit liegt vor, wenn:
- eine Lieferung oder sonstige Leistung
- gegen Entgelt
- durch einen Unternehmer
- im Rahmen seines Unternehmens
- im Inland ausgeführt wird.

B. Lieferung und sonstige Leistung

I. Lieferung

Unter den Begriff der Lieferung fallen Leistungen, in denen
- der Leistende

- dem Leistungsempfänger
- Verfügungsmacht über einen Gegenstand verschafft.
- Der Leistungsempfänger wird in die Lage versetzt, im eigenen Namen über den Gegenstand zu verfügen, indem ihm Substanz, Wert und Ertrag des Gegenstands zugewendet werden.
- Das Verbringen eines Gegenstandes aus dem Inland in das übrige Gemeinschaftsgebiet durch einen Unternehmer zu seiner Verfügung gilt als Lieferung.

Vertiefungshinweis: *Jochen Wenning - Lieferungen/sonstige Leistungen - NWB DokID: NAAAB-14244*

II. Sonstige Leistung

Sonstige Leistungen sind insbesondere
- Dienstleistungen,
- Werkleistungen,
- Vermittlungsleistungen,
- Beförderungsleistungen sowie
- Vermietung und Verpachtung.

Ferner zählen dazu die Abtretung einer Forderung, die Übertragung eines Schuldverhältnisses, das Unterlassen von Wettbewerb und die Gewährung eines Darlehens.

III. Werklieferung und Werkleistung

Eine Werklieferung liegt vor, wenn ein Unternehmer bei der Be- oder Verarbeitung eines Gegenstandes selbst beschaffte Stoffe verwendet, die nicht nur Zutaten oder Nebensachen sind. Die Werklieferung wird nach dem Grundsatz der Einheitlichkeit der Leistung wie eine Lieferung behandelt, obwohl in ihr Teile einer Lieferung und Teile einer sonstigen Leistung enthalten sind. Soweit der Werkunternehmer bei der Be- oder

Verarbeitung eines Gegenstandes keine selbst beschafften Hauptstoffe verwendet, sondern lediglich Zutaten oder Nebenstoffe, handelt es sich um eine Werkleistung, die wie sonstige Leistungen behandelt wird. Die Unterscheidung zwischen einer Werklieferung und einer Werkleistung ist insbesondere in den Fällen der Abgrenzung einer Lohnveredelung an Gegenständen der Ausfuhr und Ausfuhrlieferungen von großer Bedeutung, da die Steuerbefreiung für Ausfuhrlieferungen ohne Rücksicht darauf in Betracht kommt, zu welchem Zweck der Gegenstand eingeführt oder erworben wurde.

Vertiefungshinweis: *Jochen Wenning - Werklieferung/Werkleistung - NWB DokID: LAAAB-14249*

IV. Tausch und tauschähnlicher Umsatz

Ein Tausch liegt vor, wenn das Entgelt für eine Lieferung in einer Lieferung besteht. Ein tauschähnlicher Umsatz liegt vor, wenn das Entgelt für eine sonstige Leistung in einer Lieferung oder sonstigen Leistung besteht. Gemeinsames Merkmal ist also, dass die Gegenleistung nicht in Geld, sondern in Werten besteht. Als Bemessungsgrundlage für den Tausch bzw. tauschähnlichen Umsatz gilt der Wert des jeweiligen anderen Umsatzes.

Vertiefungshinweis: *Udo Vanheiden - Tausch/tauschähnliche Umsätze - NWB DokID: RAAAB-14247*

C. Unternehmer
I. Unternehmerbegriff

Unternehmer i.S.d. § 2 Abs. 1 UStG ist, wer eine gewerbliche oder berufliche Tätigkeit selbständig ausübt. Gewerblich oder beruflich ist dabei jede nachhaltige Tätigkeit zur Erzielung von Einnahmen, unabhängig davon, ob eine Gewinnerzielungsabsicht besteht. Damit ist jedes Wirtschaftsgebilde, das nachhaltig Leistungen gegen Entgelt erbringt, Unternehmer i.S.d. Umsatzsteuergesetzes. Art. 4 der 6. EG-Richtlinie verwendet anstelle des Begriffs "Unternehmer" die Bezeichnung "Steuerpflichtiger".

Vertiefungshinweis: Udo Vanheiden - Unternehmer - NWB DokID: YAAAA-41721

II. Beginn und Ende der Unternehmereigenschaft

Die Unternehmereigenschaft beginnt mit dem ersten nach außen erkennbaren, auf eine Unternehmertätigkeit gerichteten Tätigwerden. Hierbei können erste Investitionsausgaben für eine unternehmerische Tätigkeit oder die Abgabe eines Angebots für eine spätere Lieferung oder sonstige Leistung ausreichend sein. Besonderheiten: Bei Kapitalgesellschaften ist bei Begründung der Unternehmereigenschaft zu unterscheiden zwischen der Vorgründungsgesellschaft und der Vorgesellschaft (Gründungsgesellschaft).

Die Unternehmereigenschaft endet mit dem letzten Tätigwerden und erlischt erst, wenn der Unternehmer alle Rechtsbeziehungen abgewickelt hat, die mit dem aufgegebenen Betrieb in Zusammenhang stehen. Durch die Eröffnung des Insolvenzverfahrens ist ein Unternehmen noch nicht beendet.

Vertiefungshinweis: Udo Vanheiden - Unternehmer - NWB DokID: YAAAA-41721

III. Organschaft

Unternehmer im umsatzsteuerrechtlichen Sinne kann nur

sein, wer eine gewerbliche oder berufliche Tätigkeit selbständig ausübt. Die gewerbliche oder berufliche Tätigkeit wird nicht selbständig ausgeübt, wenn eine juristische Person nach dem Gesamtbild der tatsächlichen Verhältnisse finanziell, wirtschaftlich und organisatorisch in das Unternehmen des Organträgers eingegliedert ist (Organschaft). Die Wirkungen der Organschaft sind auf Innenleistungen zwischen den im Inland gelegenen Unternehmensteilen beschränkt. Diese Unternehmensteile sind als ein Unternehmen zu behandeln. Hat der Organträger seine Geschäftsleitung im Ausland, gilt der wirtschaftlich bedeutendste Unternehmensteil im Inland als der Unternehmer.

Vertiefungshinweis: *Rudolf Linßen - Umsatzsteuerliche Organschaft - NWB DokID: KAAAB-14459*

IV. Juristische Personen des öffentlichen Rechts

Als Betriebe gewerblicher Art werden alle Einrichtungen einer juristischen Person des öffentlichen Rechts bezeichnet, die einer nachhaltigen wirtschaftlichen Tätigkeit zur Erzielung von Einnahmen dienen. Für die Frage, ob ein Betrieb gewerblicher Art vorliegt, stellt das Umsatzsteuerrecht auf die Regelungen des Körperschaftssteuerrechts ab. Die von der juristischen Person des öffentlichen Rechts ausgeübte Tätigkeit muss innerhalb der Gesamtbetätigung wirtschaftlich bedeutsam sein.

Vertiefungshinweis: *Udo Vanheiden - Betrieb gewerblicher Art - NWB DokID: EAAAB-05363*

Kleinunternehmer

Unternehmer, die bestimmte Umsatzgrenzen nicht überschreiten, sind Kleinunternehmer im Sinne des § 19 UStG und brauchen weder ihre Umsätze zu versteuern, noch sind sie berechtigt, Vorsteuern in Abzug zu bringen. Kleinunternehmer können auf die Begünstigung verzichten, indem sie zur Regelbesteuerung optieren.

Folgende Grenzen dürfe nicht überschritten werden:

§§ des UStG	Inhalt der Bestimmung	
§ 19 Abs. 1, 2 UStG	Kleinunternehmer	
	Vorjahresumsatz nicht über	17 500
	Umsatz laufendes Jahr voraussichtlich nicht über	50 000
	Optionsbindung	5 J.

Vertiefungshinweis: *Rudolf Linßen - Kleinunternehmer - NWB DokID: ZAAAB-14441*

D. Inland

I. Begriff

Inland ist das Gebiet der Bundesrepublik Deutschland, dazu gehören
- die Zollausschlüsse,
- Freihäfen,
- von der Dreimeilenzone eingeschlossene Küstengewässer,
- Seeschiffe unter deutscher Flagge, solange sie sich in deutschen Häfen, in inländischen Gewässern oder auf hoher See befinden,
- Flugzeuge unter deutscher Flagge an deutschen Flughäfen oder im internationalen Luftraum,

- der Anteil am Festlandsockel, soweit dort Naturschätze des Meeresgrundes und des Meeresuntergrundes erforscht oder ausgebeutet werden oder Energie durch die Nutzung erneuerbarer Energiequellen gewonnen wird.

Vertiefungshinweis: *Catrin Geißler - Steuerpflicht - NWB DokID: XAAAB-40285*

II. Lieferort

Lieferungen gelten - vorbehaltlich der Sonderregelungen in §§ 3c bis 3f UStG - grundsätzlich dort als ausgeführt, wo die Beförderung oder Versendung des Gegenstandes beginnt, unabhängig davon, wer befördert oder versendet.

Vertiefungshinweis: *Jochen Wenning - Steuerpflicht - NWB DokID: DAAAA-41715*

III. Ort der sonstigen Leistung

Auch die Regelungen zur Ortsbestimmung von sonstigen Leistungen orientieren sich grundsätzlich an einer Besteuerung im Ursprungsland. In § 3a Abs. 2 - 5 und § 3b UStG sind jedoch Ausnahmeregelungen für katalogmäßig aufgezählte Leistungen enthalten.

Vertiefungshinweis: *Jochen Wenning - Steuerpflicht - NWB DokID: DAAAA-41715*

E. Leistungsaustausch

I. Voraussetzungen des Leistungsaustauschs

Ein Leistungsaustausch setzt mindestens zwei Beteiligte voraus. Ein Beteiligter, der die Leistung erbringt (Leistender)

und ein Beteiligter, der die Leistung erhält (Leistungsempfänger). Fehlt es an einem zweiten Beteiligten, kann
- ein nicht steuerbarer Innenumsatz,
- eine unentgeltliche Lieferung, § 3 Abs. 1b S. 1 Nr. 1 UStG oder
- eine unentgeltliche sonstige Leistung, § 3 Abs. 9a S. 1 Nr. 1 UStG vorliegen.

Vertiefungshinweis: Rudolf Linßen - Leistungsaustausch - NWB DokID: JAAAB-17517

II. Fehlender Leistungsaustausch

Kein Leistungsaustausch liegt vor, wenn Leistender und Leistungsempfänger ein und dieselbe Person ist. Ein Beispiel sind dafür die sog. Innenumsätze zwischen verschieden Betrieben eines Unternehmens.

III. Leistungsaustausch zwischen Gesellschaft und Gesellschafter

Zwischen Personengesellschaften und ihren Gesellschaftern ist ein Leistungsaustausch möglich, er unterliegt den allgemein gültigen Regelungen des UStG. Es kommt darauf an, ob die Leistung auf Grund des gesellschaftsrechtlichen Verhältnisses oder auf Grund einer gesonderten schuldrechtlichen Verpflichtung erbracht wird. Bei einem Leistungsaustausch zwischen Gesellschaftern und der Gesellschaft ist regelmäßig der Ansatz der Mindest-Bemessungsgrundlage zu prüfen (§ 10 Abs. 5 Nr. 1 UStG).

IV. Umsätze in Freihäfen

Lieferungen in Freihäfen werden als sogenannte Ausfuhrlieferungen nach § 4 Nr. 1 Buchstabe a UStG bezeichnet und sind vom Grundsatz her umsatzsteuerbefreit, da der Freihafen nach deutschem Recht nicht zum nationalen Umsatzsteuergebiet, sondern zum sogenannten Drittlandsgebiet gezählt wird (§ 1 Abs. 2 UStG).

V. Geschäftsveräußerung

Umsatzsteuerlich stellt die Betriebsveräußerung im Ganzen regelmäßig eine nicht steuerbare Geschäftsveräußerung dar.
- Hiervon abzugrenzen sind Entnahmen sowie unentgeltliche Wertabgaben.
- In Folge einer Geschäftsveräußerung können Vorsteuerberichtigungen notwendig werden.
- Im Anschluss an eine Geschäftsveräußerung im Ganzen ist eine Differenzbesteuerung beim Erwerber nach § 25a UStG nur möglich, soweit beim Veräußerer die Voraussetzungen dafür erfüllt waren.

Vertiefungshinweis: *Bodo Ebber - Betriebsveräußerung - NWB DokID: XAAAB-05656*

F. Sonderregelung des § 1 Abs. 1 Nr. 1 Satz 2 UStG
I. Innergemeinschaftlicher Erwerb/Steuerbarkeit

Ein steuerbarer innergemeinschaftlicher Erwerb gegen Entgelt liegt vor, wenn die folgenden Voraussetzungen des § 1a UStG erfüllt sind:
- Lieferung durch einen Unternehmer
- aus dem Gebiet eines EU-Mitgliedstaats
- in das Erhebungsgebiet
- an einen Unternehmer, der den Gegenstand für sein Unternehmen erwirbt oder
- an eine juristische Person, die nicht Unternehmer ist oder nicht für ihr Unternehmen erwirbt.

Vertiefungshinweis: *Udo Vanheiden - Innergemeinschaftlicher Erwerb - NWB DokID: UAAAA-41705*

II. Innergemeinschaftliche Lieferung

Für eine innergemeinschaftliche Lieferung i.S.d. § 6a UStG müssen die folgenden Voraussetzungen vorliegen:
- eine steuerbare Lieferung:

Die Abgrenzung zwischen einer Lieferung und sonstigen Leistung erfolgt nach innerstaatlichem Recht. Der Lieferer muss Unternehmer sein. Für Kleinunternehmer i.S.d. § 19 UStG und pauschalierende Land- und Forstwirte gilt § 6a UStG nicht (Ausnahme: Fahrzeuglieferer i.S.d. § 2a UStG). Der Ort der Lieferung muss im Inland liegen:

Werklieferungen werden grundsätzlich an dem Ort ausgeführt, an dem das fertige Werk übergeben wird. Eine innergemeinschaftliche Lieferung ist daher bei Werklieferungen nur gegeben, wenn das fertige Werk vom Inland in einen anderen EU-Mitgliedstaat bewegt wird.

- in das übrige Gemeinschaftsgebiet:

Der Lieferer oder Abnehmer muss den Gegenstand der Lieferung aus dem Inland in das übrige Gemeinschaftsgebiet befördern oder versenden. Das übrige Gemeinschaftsgebiet sind die Gebiete der übrigen Staaten der EU (d.h. ohne das umsatzsteuerliche Inland).

Zu beachten sind die umsatzsteuerlichen Auswirkungen aufgrund der EU-Erweiterung.

- an einen Unternehmer für sein Unternehmen

oder

- an eine juristische Person, die nicht Unternehmer ist oder den Gegenstand nicht für Unternehmen erwirbt:

Verwendet der Erwerber gegenüber dem Lieferer seine

Umsatzsteuer-Identifikationsnummer, so bringt er zum Ausdruck, dass er den Gegenstand für sein Unternehmen erwirbt oder dass es sich bei dem Erwerber um eine juristische Person handelt, die ihre Erwerbe im Bestimmungsland versteuert.

- der Erwerb unterliegt im Bestimmungsland der Erwerbsbesteuerung:

Der Erwerber muss im anderen Mitgliedstaat (Bestimmungsland) den Tatbestand des innergemeinschaftlichen Erwerbs erfüllen. Hiervon kann der Lieferer grundsätzlich ausgehen, soweit der Erwerber den Gegenstand unter Angabe einer ihm von einem anderen Mitgliedstaat erteilten Umsatzsteuer-Identifikationsnummer erwirbt.

Besonderheit:
Die Lieferung eines neuen Fahrzeugs unterliegt stets der Besteuerung im Bestimmungsland. Die Umsatzsteuerbefreiung für innergemeinschaftliche Lieferungen kommt bei der Lieferung von Gegenständen, die der Differenzbesteuerung unterliegen, nicht in Betracht.

Hinweis:
Eine Be- bzw. Verarbeitung des Gegenstandes vor der Beförderung oder Versendung in das übrige Gemeinschaftsgebiet durch einen Beauftragten des Abnehmers ist unschädlich.

Vertiefungshinweis: *Udo Vanheiden - Innergemeinschaftlicher Erwerb - NWB DokID: UAAAA-41705*

III. Innergemeinschaftliches Verbringen

Dem innergemeinschaftlichen Erwerb gegen Entgelt gleichgestellt ist das innergemeinschaftliche Verbringen. Ein innergemeinschaftliches Verbringen liegt vor, wenn

- ein Unternehmer einen Gegenstand seines Unternehmens
- aus dem Gebiet eines Mitgliedstaates

- zu seiner (dauerhaften) Verfügung
- in das Gebiet eines anderen Mitgliedstaates befördert oder versendet
- und den Gegenstand im Bestimmungsmitgliedstaat nicht nur vorübergehend verwendet.
  Vertiefungshinweis: *Udo Vanheiden - Innergemeinschaftliche Lieferung - NWB DokID: EAAAA-41706*

IV. Sonderregelungen

1. Erwerb unterhalb der Erwerbsschwelle

Sog. atypische Unternehmer bzw. Schwellenerwerber unterliegen grundsätzlich nur dann der Erwerbsbesteuerung, wenn die innergemeinschaftlichen Erwerbe einen bestimmten Umfang überschreiten oder wenn zur Erwerbsbesteuerung optiert wurde. Schwellenerwerber i.S.d. § 1a Abs. 3 UStG:

- Unternehmer, die nur steuerfreie Umsätze ausführen, die den Vorsteuerabzug ausschließen
- Kleinunternehmer
- durchschnittsbesteuernde Land- und Forstwirte
- juristische Personen, die nicht Unternehmer sind oder nicht für ihr Unternehmen erwerben.

Die o.g. Personen haben innergemeinschaftliche Erwerbe nur zu versteuern, soweit die folgende Erwerbsschwelle überschritten wurde:

§§	Inhalt der Bestimmung	
§ 1a Abs. 3 UStG	Innergemeinschaftlicher Erwerb, Erwerbsschwelle	12.500
§ 1a Abs. 4 UStG	Optionsbindung bei Erwerbsbesteuerung	2 J.

2. Innergemeinschaftlicher Erwerb neuer Fahrzeuge

Unternehmer und Privatpersonen müssen beim Erwerb eines neuen Fahrzeuges aus dem EG-Mitgliedstaat Umsatzsteuer zahlen. Als Fahrzeuge gelten:

§§	Inhalt der Bestimmung	
§ 1b Abs. 2 UStG	Landfahrzeug, Hubraum mehr als	48 ccm
	oder Leistung mehr als	7,2 kW
	Wasserfahrzeug, Länge mehr als	7,5 m
	Luftfahrzeug, Starthöchstmasse mehr als	1 550 kg
§ 1b Abs. 3 UStG	Neufahrzeug	
	Landfahrzeug nicht mehr als	6 000 km
	oder Inbetriebnahme vor längstens	6 Mon.
	Wasserfahrzeug in Betrieb nicht mehr als	100 Std.
	oder Inbetriebnahme vor längstens	3 Mon.
	Luftfahrzeug genutzt nicht mehr als	40 Std.
	oder Inbetriebnahme vor längstens	3 Mon.

Die Steuer schuldet die juristische oder natürliche Person auf dessen Namen das Fahrzeug zugelassen wurde. Die Steuer wird im Zusammenhang mit der Zulassung des Fahrzeuges erhoben.

V. Ort des innergemeinschaftlichen Erwerbs

1. Ortsbestimmung gem. § 3d Satz 1 und 2 UStG

Der Ort des innergemeinschaftlichen Erwerbs bestimmt sich nach dem Ort, wo die Beförderung oder Versendung endet. Besonderheit:

Verwendet der Erwerber eine Umsatzsteuer-Identifikationsnummer, die nicht vom Bestimmungsland erteilt wurde, erfolgt zusätzlich eine Erwerbsbesteuerung im Land der verwendeten USt-IdNr. Diese ggf. eintretende Doppelerfassung kann erst dann korrigiert werden, wenn vom Erwerber die Besteuerung im Bestimmungsland nachgewiesen wurde.

Vertiefungshinweis: *Udo Vanheiden - Innergemeinschaftlicher Erwerb - NWB DokID: UAAAA-41705*

2. Verwendung einer Umsatzsteuer-Identifikationsnummer

Die Umsatzsteuer-Identifikationsnummer ist das Ordnungsmerkmal des Unternehmers im innergemeinschaftlichen Waren- und Dienstleistungsverkehr. Für den kommerziellen Warenverkehr gilt, auch noch Schaffung des europäischen Binnenmarktes, das Bestimmungslandprinzip. Dort wird der Warenerwerb mit Umsatzsteuer belastet. Es wird der innergemeinschaftliche Erwerb besteuert. Die Umsatzsteuer-Identifikationsnummer ermögicht die unerlässlichen Kontrollen, die der Wegfall der Grenzen notwendig macht. Unternehmer, die seit dem 01.01.1993 Waren in andere EU-Mitgliedstaaten liefern oder Waren aus diesen Ländern beziehen, erhalten diese daher für Umsatzsteuerzwecke neben ihrer Steuernummer.

Vertiefungshinweis: *Udo Vanheiden - Umsatzsteuer-Identifikationsnummer - NWB DokID: IAAAA-41722*

3. Innergemeinschaftliches Dreiecksgeschäft

Schließen mehrere Unternehmer über denselben Gegenstand Umsatzgeschäfte ab und erfüllen diese dadurch, dass der erste

Unternehmer dem letzten Abnehmer unmittelbar die Verfügungsmacht verschafft, liegt ein sog. Reihengeschäft vor. Bei Reihengeschäften werden mehrere Lieferungen ausgeführt, aber nur eine Beförderungs- oder Versendungslieferung (bewegte Lieferung). Eine etwaige, für die innergemeinschaftliche Lieferung notwendige Warenbewegung in das übrige Gemeinschaftsgebiet kann daher nur dieser Lieferung zugeordnet werden. Die Ortsbestimmung für die übrigen (ruhenden) Lieferungen erfolgt gem. § 3 Abs. 7 UStG. Eine besondere Form des Reihengeschäfts ist das innergemeinschaftliche Dreiecksgeschäft.

Vertiefungshinweis: Udo Vanheiden - Innergemeinschaftliche Lieferung - NWB DokID: EAAAA-41706

G. Steuerbefreiungen
I. Ausfuhrlieferung gem. § 6 Abs. 1 UStG
Eine steuerfreie Ausfuhrlieferung liegt vor, wenn bei einer steuerbaren Lieferung der Gegenstand der Lieferung in das Drittlandsgebiet gelangt. Im Hinblick auf die Verwirklichung des Binnenmarktes (Binnenmarktgesetz vom 25.08.1992, BGBl 1992 I S. 1548) umfasst der Tatbestand der Ausfuhr ab dem 01.01.1993 nur noch Lieferungen in das Drittlandsgebiet.

Vertiefungshinweis: Udo Vanheiden - Ausfuhrlieferung - NWB DokID: ZAAAA-88424

II. Innergemeinschaftliche Lieferung
Für eine innergemeinschaftliche Lieferung i.S.d. § 6a UStG müssen die folgenden Voraussetzungen vorliegen:

- eine steuerbare Lieferung:

Die Abgrenzung zwischen einer Lieferung und sonstigen Leistung erfolgt nach innerstaatlichem Recht. Der Lieferer muss Unternehmer sein. Für Kleinunternehmer i.S.d. § 19 UStG und pauschalierende Land- und Forstwirte gilt § 6a UStG nicht (Ausnahme: Fahrzeuglieferer i.S.d. § 2a UStG).
Der Ort der Lieferung muss im Inland liegen:
Werklieferungen werden grundsätzlich an dem Ort ausgeführt, an dem das fertige Werk übergeben wird. Eine innergemeinschaftliche Lieferung ist daher bei Werklieferungen nur gegeben, wenn das fertige Werk vom Inland in einen anderen EU-Mitgliedstaat bewegt wird.

- in das übrige Gemeinschaftsgebiet:

Der Lieferer oder Abnehmer muss den Gegenstand der Lieferung aus dem Inland in das übrige Gemeinschaftsgebiet befördern oder versenden. Das übrige Gemeinschaftsgebiet sind die Gebiete der übrigen Staaten der EU (d.h. ohne das umsatzsteuerliche Inland).
Zu beachten sind die umsatzsteuerlichen Auswirkungen aufgrund der EU-Erweiterung.

- an einen Unternehmer für sein Unternehmen

oder

- an eine juristische Person, die nicht Unternehmer ist oder den Gegenstand nicht für Unternehmen erwirbt:

Verwendet der Erwerber gegenüber dem Lieferer seine Umsatzsteuer-Identifikationsnummer, so bringt er zum Ausdruck, dass er den Gegenstand für sein Unternehmen erwirbt oder dass es sich bei dem Erwerber um eine juristische Person handelt, die ihre Erwerbe im Bestimmungsland versteuert.

- der Erwerb unterliegt im Bestimmungsland der Erwerbsbesteuerung:

Der Erwerber muss im anderen Mitgliedstaat (Bestimmungsland) den Tatbestand des innergemeinschaftlichen Erwerbs erfüllen. Hiervon kann der Lieferer grundsätzlich ausgehen, soweit der Erwerber den Gegenstand unter Angabe einer ihm von einem anderen Mitgliedstaat erteilten Umsatzsteuer-Identifikationsnummer erwirbt.

Besonderheit:
Die Lieferung eines neuen Fahrzeugs unterliegt stets der Besteuerung im Bestimmungsland. Die Umsatzsteuerbefreiung für innergemeinschaftliche Lieferungen kommt bei der Lieferung von Gegenständen, die der Differenzbesteuerung unterliegen, nicht in Betracht.

Hinweis:
Eine Be- bzw. Verarbeitung des Gegenstandes vor der Beförderung oder Versendung in das übrige Gemeinschaftsgebiet durch einen Beauftragten des Abnehmers ist unschädlich.

Vertiefungshinweis: *Udo Vanheiden - Innergemeinschaftlicher Erwerb - NWB DokID: UAAAA-41705*

III. Grenzüberschreitende Güterbeförderungen

Bei grenzüberschreitenden Beförderungen ist der Umsatz nach dem inländischen Streckenanteil in einen steuerbaren und einen nicht steuerbaren Teil aufzuteilen. Zur Ermittlung des inländischen Streckenanteils bestehen diverse Vereinfachungsregeln. Unter den Voraussetzungen des § 4 Nr. 3 UStG ist die grenzüberschreitende Beförderung steuerfrei.

Vertiefungshinweis: *Jochen Wenning - Ortsbestimmung, Umsatzsteuer - NWB DokID: DAAAA-41715*

IV. Umsatzsteuerlagerregelung

Durch die Regelung des § 4 Nr. 4 a UStG wurde eine temporäre Steuerbefreiung für Waren, die sich in sogenannten Umsatzsteuerlagern befinden, eingeführt. Nicht im Inland ansässige Unternehmer, die im Erhebungsgebiet nur Umsätze im Zusammenhang mit Gegenständen erbringen, die sich in einem Umsatzsteuerlager befinden, müssen sich nicht im Inland für umsatzsteuerliche Zwecke registrieren lassen. Die Steuerbefreiung beschränkt sich auf bestimmte Warengruppen und entfällt mit der Entnahme (= Auslagerung) aus dem entsprechenden Umsatzsteuerlager.

Vertiefungshinweis: *Udo Vanheiden - Umsatzsteuerlager - NWB DokID: NAAAC-32142*

V. Vermittlungsleistungen

Vermittlungsleistungen sind sonstige Leistungen, bei denen ein Umsatz erkennbar im Namen des Vertretenen abgeschlossen wird. Der Vermittler wird tätig im fremden Namen und für fremde Rechnung.

Steuerbefreiungen bei Vermittlungsleistungen:
- steuerfreie Ausfuhrlieferungen nach § 4 Nr. 1a UStG,
- Lohnveredelungen an Gegenständen der Ausfuhr nach § 4 Nr. 1a UStG,
- steuerfreie Umsätze für die Seeschifffahrt und die Luftfahrt nach § 4 Nr. 2 UStG,
- steuerfreie Güterbeförderungsleistungen ins Drittland und damit zusammenhängende Leistungen nach § 4 Nr. 3 Buchst. a) aa) UStG oder ins Inland (Einfuhr), wenn die Kosten für die Leistung in der Bemessungsgrundlage für die Einfuhr enthalten sind, § 4 Nr. 3 Buchst. a) bb) UStG,

- Lieferungen von Gold an Zentralbanken nach § 4 Nr. 4 UStG,
- Umsätze im Zusammenhang mit einem Umsatzsteuerlager, § 4 Nr. 4a UStG,
- die einer Einfuhr vorangehende Lieferung von Gegenständen, wenn der Abnehmer oder dessen Beauftragter den Gegenstand der Lieferung einführt, § 4 Nr. 4b UStG,
- Lieferungen und sonstige Leistungen der Eisenbahnen des Bundes auf bestimmten Bahnhöfen und Betriebsstrecken nach § 4 Nr. 6a UStG,
- Lieferungen bestimmter eingeführter Gegenstände an im Drittlandsgebiet ansässige Abnehmer nach § 4 Nr. 6c UStG,
- Personenbeförderungen im Passagier- und Fährverkehr zwischen inländischen Seehäfen und der Insel Helgoland nach § 4 Nr. 6d UStG,
- Restaurationsumsätze im Seeverkehr zwischen inländischen und ausländischen bzw. zwischen ausländischen Seehäfen nach § 4 Nr. 6e UStG,
- Umsätze an die in einem anderen Mitgliedstaat stationierten NATO-Streitkräfte nach § 4 Nr. 7b UStG,
- Umsätze an NATO-Vertragsparteien (keine neuen Fahrzeuge) nach § 4 Nr. 7a UStG,
- Umsätze an in einem anderen Mitgliedstaat ansässige zwischenstaatliche Einrichtungen nach § 4 Nr.7c UStG,
- Umsätze an in einem anderen Mitgliedstaat ansässige zwischenstaatliche Einrichtungen nach § 4 Nr. 7d UStG,
- grenzüberschreitende Beförderung von Personen mit Luftfahrzeugen oder Seeschiffen nach § 4 Nr. 5b UStG,
- Umsätze, die ausschließlich im Drittlandsgebiet bewirkt werden nach § 4 Nr. 5c UStG
- Lieferungen, die nach § 3 Abs. 8 UStG als im Inland ausgeführt zu behandeln sind nach § 4 Nr. 5d UStG

- bestimmte Finanzumsätze nach §§ 4 Nr. 8a , 4 Nr. 8b, 4 Nr. 8c, 4 Nr. 8d, 4 Nr. 8e, 4 Nr. 8f, 4 Nr. 8g UStG,
- Umsätze aus der Tätigkeit als Bausparkassenvertreter, Versicherungsvertreter oder Versicherungsmakler nach § 4 Nr. 11 UStG.

Vertiefungshinweis: Udo Vanheiden - Vermittlungsleistungen - NWB DokID: BAAAB-14462

VI. Geld- und Kapitalverkehr

Optionsfähig sind nur Umsätze, die der Unternehmer an einen anderen Unternehmer für dessen Unternehmen ausführt (zu beachten: Bagatellregelung < 10 v.H.).

§ 9 Abs. 1 UStG enthält folgende abschließende Aufzählung der optionsfähigen Umsätze:

- Umsätze im Geld- und Kapitalverkehr § 4 Nr. 8 a - g UStG
- Umsätze, die unter das Grunderwerbsteuergesetz fallen, § 4 Nr. 9a UStG
- Vermietung und Verpachtung von Grundstücken und anderen Umsätzen i.S.d. § 4 Nr. 12 UStG
- Leistungen der Wohnungseigentümergemeinschaften, § 4 Nr. 13 UStG
- Umsätze der Blinden und Blindenwerkstätten, § 4 Nr. 19 UStG

Soweit es zu keiner tatsächlichen Nutzung / Verwendung (z.B. Fehlmaßnahme) kommt, gilt Folgendes: Auch eine "fiktive Option" zur Steuerpflicht kann das Recht auf Vorsteuerabzug begründen.

Vertiefungshinweis: Udo Vanheiden - Option - NWB DokID: XAAAB-14245

VII. Grundstücksumsätze

Der Begriff des Grundstücks umfasst auch selbständig nutzbare Grundstücksteile. Bei unterschiedlicher Nutzung mehrerer Grundstücksteile ist der Verzicht auf die Steuerbefreiung für jeden Grundstücksteil gesondert zu beurteilen. Der Verzicht auf die Steuerbefreiung kann bei der Lieferung vertretbarer Sachen sowie bei aufteilbaren sonstigen Leistungen auf deren Teile begrenzt werden.

Vertiefungshinweis: *Udo Vanheiden - Option - NWB DokID: XAAAB-14245*

VIII. Vermietungsumsätze

Die Vermietung und Verpachtung von Grundstücken und anderen Umsätzen i.S.d. § 4 Nr. 12 UStG gehört ebenfalls zu den optionsfähigen Umsätzen.

Vertiefungshinweis: *Udo Vanheiden - Option - NWB DokID: XAAAB-14245*

IX. Heilberufliche Tätigkeit

Steuerfrei sind die Umsätze aus der Tätigkeit als Arzt, soweit sie der medizinischen Betreuung von Personen durch das Diagnostizieren und Behandeln von Krankheiten oder anderen Gesundheitsstörungen dient. Auf die Rechtsform des Unternehmens kommt es nicht an. Auch ein in der Rechtsform einer GmbH oder GmbH & Co. KG betriebenes Unternehmen kann steuerfrei ärztliche Leistungen ausführen.

H. Steuerbefreiung gem. § 4b UStG

§ 4b UStG regelt die Sachverhalte, nach denen die folgenden innergemeinschaftlichen Erwerbe steuerbefreit sind:
- Innergemeinschaftliche Erwerbe von bestimmten Gegenständen, deren Lieferung auch im Inland steuerfrei wäre.
- Innergemeinschaftliche Erwerbe von Gegenständen, deren Einfuhr i.S.d. § 1 Abs. 1 Nr. 4 UStG steuerfrei wäre. Der Umfang dieser Steuerbefreiung ergibt sich im Wesentlichen aus der Einfuhrumsatzsteuer-Befreiungsverordnung (EUStBV).
- Innergemeinschaftliche Erwerbe von Gegenständen, die für steuerfreie Umsätze (z.B. Ausfuhren und innergemeinschaftliche Lieferungen) verwendet werden, für die der Erwerber zum vollen Vorsteuerabzug berechtigt ist.

Vertiefungshinweis: *Udo Vanheiden - Innergemeinschaftlicher Erwerb - NWB DokID: UAAAA-41705*

I. Steuerbefreiung gem. § 5 UStG

Bestimmte Einfuhrtatbestände sind von der Umsatzbesteuerung ausgeschlossen:
- die Einfuhr bestimmter Gegenstände, deren Lieferung im Inland ebenfalls steuerfrei wäre,
- die Einfuhr von innergemeinschaftlicher "Transitware" (Drittlandswaren, die vom Schuldner der Einfuhrumsatzsteuer unmittelbar im Anschluss an die Einfuhr zur Ausführung einer innergemeinschaftlichen Lieferung verwendet werden),
- die Einfuhr der in der Anlage 1 zum Umsatzsteuergesetz genannten Waren, die in ein Umsatzsteuerlager eingelagert werden,
- die Einfuhr bestimmter Gegenstände, die nach der Zollbefreiungs-Verordnung (EWG Nr. 918/83 ZVO) zollfrei eingeführt werden können,

- die Einfuhr von Gegenständen zur vorübergehenden Verwendung im Gemeinschaftsgebiet,
- die Einfuhr der Gegenstände, die nach den Artikeln 185 bis 187 Zollkodex als Rückwaren frei von Einfuhrabgaben im Sinne des Artikels 4 Nr. 10 Zollkodex eingeführt werden können,
- die Einfuhr der Gegenstände, die nach den §§ 12, 14 bis 22 der Zollverordnung vom 23. Dezember 1993 (BGBl 1993 I S. 2449) zollfrei eingeführt werden können,
- die Einfuhr von Gegenständen, die als Gemeinschaftswaren ausgeführt und in einem Freihafen vorübergehend gelagert oder veredelt worden sind,
- die Einfuhr der Fänge deutscher Fischer,
- die Einfuhr von Waren im Rahmen von bestimmten Wert- und Mengengrenzen zum persönlichen Gebrauch oder Verbrauch, die im persönlichen Reisegepäck mitgeführt werden (Einreise-Freimengen-Verordnung (EF-VO) vom 02.12.1974; BGBl 1974 I S. 3377). Für Gegenstände, die nicht in der Einreise-Freimengen-Verordnung genannt sind, gilt die allgemeine Wertgrenze von 175 €.
- Die Einfuhr von Waren in Kleinsendungen nichtkommerzieller Art (Kleinsendungs-Einfuhrfreimengen-Verordnung (KF-VO) vom 11.01.1979 (BGBl 1979 I S. 73) bis zu einem Warenwert von bis zu 45 € je Sendung.

Die Einfuhrumsatzsteuer wird in den in den Artikeln 235 bis 242 Zollkodex bezeichneten Fällen erstattet oder erlassen oder im Einzelfall aus Vereinfachungsgründen nicht festgesetzt.

Vertiefungshinweis: *Jochen Wenning - Einfuhrumsatzsteuer - NWB DokID: CAAAB-40736*

I. Bemessungsgrundlage/Einfuhrumsatzsteuer

Der Umsatz wird bei der Einfuhr (§ 1 Abs. 1 Nr. 4 UStG) nach dem Wert des eingeführten Gegenstandes nach den jeweiligen Vorschriften über den Zollwert bemessen.

Ist ein Gegenstand ausgeführt, in einem Drittlandsgebiet für Rechnung des Ausführers veredelt und von diesem oder für ihn wieder eingeführt worden, wird der Umsatz bei der Einfuhr nicht nach dem Zollwert, sondern nach dem für die Veredelung zu zahlenden Entgelt bemessen. Falls ein solches Entgelt nicht gezahlt wird, ist die nach der durch die Veredelung eingetretenen Wertsteigerung massgebend.

Diesen Beträgen sind (soweit sie darin nicht enthalten sind) hinzuzurechnen:

- die im Ausland für den eingeführten Gegenstand geschuldeten Beträge an Einfuhrabgaben, Steuern und sonstigen Abgaben,
- die auf Grund der Einfuhr im Zeitpunkt des Entstehens der Einfuhrumsatzsteuer auf den Gegenstand entfallenden Beträge an Einfuhrabgaben im Sinne des Artikels 4 Nr. 10 der Verordnung (EWG) Nr. 2913/92 des Rates zur Festlegung des Zollkodex der Gemeinschaften vom 12. Oktober 1992 (ABl EG Nr. L 302 S. 1) in der jeweils geltenden Fassung und an Verbrauchsteuern außer der Einfuhrumsatzsteuer, soweit die Steuern unbedingt entstanden sind,
- die auf den Gegenstand entfallenden Kosten für die Vermittlung der Lieferung und die Kosten der Beförderung sowie für andere sonstige Leistungen bis zum ersten Bestimmungsort im Gemeinschaftsgebiet,
- die in § 11 Abs. 3 Nr. 3 UStG bezeichneten Kosten bis zu einem weiteren Bestimmungsort im Gemeinschaftsgebiet, sofern dieser im Zeitpunkt des Entstehens der Einfuhrumsatzsteuer bereits feststeht.

Preisermäßigungen und Vergütungen, die im Zeitpunkt des Entstehens der Einfuhrumsatzsteuer feststehen, gehören nicht zu Bemessungsgrundlage.

Vertiefungshinweis: *Jochen Wenning - Einfuhrumsatzsteuer - NWB DokID: CAAAB-40736*

J. Verzicht auf die Steuerbefreiung
I. Option gem. § 9 Abs. 1 UStG

Gemäß § 9 UStG kann der Unternehmer bestimmte steuerfreie Umsätze steuerpflichtig behandeln, wenn seine Lieferung oder sonstige Leistung an einen anderen Unternehmer für dessen Unternehmen ausgeführt worden ist. Die Entscheidung zum Verzicht auf die Steuerbefreiung (= Option) ist bei jedem Umsatz einzeln zu treffen. Folge des Verzichts auf die Steuerbefreiung ist die Steuerpflicht dieser Umsätze sowie die Möglichkeit, die mit diesen Umsätzen im Zusammenhang stehenden Vorsteuerbeträge abziehen zu können.

Vertiefungshinweis: *Udo Vanheiden - Option - NWB DokID: XAAAB-14245*

II. Einschränkung der Option gem. § 9 Abs. 2 UStG

Für
- die Bestellung und Übertragung von Erbbaurechten i.S.d. § 4 Nr. 9a UStG
- oder die Vermietung und Verpachtung von Grundstücken und anderen Umsätzen i.S.d. § 4 Nr. 12 UStG gelten die folgenden Einschränkungen:

Ein Verzicht auf Steuerbefreiung ist nur möglich, soweit der Leistungsempfänger das Grundstück ausschließlich (zu beachten: Bagatellgrenze 5 v.H.) für Umsätze verwendet oder zu verwenden beabsichtigt, die den Vorsteuerabzug nicht ausschließen. D.h., ist der Leistungsempfänger Kleinunternehmer, ist eine Option nicht möglich.

Der Begriff des Grundstücks umfasst auch selbständig nutzbare Grundstücksteile. Bei unterschiedlicher Nutzung mehrerer Grundstücksteile ist der Verzicht auf die Steuerbefreiung für jeden Grundstücksteil gesondert zu beurteilen.
Der Verzicht auf die Steuerbefreiung kann bei der Lieferung vertretbarer Sachen sowie bei aufteilbaren sonstigen Leistungen auf deren Teile begrenzt werden.

Vertiefungshinweis: *Udo Vanheiden - Option - NWB DokID: XAAAB-14245*

III. Einschränkung der Option gem. § 9 Abs. 3 UStG

Bei Lieferungen von Grundstücken im Zwangsversteigerungsverfahren durch den Vollstreckungsschuldner an den Ersteher ist ein Verzicht auf die Steuerbefreiung i.S.d. § 4 Nr. 9a UStG noch bis zur Aufforderung von Geboten im Versteigerungstermin möglich (Art. 39 Abs. 6 StÄndG 2001).
Beachte: Bei Umsätzen (ohne Zwangsversteigerung) im Sinne von § 4 Nr. 9 Buchstabe a kann der Verzicht auf Steuerbefreiung nach Absatz 1 nur in dem gemäß § 311b Abs. 1 des Bürgerlichen Gesetzbuchs notariell zu beurkundenden Vertrag erklärt werden (Ergänzung durch das Haushaltsbegleitgesetz 2004).

Vertiefungshinweis: *Udo Vanheiden - Option - NWB DokID: XAAAB-14245*

K. Bemessungsgrundlage gem. §§ 10, 11 UStG

I. Allgemeines

Bemessungsgrundlage bei Lieferungen, sonstigen Leistungen und dem innergemeinschaftlichen Erwerb ist das Entgelt. Die Steuer ergibt sich durch Multiplikation der Bemessungsgrundlage mit dem Steuersatz.

Vertiefungshinweis: *Jochen Wenning - Bemessungsgrundlage - NWB DokID: ZAAAA-41696*

II. Bemessungsgrundlage für Umsätze gem. § 1 Abs. 1 Nr. 1 UStG

1. Entgelt

Entgelt ist gem. § 10 Abs. 1 UStG alles, was der Leistungsempfänger aufwendet, jedoch abzüglich der Umsatzsteuer. Das Entgelt ist demzufolge umsatzsteuerlich ein Nettobetrag, während bürgerlich-rechtlich die Umsatzsteuer unselbständiger Bestandteil des Preises und grundsätzlich in dem im Kaufvertrag bestimmten Kaufpreis enthalten ist.
Das Entgelt ist auch dann Bemessungsgrundlage, wenn es dem objektiven Wert der bewirkten Leistung nicht entspricht (Ausnahme § 10 Abs. 5 UStG).

Vertiefungshinweis: *Jochen Wenning - Bemessungsgrundlage - NWB DokID: ZAAAA-41696*

2. Durchlaufende Posten

Gelder, die im Namen und für Rechnung eines anderen vereinnahmt oder verausgabt werden, stellen durchlaufende Posten dar. Fremdgelder verschaffen keine eigene Verfügungsmacht. Sie stellen daher weder Betriebseinnahmen noch

Betriebsausgaben dar.
Durchlaufende Posten gehören nicht zum Entgelt.

Vertiefungshinweis: Volker Lührmann - Durchlaufende Posten - NWB DokID: IAAAB-80071; Jochen Wenning - Bemessungsgrundlage - NWB DokID: ZAAAA-41696

3. Tausch und tauschähnlicher Umsatz

Als Bemessungsgrundlage für den Tausch bzw. tauschähnlichen Umsatz gilt der Wert des jeweiligen anderen Umsatzes.

Vertiefungshinweis: Udo Vanheiden - Tausch/tauschähnliche Umsätze - NWB DokID: RAAAB-14247

4. Zuschüsse

Für die umsatzsteuerliche Beurteilung von Zuwendungen an einen Unternehmer ist entscheidend, ob der Zuschuss
- vom Zuschussgeber unabhängig von einer Leistung des Zuschussempfängers gezahlt wird (echter Zuschuss),
- Entgelt für eine steuerbare Leistung eines Unternehmers an den Zuschussgeber ist (unechter Zuschuss) oder
- zusätzliches Entgelt des Zuschussgebers für eine Leistung eines Unternehmers an einen anderen Leistungsempfänger ist (Entgelt von dritter Seite).

Vertiefungshinweis: Udo Vanheiden - Umsatzsteuerliche Behandlung von Zuschüssen - NWB DokID: RAAAA-41732

5. Entgeltsminderungen

Zahlungsabzüge (Skonti, Rabatte usw.) des Leistungsempfängers mindern das Entgelt.
Preisnachlässe: Eine Entgeltsminderung setzt nicht mehr (s. u.)

voraus, dass der Unternehmer das Entgelt an denjenigen herausgibt, der es gezahlt hat.

Ein Hersteller kann die Bemessungsgrundlage für seine Lieferung an einen Großhändler nun auch mindern, wenn er einem Einzelhändler den auf einem von ihm ausgegebenen Preisnachlassgutschein angegebenen Betrag erstattet. Zur Umsatzbesteuerung bei Preisnachlässen durch Verkaufsagenten vgl. BMF Schreiben vom 08.12.2006. Einzelheiten zur Neuregelung im Zusammenhang mit der Ermittlung der Bemessungsgrundlage bei der Ausgabe von Gutscheinen ergeben sich aus dem BMF- Schreiben vom 19.12.2003. Keine Entgeltsminderung tritt ein, wenn der Kunde einen Gutschein erhält, den er nur bei einem Dritten außerhalb der Leistungskette einlösen kann. Beachte: Im Voraus vereinbarte Entgeltsminderungen müssen als Pflichtangabe in einer Rechnung enthalten sein.

Vertiefungshinweis: *Udo Vanheiden - Bemessungsgrundlage - NWB DokID: ZAAAA-41696*

6. Bemessungsgrundlage für unentgeltliche Leistungen

Die Bemessungsgrundlage für unentgeltliche Wertabgaben setzt sich wie folgt zusammen:

- die - der Lieferung gleich gestellte - unentgeltliche Wertabgabe = Einkaufspreis (inkl. Nebenkosten) bzw. Selbstkosten im Zeitpunkt des Umsatzes
- die - einer sonstigen Leistung (Gegenstandsverwendung) gleich gestellte - unentgeltliche Wertabgabe = die bei der Ausführung entstandenen Ausgaben, soweit sie zum vollen oder teilweisen Vorsteuerabzug berechtigt haben.

Der Begriff "Kosten" wurde mit Wirkung vom 01.07.2004 durch den Begriff "Ausgaben" ersetzt.

Eine Verteilung auf den für das Wirtschaftsgut maßgebenden Berichtigungszeitraum nach § 15a UStG findet nur statt, wenn die Anschaffungs- oder Herstellungskosten mindestens 500 € betragen.

§§ des UStG	Inhalt der Bestimmung	
§ 10 Abs. 4 Satz 1 Nr. 2 UStG	Verteilung der Bemessungsgrundlage bei unentgeltlicher Wertabgabe, wenn Anschaffungs-/Herstellungskosten mindestens	500

Vertiefungshinweis: *Udo Vanheiden - Bemessungsgrundlage - NWB DokID: ZAAAA-41696*

7. Unentgeltliche Lieferung, § 3 Abs. 1b UStG

Die Regelungen zum umsatzsteuerbaren Eigenverbrauch sind seit dem 01.04.1999 richtlinienkonform neu gefasst worden. Wesentlicher Inhalt der Neuregelung ist, dass die bisherigen Eigenverbrauchstatbestände nunmehr als unentgeltliche Wertabgaben mit Lieferungen und sonstigen Leistungen gegen Entgelt gleichgestellt werden. Die bisherigen Eigenverbrauchstatbestände sind durch die Änderung fast vollständig übernommen worden. Einzige Ausnahme ist die unentgeltliche Inanspruchnahme von sonstigen Leistungen für Zwecke des Unternehmens, die nunmehr nicht steuerbar ist.

Vertiefungshinweis: *Jochen Wenning - Unentgeltliche Wertabgaben - NWB DokID: HAAAB-13235*

8. Unentgeltliche sonstige Leistung, § 3 Abs. 9a Nr. 1 und 2 UStG

Unentgeltliche sonstige Leistungen, die der Unternehmer für eigene außerunternehmerische Zwecke oder für den privaten Bedarf seines Personals ausführt, sind sonstigen Leistungen

gegen Entgelt gleichgestellt:
- ► die Verwendung eines dem Unternehmen zugeordneten Gegenstandes zu unternehmensfremden Zwecken oder für den privaten Bedarf des Personals. Die Anschaffung muss den Unternehmer zum Vorsteuerabzug berechtigt haben.
- ► die unentgeltliche Erbringung einer sonstigen Leistung für außerunternehmerische Zwecke oder den privaten Bedarf des Personals.

Vertiefungshinweis: *Jochen Wenning - Unentgeltliche Wertabgaben - NWB DokID: HAAAB-13235*

9. Unentgeltliche Leistungen an das Personal

- ► Sachzuwendungen des Arbeitgebers an den Arbeitnehmer sind auch dann steuerbar, wenn sie keine Vergütungen für geleistete Dienste des Arbeitnehmers sind. Voraussetzung ist, dass die Leistung aus unternehmerischen Gründen für den privaten Bedarf des Arbeitnehmers ausgeführt wird.
- ► Unentgeltliche Zuwendungen aus unternehmerischen Gründen an die Angehörigen von Arbeitnehmern bzw. des Personals sind als unentgeltliche Sachzuwendungen zu erfassen.
- ► Bei der regelmäßigen Ausgabe von Warengutscheinen durch den Arbeitgeber an sein Personal, die unter die "50 € Freigrenze" des § 8 Abs. 2 S. 9 EStG (ab 2004: 44 €) fallen, liegt eine unentgeltliche Wertabgabe nur dann vor, wenn in dem Warengutschein die konkrete, vom Arbeitnehmer zu beziehende Leistung (z.B. Lieferung von Normalbenzin) bezeichnet ist. Nur unter dieser Voraussetzung ist der Unternehmer als Leistungsempfänger der Warenlieferung anzusehen und ihm der Vorsteuerabzug daraus zu gewähren.

- Aufmerksamkeiten (bis 40 €) und überwiegend durch das betriebliche Interesse des Arbeitgebers veranlasste Leistungen sind nicht steuerbar.

Vertiefungshinweis: Jochen Wenning - Unentgeltliche Wertabgaben - NWB DokID: HAAAB-13235

III. Bemessungsgrundlage Einfuhrumsatzsteuer

Der Umsatz wird bei der Einfuhr (§ 1 Abs. 1 Nr. 4 UStG) nach dem Wert des eingeführten Gegenstandes nach den jeweiligen Vorschriften über den Zollwert bemessen.

Vertiefungshinweis: Jochen Wenning - Einfuhrumsatzsteuer - NWB DokID: CAAAB-40736

IV. Bemessungsgrundlage innergemeinschaftlicher Erwerb

Bemessungsgrundlage für den innergemeinschaftlichen Erwerb ist das Entgelt, d.h. alles, was der Leistungsempfänger aufwendet, um die Leistung zu erhalten, jedoch abzüglich der Umsatzsteuer. Verbrauchssteuern, die vom Erwerber geschuldet oder entrichtet werden, sind in die Bemessungsgrundlage einzubeziehen.

Vertiefungshinweis: Udo Vanheiden - Innergemeinschaftlicher Erwerb - NWB DokID: UAAAA-41705

V. Sondertatbestände

1. Mindest-Bemessungsgrundlage

Nach § 14 Abs. 4 S. 2 UStG ist im Fall eines unangemessen niedrigen Entgelts nach § 10 Abs. 5 UStG die Mindestbemessungsgrundlage gemäß § 10 Abs. 5 i. V. mit Abs. 4 UStG sowie der darauf entfallende Steuerbetrag in der Rechnung auszuweisen. Weitere Einzelheiten enthält A 187a UStR 2008.

Vertiefungshinweis: *Rudolf Linßen - Rechnungen und Gutschriften - NWB DokID: KAAAC-40697*

2. Durchschnittsbeförderungsentgelt

Bei Beförderungen von Personen im Gelegenheitsverkehr mit Kraftomnibussen, die nicht im Inland zugelassen sind, tritt in den Fällen der Beförderungseinzelbesteuerung an die Stelle des Entgelts das Durchschnittsbeförderungsentgelt.

Vertiefungshinweis: *Udo Vanheiden - Bemessungsgrundlage - NWB DokID: ZAAAA-41696*

3. Pkw-Überlassung an Arbeitnehmer

Nach der gesetzlichen Regelung kommen für die Ermittlung des geldwerten Vorteils für die Privatnutzung eines betrieblichen Kraftfahrzeugs zwei Möglichkeiten in Betracht:
- 1. die so genannte 1 v.H.-Regelung (monatlich 1 v.H. des Listenpreises zuzüglich monatlich 0,03 v.H. des Listenpreises pro Entfernungskilometer für Fahrten zwischen Wohnung und Arbeitsstätte und ggf. zuzüglich 0,002 v.H. des Listenpreises pro Entfernungskilometer für Familienheimfahrten),
- Ermittlung der tatsächlichen Kfz-Kosten und Aufteilung anhand eines Fahrtenbuchs.

Wird dem Arbeitnehmer ein Fahrzeug mit Fahrer zur Verfügung gestellt, erhöht sich der ermittelte Nutzungswert pauschal.

Vertiefungshinweis: Jochen Wenning - Sachbezüge - NWB DokID: BAAAB-05698

C. Änderung der Bemessungsgrundlage
Eine Änderung der Bemessungsgrundlage nach § 17 UStG kommt in Betracht:
- bei einer nachträglichen Erhöhung oder Ermäßigung des Entgelts - § 17 Abs. 1 UStG
- für Lieferungen und sonstige Leistungen nach § 1 Abs. 1 Nr. 1 UStG, innergemeinschaftliche Erwerbe nach § 1 Abs. 1 Nr. 5 UStG und im Fall der Steuerschuldnerschaft beim Leistungsempfänger nach § 13 b UStG
- bei Uneinbringlichkeit des Entgelts - § 17 Abs. 2 S. 1 Nr. 1 UStG
- bei nichtausgeführter Lieferung oder sonstiger Leistung - § 17 Abs. 2 S.1 Nr. 2 UStG
- bei Rückgängigmachung einer steuerpflichtigen Lieferung, sonstigen Leistung oder eines steuerpflichtigen innergemeinschaftlichen Erwerbs - § 17 Abs. 2 S.1 Nr. 3 UStG
- bei Führung des Nachweises im Sinne des § 3d S.2 UStG durch den Erwerber - § 17 Abs. 2 S. 1 Nr. 4 UStG oder
- bei Tätigung von Aufwendungen im Sinne des § 15 Abs. 1a S. 1 Nr. 1 UStG - § 17 Abs. 2 S.1 Nr. 5 UStG
- bei Rechnungsberichtigung nach § 14c Abs. 1 UStG (bis 31.12.2003 - § 14 Abs. 2 UStG).

Vertiefungshinweis: Rudolf Linßen - Änderung der Bemessungsgrundlage - NWB DokID: RAAAB-14422

I. Steuersatz
Die unterschiedlichen Steuersätze im Umsatzsteuerrecht werden in den §§ 12 und 24 UStG geregelt.

1. Allgemeiner Steuersatz
Die Steuer beträgt grundsätzlich für jeden steuerpflichtigen Umsatz 19 v.H. (ab 01.01.2007) der Bemessungsgrundlage.

2. Ermäßigter Steuersatz
Der Steuersatz ermäßigt sich auf 7 v.H. (01.07.1983) der Bemessungsgrundlage für die Lieferung, die Einfuhr, den innergemeinschaftlichen Erwerb und die Vermietung der in der Anlage zu § 12 Abs. 2 Nrn. 1 und 2 UStG aufgeführten Gegenstände.
Ebenfalls 7 v.H. entfallen auf Umsätze des § 12 Abs. 2 Nrn. 3- bis 10 UStG.

3. Besonderer Steuersatz
Besondere Steuersätze ergeben sich nach § 24 UStG für Umsätze aus der Land- und Forstwirtschaft.

Für Leistungen, die in wirtschaftlich abgrenzbaren Teilen geschuldet werden, können - je nach Zeitpunkt der Ausführung - bei einer Steuersatzänderung unterschiedliche Steuersätze in Betracht kommen.
Eine Auflistung der seit dem 01.01.1968 bestehenden Steuersätze enthält Abschn. 160 UStR 2008.

Vertiefungshinweis: *Rudolf Linßen - Steuersatz - NWB DokID: MAAAB-14454*

II. Entstehung

1. Steuerentstehung für Lieferungen und sonstige Leistungen

Die Entstehung der Umsatzsteuer richtet sich im Wesentlichen nach den Regelungen des § 13 UStG. Dort wird im Hinblick auf die Steuerentstehung unterschieden zwischen

- der Sollversteuerung,
- der Istversteuerung,
- Teilleistungen,
- Anzahlungen,
- der Beförderungseinzelbesteuerung,
- unentgeltlichen Wertabgaben,
- § 14c Abs. 1 UStG-Fällen (bis 31.12.2003: § 14 Abs. 2 UStG),
- § 14c Abs. 2 UStG-Fällen (bis 31.12.2003: § 14 Abs. 3 UStG),
- § 17 Abs. 1 S. 6 UStG-Fällen,
- Fällen des innergemeinschaftlichen Erwerbs nach § 1a UStG,
- Fällen des innergemeinschaftlichen Erwerbs neuer Fahrzeuge im Sinne des § 1b UStG,
- Fällen des § 6a Abs. 4 S. 2 UStG,

Für den Fall der Steuerschuldnerschaft des Leistungsempfängers enthält § 13b Abs. 1 UStG weitere Steuerentstehungstatbestände.

Die Entstehung des Vorsteuerabzugs richtet sich nach § 15 UStG. Für die Einfuhrumsatzsteuer ist § 21 Abs. 2 UStG zu beachten.

Vertiefungshinweis: *Rudolf Linßen - Steuersatz - NWB DokID: MAAAB-14454*

2. Vereinbarte Entgelte/Sollbesteuerung

Bei der Sollbesteuerung erfolgt die Besteuerung nach vereinbarten Entgelten. Hierbei entsteht die Steuer mit Ablauf des Voranmeldungszeitraums, in dem die Lieferung oder sonstige Leistung ausgeführt worden ist.

► Der zutreffende Voranmeldungszeitraum ermittelt sich gem. § 18 UStG.

Grundsätzlich sind quartalsweise Voranmeldungen abzugeben.

Zahllast im vorigen Kalenderjahr	Voranmeldung
mehr als 6.136 Euro	monatlich
zwischen 512 und 6.136 Euro	quartalsweise (Regelfall)
512 Euro oder weniger	jährliche Abgabe der Steuererklärung
Erstattungen von mehr als 6.136 Euro	auf Antrag monatlich

► Lieferungen - einschließlich Werklieferungen - sind ausgeführt, wenn der Leistungsempfänger die Verfügungsmacht über den zu liefernden Gegenstand erlangt. Sonstige Leistungen, insbesondere Werkleistungen, sind grundsätzlich im Zeitpunkt ihrer Vollendung ausgeführt.

Vertiefungshinweis: *Rudolf Linßen - Ist- und Sollbesteuerung - NWB DokID: IAAAB-14438*

3. Vereinnahmte Entgelte

Soll abweichend vom Grundsatz der Sollbesteuerung die Istbesteuerung, d. h. die Besteuerung nach vereinnahmten Entgelten, durchgeführt werden, setzt dies einen Antrag beim Finanzamt voraus.

Nach § 20 Abs. 1 UStG kann das Finanzamt auf Antrag dem Unternehmer die Versteuerung nach vereinnahmten Entgelten gestatten, wenn

- dessen Gesamtumsatz nach § 19 Abs. 3 UStG im vorangegangenen Kalenderjahr nicht mehr als 250.000 Euro betragen hat;

für Unternehmer, die in einem Finanzamt in den neuen Ländern geführt werden, gilt nach § 20 Abs. 2 UStG bis zum 31.12.2009 die Erleichterung, dass ein Antrag noch bis zu einem Gesamtumsatz von 500.000 Euro gestellt werden kann; oder

- er von der Verpflichtung, Bücher zu führen und auf Grund jährlicher Bestandsaufnahmen regelmäßig Abschlüsse zu machen, nach § 148 AO befreit ist,

oder

- soweit er Umsätze aus einer Tätigkeit als Angehöriger eines freien Berufs im Sinne des § 18 Abs. 1 Nr. 1 EStG ausführt.

Einer Steuerberatungsgesellschaft in der Rechtsform einer GmbH kann nicht gemäß § 20 Abs. 1 S. 1 Nr. 3 UStG gestattet werden, die Steuer nach den vereinnahmten Entgelten zu berechnen. Der Antrag auf Genehmigung der Besteuerung nach vereinnahmten Entgelten ist an keine Frist gebunden. Dem Antrag ist grundsätzlich unter dem Vorbehalt jederzeitigen Widerrufs zu entsprechen, wenn der Unternehmer eine der Voraussetzungen des § 20 Abs. 1 UStG erfüllt. Die Genehmigung erstreckt sich wegen des Prinzips der Abschnittsbesteuerung stets auf das volle Kalenderjahr. Es handelt sich um einen begünstigenden Verwaltungsakt, der unter den Voraussetzungen der §§ 130, 131 AO zurückgenommen oder widerrufen werden kann. Eine Berechtigung zur Versteuerung nach vereinnahmten Entgelten ist nicht vorhanden, wenn das

Finanzamt keine oder keine nach außen hin erkennbare Entscheidung über einen entsprechenden Antrag bekannt gegeben hat.

Vertiefungshinweis: *Rudolf Linßen - Ist- und Sollbesteuerung - NWB DokID: IAAAB-14438*

4. Steuerentstehung für unentgeltliche Leistungen

Für unentgeltliche Wertabgaben im Sinne des § 3 Abs. 1b und 9a UStG gilt dieselbe Regelung wie bei der Sollversteuerung. Die Steuer entsteht mit Ausführung der Lieferung oder sonstigen Leistung.

Vertiefungshinweis: *Rudolf Linßen - Steuerentstehung - NWB DokID: CAAAB-14453*

5. Steuerentstehung für die Einfuhr und den innergemeinschaftlichen Erwerb

Hinsichtlich des Steuersatzes ergeben sich keine Besonderheiten. Es gelten die allgemeinen Regelungen des § 12 UStG. Die Steuer auf den innergemeinschaftlichen Erwerb entsteht mit Ausstellung der Rechnung, jedoch spätestens mit Ablauf des Monats, der auf den Monat folgt, in dem der innergemeinschaftliche Erwerb bewirkt worden ist.

Aus Vereinfachungsgründen wird jedoch bei Leistungen an ausländische Auftraggeber auf den Nachweis durch Belege verzichtet, wenn das Entgelt für die einzelne Leistung weniger als 100 € beträgt und sich aus der Gesamtheit der beim leistenden Unternehmer vorhandenen Unterlagen keine berechtigten Zweifel daran ergeben, dass die Kosten für die Leistung Teil der Bemessungsgrundlage für die Einfuhr sind.

§§ des UStG	Inhalt der Bestimmung	
Abschn. 127a UStR	Steuerbefreiung des innergemeinschaftlichen Erwerbs von Gegenständen mit geringem Wert	22

Vertiefungshinweis: *Udo Vanheiden - Innergemeinschaftlicher Erwerb - NWB DokID: UAAAA-41705*

6. Steuerentstehung in sonstigen Fällen

- Bei Beförderungseinzelbesteuerung nach § 16 Abs. 5 UStG entsteht die Steuer in dem Zeitpunkt, in dem der Kraftomnibus in das Inland gelangt.
- Für unentgeltliche Wertabgaben im Sinne des § 3 Abs. 1b und 9a UStG gilt dieselbe Regelung wie bei der Sollversteuerung. Die Steuer entsteht mit Ausführung der Lieferung oder sonstigen Leistung.
- Im Fall des § 14c Abs. 1 UStG (bis 31.12.2003: § 14 Abs. 2 UStG) entsteht die Steuer in dem Zeitpunkt, in dem die Steuer für die in Rechnung gestellte Lieferung oder sonstige Leistung entstehen würde.
- Im Fall des § 14c Abs. 2 UStG (bis 31.12.2003: § 14 Abs. 3 UStG) entsteht die Steuer im Zeitpunkt der Ausgabe der Rechnung.
- Im Fall des § 17 Abs. 1 S. 6 UStG entsteht die Steuer mit Ablauf des Voranmeldungszeitraums, in dem die Änderung der Bemessungsgrundlage eingetreten ist.
- Für den innergemeinschaftlichen Erwerb im Sinne des § 1a UStG entsteht die Steuer mit Ausstellung der Rechnung, spätestens jedoch mit Ablauf des dem Erwerb folgenden Kalendermonats.
- Bei innergemeinschaftlichem Erwerb von neuen Fahrzeugen im Sinne des § 1b UStG entsteht die Steuer am Tag des Erwerbs.

- Im Fall des § 6a Abs. 4 S. 2 UStG (Gutglaubensschutz des Leistenden bei einer innergemeinschaftlichen Lieferung) entsteht die Steuer in dem Zeitpunkt, in dem die Lieferung ausgeführt wird.

Vertiefungshinweis: *Rudolf Linßen - Steuerentstehung - NWB DokID: CAAAB-14453*

M. Ausstellung von Rechnungen gem. § 14 UStG

Gemäß § 14 Abs. 1 UStG i.V.m. § 31 Abs. 1 UStDV ist eine Rechnung jedes Dokument oder eine Mehrzahl von Dokumenten, mit denen über eine Lieferung oder sonstige Leistung abgerechnet wird. Die Bezeichnung der Rechnung im Geschäftsverkehr ist unbeachtlich. Rechnungen können auf Papier oder, vorbehaltlich der Zustimmung des Empfängers, auf elektronischem Weg übermittelt werden.

Als Rechnung ist auch ein Vertrag anzusehen, der die in § 14 Abs. 4 UStG geforderten Angaben enthält. Im Vertrag fehlende Angaben müssen in anderen Unterlagen enthalten sein, auf die im Vertrag hinzuweisen ist (§ 31 Abs. 1 UStDV).

Vertiefungshinweis: *Rudolf Linßen - Rechnungen und Gutschriften - NWB DokID: KAAAC-40697*

I. Angaben in der Rechnung

§ 14 Abs. 4 UStG regelt den notwendigen Inhalt einer Rechnung. Rechnungen müssen alle Pflichtangaben des § 14 Abs. 4 UStG enthalten. Fehlen einzelne Angaben, so kann die Rechnung nach § 14 Abs. 6 Nr. 5 UStG i.V.m. § 31 Abs. 5 UStDV berichtigt werden; ansonsten würde sie nicht zum Vorsteuerabzug nach § 15 Abs. 1 S. 1 Nr. 1 UStG berechtigen.

Für den Rechnungsinhalt in besonderen Fällen ist § 14a UStG

zu beachten. Besonderheiten gelten auch für Kleinbeträge und Fahrausweise.

Vertiefungshinweis: *Rudolf Linßen - Rechnungen und Gutschriften - NWB DokID: KAAAC-40697*

II. Gutschrift als Rechnung

Eine Gutschrift ist eine Rechnung, die vom Leistungsempfänger ausgestellt wird (§ 14 Abs. 2 S. 3 UStG). Eine Gutschrift kann auch durch juristische Personen, die nicht Unternehmer sind, ausgestellt werden. Der Leistungsempfänger kann mit der Ausstellung einer Gutschrift auch einen Dritten beauftragen, der im Namen und für Rechnung des Leistungsempfängers abrechnet (§ 14 Abs. 2 S. 5 UStG).

Keine Gutschrift im vorgenannten Sinne ist die im allgemeinen Sprachgebrauch ebenso bezeichnete Korrektur einer zuvor ergangenen Rechnung.

Die Vereinbarung zur Abrechnung mit Gutschrift ist an keine besondere Form gebunden. Voraussetzung für die Wirksamkeit einer Gutschrift ist, dass die Gutschrift dem leistenden Unternehmer übermittelt worden ist und dieser dem ihm zugeleiteten Dokument nicht widerspricht (§ 14 Abs. 2 S. 4 UStG). Die Gutschrift ist übermittelt, wenn sie dem leistenden Unternehmer so zugänglich gemacht worden ist, dass er von ihrem Inhalt Kenntnis nehmen kann.

Der leistende Unternehmer kann der Gutschrift widersprechen. Der Widerspruch wirkt, auch für den Vorsteuerabzug des Leistungsempfängers, erst in dem Besteuerungszeitraum, in dem er erklärt wird. Mit dem Widerspruch verliert die Gutschrift die Wirkung als Rechnung.

Eine Gutschrift auf elektronischem Weg ist zulässig (vgl. hierzu im Einzelnen A 184a Abs. 6 UStR 2008).

Vertiefungshinweis: *Rudolf Linßen - Rechnungen und Gutschriften - NWB DokID: KAAAC-40697*

III. Rechnungen mit verschiedenen Steuersätzen

Die Trennung der Entgelte und der Umsatzsteuerbeträge nach Steuersätzen bei Abrechnungen über Umsätze, die verschiedenen Steuersätzen unterliegen, ergibt sich schon aus § 14 Abs. 4 S. 1 Nr. 7 und 8 UStG. Der Ausweis des Steuerbetrags in einer Summe ist unter den Voraussetzungen des § 32 UStDV dann zulässig, wenn der Betrag durch Maschinen automatisch ermittelt und für die einzelnen Posten der Rechnung der Steuersatz angegeben wurde.

Vertiefungshinweis: *Rudolf Linßen - Rechnungen und Gutschriften - NWB DokID: KAAAC-40697*

IV. Kleinbetragsrechnungen

Die UStDV enthält in § 33 UStDV eine Erleichterung für Rechnungen über Kleinbeträge. Abweichend von den in § 14 Abs. 4 UStG genannten Angaben müssen Rechnungen, deren Gesamtbetrag 150 Euro (100 Euro bis zum 31.12.2006) nicht übersteigen, mindestens folgende Angaben enthalten:
- den vollständigen Namen und die vollständige Anschrift des leistenden Unternehmers,
- das Ausstellungsdatum,
- die Menge und die Art der gelieferten Gegenstände oder den Umfang und die Art der sonstigen Leistung und
- das Entgelt und den darauf entfallenden Steuerbetrag für die Lieferung oder sonstige Leistung in einer Summe sowie den anzuwendenden Steuersatz oder im Fall einer Steuerbefreiung einen Hinweis darauf, dass für die Lieferung oder sonstige Leistung eine Steuerbefreiung gilt.

Wird über Leistungen im Sinne der § § 3c (Ort der Lieferung in besonderen Fällen), 6a (innergemeinschaftliche Lieferung) oder 13b (Leistungsempfänger als Steuerschuldner) UStG abgerechnet, gilt § 33 UStDV nicht.
Weitere Einzelheiten ergeben sich aus A 185a UStR 2008 und aus dem BMF-Schreiben vom 18.10.2006 - S 7285.

Vertiefungshinweis: *Rudolf Linßen - Rechnungen und Gutschriften - NWB DokID: KAAAC-40697*

V. Fahrausweise

Fahrausweise, die für die Beförderung von Personen ausgegeben werden, gelten als Rechnungen im Sinne des § 14 UStG, wenn sie mindestens die folgenden Angaben enthalten:
- den vollständigen Namen und die vollständige Anschrift des Unternehmers, der die Beförderungsleistung ausführt. 2 § 31 Abs. 2 ist entsprechend anzuwenden,
- das Ausstellungsdatum,
- das Entgelt und den darauf entfallenden Steuerbetrag in einer Summe,
- den anzuwendenden Steuersatz, wenn die Beförderungsleistung nicht dem ermäßigten Steuersatz nach § 12 Abs. 2 Nr. 10 UStG unterliegt, und
- im Fall der Anwendung des § 26 Abs. 3 UStG einen Hinweis auf die grenzüberschreitende Beförderung von Personen im Luftverkehr.

Weitere Einzelheiten ergeben sich aus § 34 UStDV und A 186 UStR 2008.

Vertiefungshinweis: *Rudolf Linßen - Rechnungen und Gutschriften - NWB DokID: KAAAC-40697*

VI. Anzahlungen

Vereinnahmt der Unternehmer das Entgelt oder einen Teil des Entgelts für eine noch nicht ausgeführte steuerpflichtige Lieferung oder sonstige Leistung, ist er verpflichtet bzw. berechtigt (siehe oben III.), Rechnungen auszustellen und in ihnen die darauf entfallende Umsatzsteuer gesondert auszuweisen (§ 14 Abs. 5 S. 1 UStG). Aus Rechnungen über Zahlungen vor Ausführung der Leistung muss hervorgehen, dass damit Voraus- oder Anzahlungen abgerechnet werden, z. B. durch Angabe des voraussichtlichen Zeitpunkts der Leistung. Unerheblich ist, ob vor Ausführung der Leistung über das gesamte Entgelt oder nur einen Teil des Entgelts abgerechnet wird. Über Voraus- und Anzahlungen kann auch mit Gutschriften abgerechnet werden.

In der Rechnung ist statt des Zeitpunkts der Lieferung oder sonstigen Leistung (§ 14 Abs. 4 S. 1 Nr. 6 UStG) der voraussichtliche Zeitpunkt oder der Kalendermonat der Leistung anzugeben (§ 31 Abs. 4 UStDV). An die Stelle des Entgelts für die Lieferung oder sonstige Leistung tritt in der Rechnung über eine Voraus- oder Anzahlung die Angabe des vor der Ausführung der Leistung vereinnahmten Entgelts oder Teilentgelts (§ 14 Abs. 4 S. 1 Nr. 7 UStG). In der Endrechnung, mit der ein Unternehmer über die ausgeführte Leistung insgesamt abrechnet, sind die vor der Ausführung der Leistung vereinnahmten Entgelte oder Teilentgelte sowie die hierauf entfallenden Steuerbeträge abzusetzen, wenn über diese Entgelte oder Teilentgelte Rechnungen mit gesondertem Steuerausweis erteilt worden sind (§ 14 Abs. 5 letzter Satz UStG).

Weitere Einzelheiten enthält A 187 UStR 2008.

Vertiefungshinweis: *Rudolf Linßen - Rechnungen und Gutschriften - NWB DokID: KAAAC-40697*

VII. Rechnungserteilung in besonderen Fällen

§ 14a UStG ergänzt die Regelungen über Rechnungen in § 14 UStG. Soweit daher nichts anderes bestimmt ist, bleiben die Vorgaben und insbesondere die Pflichtangaben in § 14 Abs. 4 UStG unberührt. § 14a UStG regelt zusätzliche Pflichten bei der Ausstellung von Rechnungen in besonderen Fällen. Hierzu zählen:

- Arbeiten an beweglichen körperlichen Gegenständen und Begutachtung (§ 3a Abs. 2 S. 2 Nr. 3c UStG),
- innergemeinschaftliche Güterbeförderungen, damit zusammenhängende sonstige Leistungen und die Vermittlung dieser Leistungen (§ 3b S. 2 UStG),
- Lieferungen i.S.d. § 3c UStG,
- innergemeinschaftliche Lieferungen (§ 6a UStG),
- innergemeinschaftliche Lieferungen neuer Fahrzeuge (§§ 2a, 6a UStG),
- Fälle der Steuerschuldnerschaft des Leistungsempfängers (§ 13b UStG),
- Besteuerung von Reiseleistungen (§ 25 UStG),
- Differenzbesteuerung (§ 25a UStG) und
- innergemeinschaftliche Dreiecksgeschäfte (§ 25b UStG).

Weitere Einzelheiten enthält A 190a UStR 2008.

Vertiefungshinweis: *Rudolf Linßen - Rechnungen und Gutschriften - NWB DokID: KAAAC-40697*

VIII. Unrichtiger Steuerausweis gem. § 14c Abs. 1 UStG

Bei fehlerhaften Rechnungen wird unterschieden zwischen Rechnungen mit unrichtigem Steuerausweis und mit unberechtigtem Steuerausweis.

- Unrichtige Steuerausweise betreffen die Fälle, in denen ein Steuerausweis erforderlich war, die Höhe des Ausweises

aber unzutreffend ist. Sie sind in § 14c Abs. 1 UStG geregelt.
- Bei einem unberechtigten Steuerausweis nach § 14c Abs. 2 UStG war ein Steuerausweis überhaupt nicht zulässig, ist aber dennoch erfolgt.

Vertiefungshinweis: *Rudolf Linßen - Rechnungen und Gutschriften - NWB DokID: KAAAC-40697*

IX. Unberechtigter Steuerausweis gem. § 14c Abs. 2 UStG

§ 14c Abs. 1 UStG erfasst Rechnungen mit gesondertem Steuerausweis, die ausgestellt wurden für
- steuerpflichtige Leistungen, für die eine höhere als die geschuldete Steuer ausgewiesen wurde;

ein zu hoher Steuerausweis in diesem Sinne liegt auch vor, wenn in Rechnungen über Kleinbeträge (§ 33 UStDV) ein zu hoher Steuersatz oder in Fahrausweisen (§ 34 UStDV) ein zu hoher Steuersatz oder fälschlich eine Tarifentfernung von mehr als 50 Kilometern angegeben ist;
- steuerfreie Leistungen,
- nicht steuerbare Leistungen (unentgeltliche Leistungen, Leistungen im Ausland und Geschäftsveräußerungen im Sinne des § 1 Abs. 1a UStG) und außerdem
- nicht versteuerte steuerpflichtige Leistungen, wenn die Steuer für die Leistung wegen des Ablaufs der Festsetzungsfrist (§§ 169 bis 171 AO) nicht mehr erhoben werden kann.

§ 14c Abs. 1 UStG gilt auch, wenn
- der Steuerbetrag von einem zu hohen Entgelt berechnet wurde (bei verdecktem Preisnachlass vgl. Abschn. 153 Abs. 4 UStR 2008)
- für ein und dieselbe Leistung mehrere Rechnungen ausgestellt worden sind.

Dies ist auch bei fehlerhaften Endabrechnungen in der Baubranche nicht ungewöhnlich, wenn bereits getätigte Anzahlungen nicht abgesetzt werden.

Vertiefungshinweis: Rudolf Linßen - Unrichtiger Steuerausweis - NWB DokID: HAAAB-14460

N. Aufbewahrung von Rechnungen

Hinsichtlich der Mindestzeiträume für die Aufbewahrung der Bücher und sonstigen Buchführungsunterlagen gelten steuerrechtlich grundsätzlich dieselben Fristen wie im Handelsrecht:

- Zehn Jahre für Bücher und Aufzeichnungen, Inventare und Bilanzen, Jahresabschlüsse, Lageberichte, Buchungsbelege, Arbeitsanleitungen und Organisationsunterlagen (§ 147 Abs. 1 Nr. 1 und 4, Abs. 3 AO bzw. § 257 Abs. 1 und 4 HGB);
- Zehn Jahre für:
- Doppel der (Ausgangs-) Rechnungen, die der Unternehmer oder ein Dritter in seinem Namen und für seine Rechnung ausgestellt hat,
- alle (Eingangs-) Rechnungen, die er erhalten oder die ein Leistungsempfänger oder in dessen Namen und für dessen Rechnung ein Dritter ausgestellt hat (§ 14b Abs. 1 UStG 2004);
- Sechs Jahre für empfangene Handels- oder Geschäftsbriefe, Wiedergaben der abgesandten Handels- oder Geschäftsbriefe (§ 147 Abs. 1 Nr. 2 und 3, Abs. 3 AO bzw. § 257 Abs. 1 Nr. 2 und 3, Abs. 4 HGB);
- Sechs Jahre für Lohnkonten (§ 41 Abs. 1 S. 9 EStG);
- Zwei Jahre für Rechnungen, Zahlungsbelege oder andere beweiskräftige Unterlagen, soweit der Leistungsempfänger nicht Unternehmer ist oder Unternehmer ist, die Leistung jedoch für seinen nichtunternehmerischen Bereich verwendet (§ 14b Abs. 1 S. 5 UStG 2004).

Falls gegen die o.g. Aufbewahrungsfristen verstoßen wird, können folgende Geldbußen für den Steuerbürger entstehen:

§§ des UStG	Inhalt der Bestimmung	
§ 26a UStG	Geldbuße bei bestimmten Ordnungswidrigkeiten (z. B. keine Rechnungsausstellung, Verstoß gegen Aufbewahrungsfrist zehn Jahre) bis	5 000
	Geldbuße bei Verstoß gegen Aufbewahrungsfrist zwei Jahre	500
§ 26b UStG	Geldbuße bei Nicht- oder nicht vollständiger Entrichtung der Umsatzsteuer	50 000

Vertiefungshinweis: *Peter Gerlach - Aufbewahrungsfristen - NWB DokID: BAAAB-04768*

O. Vorsteuerabzug

Ein Unternehmer kann in der Regel die ihm in Rechnung gestellte Umsatzsteuer als Vorsteuer abziehen. Der Vorsteuerabzug hat zur Folge, dass der Unternehmer im Ergebnis nur den auf seiner Stufe in der Leistungskette erzielten "Mehrwert" versteuern muss. Der Bereich der Vorsteuer hat in den vergangenen Jahren erhebliche Änderungen durch die Rechtsprechung des BFH und des EuGH erfahren.

Vertiefungshinweis: *Udo Vanheiden - Vorsteuerabzug - NWB DokID: MAAAA-41725*

I. Vorsteuerabzug aus Rechnungen

► mit gesondertem Steuerausweis

Die Ausübung des Vorsteuerabzugs setzt den Besitz einer Rechnung voraus. Es besteht eine Obliegenheit des Leistungsempfängers, sich über die Richtigkeit der Angaben in der Rechnung zu vergewissern.

Der Vorsteuerabzug ist für den Zeitraum vorzunehmen, in dem die Rechnung vorliegt.
- für Lieferungen oder sonstige Leistungen

Der Vorsteuerabzug ist auf die Höhe der für die Leistung geschuldeten Umsatzsteuer beschränkt. (vgl. § 15 Abs. 1 Nr. 1 UStG "gesetzlich geschuldete Steuer").
Ein Vorsteuerabzug ist damit nicht zulässig, soweit der die Rechnung ausstellende Unternehmer die Steuer nach § 14c UStG schuldet.
- von einem anderen Unternehmer

Auch ein Strohmann kann leistender Unternehmer sein. Ein Vorsteuerabzug ist jedoch nicht zulässig, wenn die Identität des leistenden Unternehmers mit den Rechnungsangaben nicht übereinstimmt oder über eine nicht ausgeführte Lieferung oder sonstige Leistung abgerechnet wird.
- für das Unternehmen

Die Nutzung für das Unternehmen muss mindestens 10 v.H. betragen. Die Ermächtigung der EU für diese Regelung wurde bis zum 31.12.2009 verlängert.

Der Unternehmer kann sich jedoch in bestimmten Einzelfällen auf die für ihn günstigere Regelung (d.h. Zuordnung von Gegenständen, die zu weniger als 10 v.H. unternehmerisch genutzt werden) des Art. 17 des 6. EG-RL berufen. Leistungen sowohl für den unternehmerischen als auch für den nicht-unternehmerischen Bereich des Unternehmens sind ggf. aufzuteilen.

Bei einem einheitlichen Gegenstand hat der Unternehmer ein Zuordnungswahlrecht. Einzelfälle:
- Vorsteuerabzug bei Immobilien;

- Vorsteuerabzug beim Erwerb und Verkauf von Geschenkgutscheinen;
- Umsatzsteuerliche Behandlung der Nutzung von VIP-Logen.

Vertiefungshinweis: *Udo Vanheiden - Vorsteuerabzug - NWB DokID: MAAAA-41725*

II. Einfuhrumsatzsteuer als Vorsteuer

Die Einfuhrumsatzsteuer kann vom Unternehmer als Vorsteuer abgezogen werden, wenn sie tatsächlich entrichtet wird und die Gegenstände für sein Unternehmen in das Inland eingeführt worden sind.

Die Entrichtung ist durch einen zollamtlichen Beleg nachzuweisen. Zu beachten: § 15 Abs. 1 S. 2 UStG (10 v.H. Regelung).

Vertiefungshinweis: *Udo Vanheiden - Vorsteuerabzug - NWB DokID: MAAAA-41725*

III. Vorsteuerabzug in Fällen des § 13b UStG

Soweit die Leistungen für das Unternehmen des Leistungsempfängers ausgeführt wurden, eröffnet § 15 Abs. 1 S. 1 Nr. 4 UStG jenem den Vorsteuerabzug, dabei kann der Leistungsempfänger die Vorsteuern gleichzeitig mit dem fraglichen Umsatz in der Voranmeldung geltend machen. Der Vorsteuerabzug ist dabei grds. nicht von dem Erhalt einer ordnungsgemäßen Rechnung abhängig. Zu den Besonderheiten, wenn eine Rechnung noch nicht vorliegt, siehe Tz 4.2. des BMF - Schreibens vom 02.12.2004.

Der im Rahmen der Differenzbesteuerung bestehende Ausschluss vom Vorsteuerabzug gilt auch für die Steuer nach § 13b UStG, soweit sie als Vorsteuer geltend gemacht werden soll.

Vertiefungshinweis: *Hildegard Schmalbach - Steuerschuldnerschaft des Leistungsempfängers - HAAAB-14246*

IV. Ausschluss vom Vorsteuerabzug/Abzugsverbot

Nichtabziehbar sind Vorsteuerbeträge im Zusammenhang mit:
- Aufwendungen, für die das Abzugsverbot des § 4 Abs. 5 S. 1 Nr. 1 bis 4, 7, Abs. 7 EStG oder des § 12 Nr. 1 EStG gilt.

Beachte:
Das Recht auf vollen Vorsteuerabzug aus betrieblich veranlassten Bewirtungskosten kann nicht durch nationales Recht eingeschränkt (20- bzw. 30-prozentige Kürzung) werden (Art. 17 Abs. 2 und 6 der 6. EG-Rl.). Die Einschränkung des Rechts auf Vorsteuerabzug ist lt. BFH vom 10.02.2005 mit Art. 17 Abs. 6 der Richtlinie 77/388/EWG nicht vereinbar.

Fazit: Durch die Klarstellung im Jahressteuergesetz 2007 bleiben hinsichtlich der Bewirtungsaufwendungen nur die nach der allgemeinen Verkehrsauffassung unangemessenen Aufwendungen vom Vorsteuerabzug ausgeschlossen.
- " Die Beschränkungen hinsichtlich der Reisekosten (§ 15 Abs. 1a Nr. 2 UStG a.F.) des Unternehmers und seines Personals, die bereits teilweise durch das BMF-Schreiben vom 28.03.2001 überholt waren, wurden durch das Steueränderungsgesetz 2003 aufgehoben.

Weiterhin gilt jedoch: Ein Vorsteuerabzug aus pauschalen Verpflegungsgeldern ist nicht möglich.
- Umzugskosten für einen Wohnungswechsel

Gem. BMF-Schreiben vom 18.07.2006 ist im Vorgriff auf eine gesetzliche Neuregelung § 15 Abs. 1a Nr. 3 UStG nicht mehr anzuwenden.
Beachte: Aufgehoben durch das Jahressteuergesetz 2007

Vertiefungshinweis: Udo Vanheiden - Vorsteuerabzug - MAAAA-41725

V. Vorsteuerbeschränkung bei Fahrzeugen

- Einschränkungen durch das Steuerentlastungsgesetz 1999 / 2000 / 2002 ab dem 01.04.1999 Soweit die unternehmerische Nutzung mindestens 10 v.H. aber weniger als 95 v.H. beträgt, sind Vorsteuerbeträge aus der Anschaffung oder Herstellung, der Einfuhr, dem innergemeinschaftlichem Erwerb, der Miete oder dem Betrieb von Fahrzeugen i.S.d. § 1b Abs. 2 UStG nur zu 50 v.H. abzugsfähig.
  Kann für ein Fahrzeug nur ein 50-prozentiger Vorsteuerabzug vorgenommen werden, so unterliegt die private Nutzung dieses Fahrzeugs nicht der Umsatzsteuer.
- Auslauf der EU Ermächtigung

Da die Ermächtigung nach Art. 27 der 6. EG-Richtlinie zum 31.12.2002 ausgelaufen ist, ist die o.g. Regelung ab dem 01.01.2003 EU-rechtswidrig. Unternehmer können sich wegen des Vorrangs des Gemeinschaftsrechts auf die günstigere Regelung in Art. 17 Abs. 2 der 6. EG-Richtlinie berufen und haben somit in 2003 de facto ein Wahlrecht.

- Besonderheit: Für nach dem 31. 03.1999 und vor dem 05.03.2000 angeschaffte oder hergestellte Fahrzeuge kann der Unternehmer unter Berufung auf die für ihn günstigere Regelung des Art. 17 der 6. EG-Richtlinie den Vorsteuerabzug ebenfalls in voller Höhe vornehmen.
- Steueränderungsgesetz 2003

Die Regelung des § 15 Abs. 1b UStG wurde durch das Steueränderungsgesetz 2003 aufgehoben. Unternehmer können ab dem 01.01.2004 wieder den vollen Vorsteuerabzug aus der Anschaffung sowie den laufenden Kosten eines Fahrzeuges in Anspruch nehmen, haben aber die private Nutzung als unentgeltliche Wertabgabe zu versteuern.
Aktuell: Die Bundesregierung plant die Wiedereinführung des halben Vorsteuerabzugs für vom Unternehmer auch privat genutzte Pkw (vgl. Entwurf Jahressteuergesetz 2009).

Vertiefungshinweis: *Udo Vanheiden - Vorsteuerabzug - MAAAA-41725*

P. Vorsteueraufteilung

Verwendet ein Unternehmer die für sein Unternehmen gelieferten oder eingeführten Gegenstände und die in Anspruch genommenen sonstigen Leistungen sowohl für Umsätze, die zum Vorsteuerabzug berechtigen, als auch für Umsätze, die den Vorsteuerabzug ausschließen, sind die angefallenen Vorsteuerbeträge in einen abziehbaren und einen nicht abziehbaren Teil aufzuteilen. Die Aufteilung der Vorsteuern hat nach dem Prinzip der wirtschaftlichen Zuordnung zu erfolgen.

Vertiefungshinweis: *Udo Vanheiden - Vorsteueraufteilung - WAAAA-41726*

I. Aufteilungsmethode

Sind die Eingangsleistungen nicht eindeutig einer bestimmten Verwendung zuzuordnen, ist der Vorsteuerabzug im Wege einer sachgerechten Schätzung aufzuteilen. Vorsteuerbeträge für Eingangsleistungen, die mit der nichtunternehmerischen Tätigkeit zusammenhängen, sind nicht abziehbar.

Hat der Unternehmer ein i.S.d. § 15 Abs. 4 UStG sachgerechtes Aufteilungsverfahren gewählt, ist dieser Maßstab auch für nachfolgende Besteuerungszeiträume der Besteuerung zugrunde zu legen.

Der einmal gewählte Aufteilungsschlüssel ist nach Eintritt der formellen Bestandskraft bindend.

Ändern sich bei einem Anlagegut in einem späteren Besteuerungszeitraum die Verhältnisse, die für den Vorsteuerabzug im Jahr der erstmaligen Verwendung maßgebend waren, so erfolgt eine Berichtigung des Vorsteuerabzuges gem. § 15a UStG.

Bei der gemischten Nutzung von Gegenständen sind folgende Fälle zu unterscheiden:

- zeitlich abgrenzbare Nutzung

Bei dieser alternierenden Nutzung zu den Vorsteuerabzug ausschließenden und berechtigenden Zwecken stellt das Verhältnis der Nutzungszeiten einen sachgerechten Aufteilungsmaßstab dar.

- räumlich abgrenzbare Nutzung

Entscheidend für die Vorsteueraufteilung nach wirtschaftlichen Kriterien ist, in welchem Umfang bezogene Lieferungen oder sonstige Leistungen den jeweiligen Verwendungsumsätzen zuzuordnen sind.

Vertiefungshinweis: *Udo Vanheiden - Vorsteueraufteilung - WAAAA-41726*

II. Erleichterungen

Aus Vereinfachungsgründen können alle Vorsteuerbeträge, die sich auf die sog. Verwaltungsgemeinkosten beziehen, nach einem einheitlichen Verhältnis aufgeteilt werden, auch wenn einzelne Vorsteuerbeträge dieses Bereichs auf Umsätze entfallen, die den Vorsteuerabzug ausschließen würden. Vorsteuerbeträge, die bestimmten Umsätzen von Geldforderungen, bestimmten Umsätzen von Wechseln und Lieferungen von gesetzlichen Zahlungsmitteln usw. zuzurechnen sind, werden nur dann vom Vorsteuerabzug ausgeschlossen, wenn sie ausschließlich steuerfreien Umsätzen zuzurechnen sind.

Vertiefungshinweis: *Udo Vanheiden - Vorsteueraufteilung - WAAAA-41726*

Q. Besonderheiten/Berichtigung des Vorsteuerabzugs

Durch Vorsteuerberichtigungen i.S.d. § 15a UStG wird der Vorsteuerabzug so korrigiert, dass er den Verhältnissen des gesamten Berichtigungszeitraums entspricht. Dieser Ausgleich führt nicht zu einer Korrektur der Steuerfestsetzung für das Kalenderjahr des Leistungsbezugs, sondern ist grundsätzlich erst in dem Jahr vorzunehmen, in dem sich Verhältnisse gegenüber dem Zeitpunkt des Leistungsbezugs geändert haben. § 15a UStG wurde mit Wirkung vom 01.01.2005 neu gefasst und an Artikel 20 der 6. EG-Richtlinie angepasst. Danach können nun auch Gegenstände des Umlaufvermögens und sonstige Leistungen in eine Vorsteuerberichtigung i.S.d. § 15a UStG einbezogen werden.

Das BMF hat mit Schreiben vom 06.12.2005 - IV A 5 - S 7316 - 25/05 zur Berichtigung des Vorsteuerabzugs nach § 15a UStG ausführlich Stellung genommen.

Vertiefungshinweis: *Udo Vanheiden - Vorsteuerberichtigung - GAAAA-41727*

R. Steuerberechnung/Vorauszahlung

Das Vorauszahlungsverfahren der Umsatzsteuer beruht auf einer permanenten Erfassung der steuerrelevanten Sachverhalte. Der Unternehmer erklärt gegenüber der Finanzverwaltung durch eine Umsatzsteuervoranmeldung seine Besteuerungsgrundlagen. Es kommen folgende Voranmeldungszeiträume in Betracht:

- Grundsätzlich ist der Voranmeldungszeitraum das Kalendervierteljahr
- Unter folgenden Voraussetzungen ist der Voranmeldungszeitraum der Kalendermonat:
  - Aufnahme der unternehmerischen Tätigkeit in diesem oder im letzten Kalenderjahr
  - Steuer des vorangegangenen Jahres beträgt mehr als 6 136 €
  - Erstattung des Vorjahres beträgt mehr als 6 136 € - Steuerpflichtiger kann Kalendervierteljahr als Voranmeldungszeitraum wählen
- Beträgt die Steuer des Vorjahres nicht mehr als 521 €, kann die Finanzverwaltung den Steuerpflichtigen von der Abgabe der Voranmeldung befreien.

Die Voranmeldung ist bis zum 10. des Folgemonats auf elektronischem Wege einzureichen und die Steuerzahlung zu begleichen, durch eine Dauerfristverlängerung verlängert sich diese Frist um einen Monat.

Vertiefungshinweis: *Catrin Geißler - Vorauszahlung - NWB DokID: AAAAB-36698*

S. Beförderungseinzelbesteuerung

Bei Beförderungen von Personen im Gelegenheitsverkehr mit Kraftomnibussen, die nicht im Inland zugelassen sind, tritt in

den Fällen der Beförderungseinzelbesteuerung an die Stelle des Entgelts das Durchschnittsbeförderungsentgelt.
Nach § 25 UStDV wird das Durchschnittsbeförderungsentgelt auf 4,43 Cent je Personenkilometer festgesetzt.

Vertiefungshinweis: *Udo Vanheiden - Bemessungsgrundlage - NWB DokID: ZAAAA-41696*

T. Fahrzeugeinzelbesteuerung

Beim innergemeinschaftlichen Erwerb neuer Fahrzeuge (§ 1b UStG) durch andere Erwerber als die in § 1a Abs. 1 Nr. 2 UStG genannten Personen hat der Erwerber für jedes erworbene neue Fahrzeug jeweils eine Steuererklärung für die Fahrzeugeinzelbesteuerung nach amtlich vorgeschriebenem Vordruck abzugeben (§§ 16 Abs. 5a, 18 Abs. 5a UStG, Abschnitt 221a). 2 Der Erwerber hat die Steuererklärung eigenhändig zu unterschreiben und ihr die vom Lieferer ausgestellte Rechnung beizufügen. 3 §§ 167 und 168 AO sind anzuwenden.

U. Wechsel der Steuerschuldnerschaft

Unternehmer und juristische Personen des öffentlichen Rechts haben den Wechsel der Steuerschuldnerschaft zu beachten. Auch Kleinunternehmer, pauschalierende Landwirte und Unternehmer, die ausschließlich steuerfreie Umsätze tätigen, sind von der Vorschrift betroffen. § 19 Abs. 1 S. 3 UStG stellt insofern ausdrücklich klar, dass der Kleinunternehmer als Leistungsempfänger die Steuer nach § 13b UStG abzuführen hat.

Dabei kommt es nicht darauf an, ob diese Leistungsempfänger im Inland ansässig sind. Insofern kann ein im Ausland ansässiger Unternehmer, auch ohne im Inland Umsätze zu erbringen, vom Wechsel der Steuerschuldnerschaft betroffen sein.

Vertiefungshinweis: *Hildegard Schmalbach - Steuerschuldnerschaft des Leistungsempfängers - NWB DokID: HAAAB-14246*

V. Vorsteuer-Vergütungsverfahren

Nach dem System der Umsatzbesteuerung steht einem Unternehmer grundsätzlich ein Vorsteuerabzug zu, soweit er Leistungen für sein Unternehmen bezieht. Unabhängig von der Ansässigkeit im Inland kann daher der Unternehmer, soweit die Voraussetzungen des § 15 UStG vorliegen, die in Rechnungen ausgewiesene Umsatzsteuer, die entrichtete Einfuhrumsatzsteuer und die Steuer auf den innergemeinschaftlichen Erwerb als Vorsteuer abziehen. Für im Ausland ansässige Unternehmer, die im Inland keine oder nur bestimmte Umsätze (§ 59 Abs. 1 Nr. 1 bis 3 UStDV) ausführen, gilt das Vorsteuer-Vergütungsverfahren i.S.d. §§ 59 - 62 UStDV. Die gesetzliche Ermächtigung für dieses besondere Verfahren zur Vereinfachung des Besteuerungsverfahrens enthält der § 18 Abs. 9 UStG.

Zum vergütungsberechtigtem Personenkreis gehören:
- Unternehmer (Nachweis durch Bescheinigung des Sitzstaates),
- im Ausland ansässig, d.h. im Zeitpunkt der Gegenleistung seinen Wohnsitz, seinen Sitz oder eine Betriebsstätte i.S.d. Art. 9 Abs. 1 der 6. EG Richtlinie weder im Inland noch auf der Insel Helgoland oder in den in § 1 Abs. 3 UStG bezeichneten Gebieten.

Besonderheit:
Unternehmer, die ein im Inland gelegenes Grundstück besitzen, sind als im Inland ansässig zu behandeln.
- keine eigenen Umsätze im Inland i.S.d. § 1 Abs. 1 Nr. 1 und 5 UStG

- oder nur bestimmte Umsätze:
  - steuerfreie grenzüberschreitende Beförderungen in das oder aus dem Drittlandsgebiet
  - Umsätze, für die der Leistungsempfänger die Steuer schuldet
  - Umsätze, die der Beförderungseinzelbesteuerung unterlegen haben (§ 16 Abs. 5 i.V.m. § 18 Abs. 5 UStG)
  - nur innergemeinschaftliche Erwerbe und daran anschließende Lieferungen i.S.d. § 25b Abs. 2 UStG

und neu ab dem 01.07.2003:
- nicht im Gemeinschaftsgebiet ansässige Unternehmer, die ausschließlich Leistungen an Nichtunternehmer auf elektronischem Wege erbringen.

Vertiefungshinweis: *Udo Vanheiden - Vorsteuer-Vergütungsverfahren - NWB DokID: AAAAA-41729*

W. Kleinunternehmer

Unternehmer, die bestimmte Umsatzgrenzen nicht überschreiten, sind Kleinunternehmer im Sinne des § 19 UStG und brauchen weder ihre Umsätze zu versteuern, noch sind sie berechtigt, Vorsteuern in Abzug zu bringen. Der Umsatz darf 17.500 Euro im Vor- und 50.000 Euro im laufenden Jahr nicht übersteigen. Kleinunternehmer können auf die Begünstigung verzichten, indem sie zur Regelbesteuerung optieren.

Vertiefungshinweis: *Rudolf Linßen - Kleinunternehmer - NWB DokID: ZAAAB-14441*

X. Durchschnittssätze

Unternehmer, die nicht verpflichtet sind, Bücher zu führen und auf Grund jährlicher Bestandsaufnahmen regelmäßig Abschlüsse zu machen, können auf Antrag die nach § 15 UStG abziehbaren Vorsteuerbeträge ganz oder teilweise nach Durchschnittssätzen berechnen. Die Durchschnittssätze dienen der Vereinfachung und werden nur für Gruppen von Unternehmern festgesetzt, bei denen hinsichtlich der Besteuerungsgrundlagen annähernd gleiche Verhältnisse vorliegen. Daher sind folgende Gesetzesgrundlagen zu beachten:

§§ des UStG	Inhalt der Bestimmung	2007	2008
Abschn. 230 Abs. 2 UStR	bei Anwendung von Durchschnittssätzen Abgabe von Voranmeldungen u. a., wenn Umsätze von Getränken und alkoholischen Flüssigkeiten voraussichtlich im laufenden Kalenderjahr über	1 200	1 200
§ 69 UStDV	allgemeine Vorsteuer-Durchschnittssätze, Anwendung nur, wenn Vorjahresumsatz nicht über	61 356	61 356
§ 23a UStG	Vorsteuer-Durchschnittssatz für Körperschaften	7 %	7 %
	Inanspruchnahme nur, wenn Vorjahresumsatz nicht über	30 678	35 000
	Optionsbindung	5 J.	5 J.
§ 24 Abs. 1 UStG	Durchschnittssätze land- und forstwirtschaftliche Betriebe		
	Lieferung forstwirtschaftlicher Erzeugnisse (ausgenommen Sägewerkserzeugnisse)		
	Umsatzsteuer	5,5 %	5,5 %
	Vorsteuer	5,5 %	5,5 %
	Lieferung nicht in der Anlage 2 zum UStG aufgeführter Sägewerkserzeugnisse, Getränke und von alkoholischen Flüssigkeiten		

§§ des UStG	Inhalt der Bestimmung	2007	2008
	Umsatzsteuer	19 %	19 %
	Vorsteuer	10,7 %	10,7 %
	Lieferung nicht in der Anlage 2 zum UStG aufgeführter Sägewerkserzeugnisse, Getränke und von alkoholischen Flüssigkeiten ins Ausland		
	Umsatzsteuer	10,7 %	10,7 %
	Vorsteuer	10,7 %	10,7 %
	Lieferung von Sägewerkserzeugnissen der Anlage 2 zum UStG		
	Umsatzsteuer	10,7 %	10,7 %
	Vorsteuer	10,7 %	10,7 %
	übrige landwirtschaftliche Umsätze		
	Umsatzsteuer	10,7 %	10,7 %
	Vorsteuer	10,7 %	10,7 %

Für Unternehmer der Land- und Forstwirtschaft und für kleinere gemeinnützige Körperschaften existieren weitere Sonderregelungen.

Vertiefungshinweis: *Udo Vanheiden - Vorsteuerpauschalierung - NWB DokID: QAAAA-41728*

Fünfter Teil: Gewerbesteuer

System und Inhalt der Gewerbesteuer in aller Kürze

Berechnungshilfen zur Gewerbesteuer

Gewerbesteuer
Von Steuerberater u. Dipl.-Kfm. Holger Gemballa
Fundstelle(n): NWB DokID: KAAAB-05523

A. Unternehmensteuerreform 2008

Neben anderen Änderungen wurde der Charakter der Gewerbesteuer als einer auch für steuerliche Zwecke abzugsfähigen Betriebsausgabe aufgehoben, die Gewerbesteuer und die darauf entfallenden Nebenleistungen gehört ab dem 01.01.2008 zu den nichtabzugsfähigen Betriebsausgaben, § 4 Abs. 5b EStG. Gemäß § 19 Abs. 3 S. 5 GewStG n.F. besteht bei Gewinnermittlung durch Bestandsvergleich die Möglichkeit, die Vorauszahlungen 2008 auf Antrag oder nach Aufforderung durch das Finanzamt bereits nach der neuen Rechtslage festzusetzen. Eine eigenmächtige Festsetzung von Gewerbesteuervorauszahlungen für 2008 durch die Kommune auf Basis des Unternehmenssteuerreformgesetzes 2008 ist unzulässig.

B. Steuerpflicht

Der Gewerbesteuer unterliegt ein Gewerbebetrieb soweit er durch eine Betriebsstätte im Sinne von § 12 AO im Inland oder auf einem in einem inländischen Schiffsregister eingetragenen Kauffahrteischiff betrieben wird.

C. Besteuerungsgrundlage

Seit 1998 unterliegt nur noch der Gewerbeertrag der Gewerbesteuer. Gewerbeertrag ist der steuerliche Gewinn vermehrt um die Hinzurechnungen nach § 8 und vermindert um die Kürzungen nach § 9 GewStG. Der maßgebende Gewerbeertrag wird gem. § 10a GewStG zudem um Fehlbeträge (Gewerbeverluste) gekürzt, die sich bei der Ermittlung der Gewerbeerträge nach den §§7 bis 10 GewStG in den vorangegangenen Erhebungszeiträumen ergeben haben, soweit diese nicht schon in vorangegangenen Zeiträumen berücksichtigt worden sind (Verlustvortrag).

I. Hinzurechnungen / Kürzungen

Hinzurechnungen bis VZ 2007
- 50 v.H. der Entgelte für Dauerschulden, soweit bei der Ermittlung des steuerlichen Gewinns abgezogen
- Renten und dauernde Lasten, die mit Gründung oder Erwerb des (Teil-)Betriebs oder Mitunternehmeranteils zusammenhängen,
- Gewinnanteile der stillen Gesellschafter,
- "mitunternehmerische" Gewinnanteile an persönlich haftende Gesellschafter einer Kommanditgesellschaft auf Aktien (KGaA),
- steuerfreie Dividenden, die nicht unter das gewerbesteuerliche Schachtelprivileg fallen,
- 50 v.H. der Miet- und Pachtzinsen für nicht in Grundbesitz bestehendes Anlagevermögen,
- Verlustanteile aus einer Mitunternehmerschaft,
- Spenden einer Körperschaft,
- ausschüttungsbedingte Gewinnminderungen aus Schachtelbeteiligungen und abführungsbedingte Gewinnminderungen aus Organschaften,

- abgezogene ausländische Einkommensteuern, soweit diese Einkünfte betreffen, die im Gewerbeertrag nicht erfasst werden

Hinzurechnungen ab VZ 2008
- § 8 Abs. 1a GewStG: Der Hinzurechnung unterliegen Entgelte für Schulden ohne Unterscheidung danach, ob diese als lang- oder kurzfristige einzuordnen sind. An der bisher für Kreditinstitute bestehenden Ausnahme nach § 19 GewStDV i.V.m. § 35 GewStG änder sich nichts.
- § 8 Abs. 1b GewStG: Zinsanteile aus Renten und dauernden Lasten, wobei ein wirtschaftlicher Zusammenhang mit der Gründung oder dem Erwerb des Betriebs (Teilbetriebs) oder eines Anteils am Betrieb nicht mehr erforderlich ist. Ausdrücklich ausgenommen werden Pensionszahlungen aufgrund einer unmittelbar vom Arbeitgeber erteilten Versorgungszusage.
- § 8 Abs. 1c GewStG: Gewinnanteile des typisch stillen Gesellschafters
- § 8 Abs. 1d-f GewStG: Miet- und Pachtzinsen (einschließlich Leasingraten). Der Hinzurechnung unterliegen 20 v.H. der Miet- und Pachtzinsen (einschließlich Leasingraten) für die Benutzung von beweglichen Wirtschaftsgütern sowie 65 v. H. der Miet- und Pachtzinsen (einschließlich Leasingraten) für die Benutzung der unbeweglichen Wirtschaftsgüter des Anlagevermögens, die im Eigentum eines anderen stehen, und 25 v.H. der Aufwendungen für die zeitlich befristete Überlassung von Rechten (insbesondere Konzessionen und Lizenzen, mit Ausnahme von solchen Lizenzen, die ausschließlich zum Weiterverkauf daraus abgeleiteter Rechte berechtigen).

Kürzungen bis VZ 2007
- 1,2 v.H. des Einheitswerts des zum Betriebsvermögen gehörenden Grundbesitzes bzw. bei Wohnungsunternehmen, der auf den Grundbesitz entfallende Gewerbeertrag,
- Gewinnanteile aus einer Mitunternehmerschaft, soweit im steuerlichen Gewinn enthalten
- Gewinnausschüttungen einer inländischen Körperschaft, wenn die - auch mittelbare -Beteiligung mindestens 10 v.H. beträgt (nationales gewerbesteuerliches Schachtelprivileg),
- "mitunternehmerische" Gewinnanteile aus einer Beteiligung an einer KGaA, soweit im steuerlichen Gewinn enthalten,
- auf ausländische Betriebsstätten entfallende Gewinne,
- die beim Mieter / Pächter hinzugerechneten Miet- oder Pachtzinsen für nicht in Grundbesitz bestehendes Anlagevermögen,
- Spenden im Sinne des § 10b EStG und § 9 Abs. 1 Nr. 2 KStG,
- Gewinnausschüttungen ausländischer Körperschaften, wenn die - auch mittelbare - Beteiligung mindestens 10 v. H. beträgt und die ausschüttende Gesellschaft eine aktive Tätigkeit im Sinne des § 8 Abs. 1 Nr. 1 bis 6 AStG ausübt (internationales gewerbesteuerliches Schachtelprivileg),
- Gewinnausschüttungen ausländischer Körperschaften, die nach einem DBA steuerfrei sind, ungeachtet der im DBA genannten Mindestbeteiligung, wenn die Beteiligung mindestens 10 v.H. beträgt,

Kürzungen ab VZ 2008
- § 9 Nr. 1 GewStG: Der gemäß § 121a BewG um 40 v.H. erhöhte Einheitswert des zum Betriebsvermögen des Unternehmens gehörenden Grundbesitzes wird nur noch dann in Höhe von 1,2 v.H. von der Summe des Gewinns und

- der Hinzurechnungen nach § 8 GewStG abgezogen, soweit der Grundbesitz nicht von der Grundsteuer befreit ist.
- Nach § 8 Nr. 1 Buchst. d GewStG erfolgt die Hinzurechnung von Mieten und Pachten für bewegliche Wirtschaftsgüter künftig unabhängig von der Behandlung beim Vermieter oder Verpächter, die Kürzungsvorschrift in § 9 Nr. 4 GewStG ist daher aufgehoben worden. Sie ist letztmals für den Erhebungszeitraum 2007 anzuwenden.
- § 9 Nr. 8 GewStG: Gewinne aus Anteilen an einer ausländischen Gesellschaft, die nach einem Doppelbesteuerungsabkommen unter der Voraussetzung der Mindestbeteiligung von der Gewerbesteuer befreit ist, werden künftig nur noch dann gekürzt, wenn die Beteiligung mindestens 15 v.H. beträgt und die Gewinnanteile bei der Ermittlung des Gewinns nach § 7 GewStG angesetzt worden sind. Ist im Doppelbesteuerungsabkommen eine niedrigere Mindestbeteiligung vereinbart, ist diese maßgebend.

II. Verlustabzug

Mit Wirkung ab Erhebungszeitraum 2004 kann nach dem GewStRefG der Gewerbeertrag nur noch bis zur Höhe von 1 Million Euro und im Übrigen nur bis zu 60 v.H. durch nicht ausgeglichene Fehlbeträge vorangegangener Erhebungszeiträume gekürzt werden.

Nach § 8c KStG geht der steuerliche Verlustvortrag quotal unter, wenn innerhalb von 5 Jahren mittelbar oder unmittelbar mehr als 25 v.H. des gezeichneten Kapitals, der Mitgliedschaftsrechte, Beteiligungsrechte oder Stimmrechte an einer Körperschaft an einen Erwerber oder an eine diesem nahe stehende Person übertragen werden oder ein vergleichbarer Sachverhalt vorliegt. Bei Übertragung von mehr als 50 v.H. der oben genannten Anteilsrechte geht der Verlustvortrag vollständig unter. Die Verlustabzugsbeschränkung findet erstmals für den Erhebungszeitraum 2008 Anwendung. Nach § 10a S. 8 GewStG ist die Neuregelung des § 8c KStG auch beim gewerbesteuerlichen Verlustabzug nach § 10a GewStG entsprechend anzuwenden.

D. Messbetrag

Aus dem Gewerbeertrag wird ein Gewerbesteuermessbetrag ermittelt und festgesetzt. Es wird eine einheitliche Messzahl von 3,5 v.H. eingeführt. Der bisherige Staffeltarif und die Unterscheidung zwischen natürlichen Personen / Personengesellschaften auf der einen und anderen Gewerbetreibenden (insbesondere Kapitalgesellschaften) auf der anderen Seite ist ab dem Erhebungszeitraum 2008 abgeschafft.

E. Zerlegung

Der festgesetzte Gewerbesteuermessbetrag ist zu zerlegen, wenn sich der Gewerbebetrieb über mehrere Gemeinden erstreckt. Hierüber ist ein Zerlegungsbescheid zu erteilen. Zerlegungsmaßstab ist das Verhältnis der Arbeitslöhne.

F. Steuerschuld

Der Gewerbesteuermessbetrag multipliziert mit dem jeweiligen Hebesatz der hebeberechtigten Gemeinde ergibt die festzusetzende und zu entrichtende Gewerbesteuer. Auf die Gewerbesteuer können Vorauszahlungen festgesetzt werden.

Vertiefungshinweise: Bodo Ebber - Gewerbesteuer - NWB DokID: KAAAB-14433; ders. - Gewerbesteueranrechnung - NWB DokID: AAAAA-41703; Uwe Ritzkat - Gewerbesteuerrückstellung - NWB DokID: HAAAB-04821

Sechster Teil: Bilanzsteuerrecht

System und Inhalt des Bilanzsteuerrechts in aller Kürze

Berechnungshilfen zur Bilanz

Rückstellung für Jahresurlaub
Von Steuerberater u. Dipl.-Kfm. Holger Gemballa
Fundstelle(n):NWB DokID: PAAAC-39175

Jahresabschluss mit Sonderposten - graphische Auswertung in Farbe (MS-Excel)
Von Maier & Partner Steuerberatungsgesellschaft
Fundstelle(n): NWB DokID: JAAAB-14403

Bewertung von Vorräten in der Handels- und Steuerbilanz (Durchschnitts-, LiFo- und FiFo Verfahren)
Von Steuerberater u. Dipl.-Kfm. Holger Gemballa
Fundstelle(n): NWB DokID: BAAAB-97391

A. Aktuelles

Änderungen durch das Bilanzrechtsmodernisierungsgesetz (Zum Zeitpunkt der Drucklegung noch nicht verabschiedet, Anm. der Red.) Der Gesetzentwurf sieht weitreichende Modifikationen der handelsrechtlichen Ansatz- und Bewertungskonzeptionen, der Unternehmensberichterstattung sowie Anpassung an EU-Richtlinien vor. Folgende Änderungen sind besonders hervorzuheben:

- ▶ Kleine Einzelkaufleute werden von der Buchführungspflicht befreit.
- ▶ Neue Größenkriterien für Kapital- und Personenhandelsgesellschaften sind vorgesehen.

- Für selbst geschaffene immaterielle Wirtschaftsgüter besteht eine Aktivierungspflicht.
- Die sog. umgekehrte Maßgeblichkeit der Steuerbilanz für die Handelsbilanz und damit auch der Sonderposten mit Rücklageanteil werden aufgehoben. Für die entstehenden Abweichungen wird eine steuerliche Dokumentationsverpflichtung eingeführt.
- Handelsrechtlich sind entsprechend der steuerlichen Herstellungskosten-Untergrenze die Vollkosten anzusetzen.
- Bisherige außerplanmäßige Abschreibungswahlrechte entfallen.
- Die handelsrechtlich zulässige Verrechnungsmöglichkeit von Vermögensgegenständen und Schulden darf steuerlich nicht übernommen werden.
- Die handelsrechtlich zulässige Antizipation zukünftiger Preis- und Kostensteigerungen bei der Rückstellungsbewertung darf steuerlich nicht berücksichtigt werden.

B. Einführung

I. Definition und Ziele der Steuerbilanz

Steuerbilanz ist die aufgrund zwingender steuerrechtlicher Normen aufgestellte Bilanz und dient der zutreffenden Ermittlung des steuerrechtlichen Ergebnisses durch Betriebsvermögensvergleich.

Vertiefungshinweis: *Hanno Kirsch - Steuerbilanz - NWB DokID: GAAAB-80076*

II. Grundlagen

Nach dem Betriebsvermögensvergleich ergeben sich die Einkünfte eines Wirtschaftsjahres als Differenz zwischen dem Betriebsvermögen am Ende des Wirtschaftsjahres und dem

Betriebsvermögen am Ende des vorherigen Wirtschaftsjahres zuzüglich Entnahmen und abzüglich der Einlagen (jeweils innerhalb des Wirtschaftsjahres).

1. Allgemeiner Betriebsvermögensvergleich
- Ein Betriebsvermögensvergleich ist allein auf Basis der bilanzsteuerrechtlichen Gewinnermittlungsvorschriften (§§ 4-7 EStG) zu erstellen.
- Eine Anwendung gilt für buchführungspflichtige und freiwillig buchführende Land- und Forstwirte sowie für (freiwillig) buchführende selbstständig Tätige.

2. Besonderer Betriebsvermögensvergleich
- Bedeutet eine Durchführung des Betriebsvermögensvergleichs unter Beachtung der handelsrechtlichen Grundsätze ordnungsmäßiger Buchführung,
- eine Anwendung des Maßgeblichkeitsprinzips bei Durchführung des Betriebsvermögensvergleichs sowie
- eine Anwendung für buchführungspflichtige Gewerbetreibende und freiwillig buchführende Gewerbetreibende.

Vertiefungshinweis: *Hanno Kirsch - Betriebsvermögensvergleich - NWB DokID BAAAC-45531*

C. Gewinnermittlung
I. Überblick

Gemäß § 2 Abs. 2 Nr. 2 EStG sind bei Land- und Forstwirtschaft, Gewerbebetrieb und selbständiger Arbeit die Einkünfte der Gewinn.

Je nachdem, nach welcher Art der (steuerliche) Gewinn zulässigerweise ermittelt wird, können sich dabei unterschiedliche

Periodengewinne und sogar unterschiedliche Totalgewinne ergeben. Das EStG unterscheidet vor allem folgende Gewinnermittlungsarten:
► Betriebsvermögensvergleich nach § 4 Abs. 1 S. 1 und § 5 EStG
► Einnahmen-Überschussrechnung nach § 4 Abs. 3 EStG
► Gewinnermittlung nach Durchschnittssätzen gemäß § 13a EStG

Ein Wechsel der Gewinnermittlungsart ist regelmäßig nur unter bestimmten Voraussetzungen möglich. Hierzu können sowohl zeitliche als auch sachliche Beschränkungen wie die steuerliche Erfassung von Übergangsgewinnen gehören.

Vertiefungshinweis: *Bodo Ebber - Gewinnermittlungsarten - NWB DokID UAAAB-14434*

II. Aufstellungs-, Buchführungspflicht
Der Steuerpflichtige zur Mitwirkung bei der Ermittlung des Sachverhalts verpflichtet. Hierfür hat er unter anderem Aufzeichnungs- und Buchführungspflichten nachzukommen, die sich aus dem Handelsrecht, aus dem Steuerrecht und aus sonstigen Rechtsvorschriften ergeben können.

1. Abgeleitete Buchführungspflicht nach der Abgabenordnung
Hat der Steuerpflichtige nach anderen Gesetzen als Steuergesetzen Bücher zu führen, die für die Besteuerung von Bedeutung sind, so ist er nach § 140 AO verpflichtet, die sich aus diesen Gesetzen ergebenden Verpflichtungen auch für Zwecke der Besteuerung zu erfüllen.

2. Originäre Buchführungspflicht nach der Abgabenordnung

Wenn nicht nach außersteuerlichen Gesetzen bereits eine Buchführungspflicht besteht, kann sich diese speziell für das Steuerrecht aus § 141 AO ergeben.

Voraussetzung für die Buchführungspflicht nach § 141 Abs. 1 AO ist, dass ein gewerblicher Unternehmer bzw. ein Land- und Forstwirt nach den Feststellungen der Finanzbehörde für den einzelnen Betrieb

- Umsätze einschließlich der steuerfreien Umsätze, ausgenommen die Umsätze nach § 4 Nr. 8 bis 10 des Umsatzsteuergesetzes, von mehr als 500.000 € im Kalenderjahr oder
- selbst bewirtschaftete land- und forstwirtschaftliche Flächen mit einem Wirtschaftswert von mehr als 25.000 € oder
- einen Gewinn aus Gewerbebetrieb von mehr als 50.000 € im Wirtschaftsjahr oder
- einen Gewinn aus Land- und Forstwirtschaft von mehr als 50.000 € im Kalenderjahr erzielt hat.

Die Buchführungspflicht tritt bereits dann ein, wenn nur eines der Größenmerkmale erfüllt ist. Die Gewinn- und die Umsatzgrenzen beziehen sich auf den jeweils einzelnen Betrieb des Steuerpflichtigen (§§ 14, 16 EStG).

Vertiefungshinweis: *Bodo Ebber - Aufzeichnungs- und Buchführungspflichten - NWB DokID VAAAB-83013*

III. Grundsätze ordnungsmäßiger Buchführung und Bilanzierung

1. Begriff und Bedeutung

Die Grundsätze ordnungsmäßiger Buchführung und Bilanzierung (GoB) dienen der Absicherung eines geschlossenen und geordneten Abrechnungssystems, in dem die Geschäftsvorfälle sich vom Beleg über die Konten bis hin zum Jahresabschluss verfolgen lassen. Sie sind Leitsätze oder Generalklauseln, die sowohl kodifizierte Grundsätze (Gesetzesnormen) als auch Verhaltensweisen umfassen, die die ordentliche Kaufmannschaft allgemein als ordnungsmäßig versteht (was Handelsbrauch ist). Die GoB lassen sich gliedern in die Grundsätze ordnungsmäßiger Buchführung, Inventur, Bilanzierung und Bewertung.

2. Handelsrechtliche Grundsätze

a) Gesetzliche Vorschriften zur ordnungsmäßigen Bilanzierung

- Der Kaufmann hat zu Beginn seines Handelsgewerbes und für den Schluss eines jeden Geschäftsjahres einen das Verhältnis seines Vermögens und seiner Schulden darstellenden Abschluss aufzustellen (§ 242 Abs. 1 S. 1 HGB).
- Er hat für den Schluss eines jeden Geschäftsjahres eine Gegenüberstellung der Aufwendungen und Erträge des Geschäftsjahres aufzustellen (§ 242 Abs. 2 HGB).
- Der Jahresabschluss muss klar und übersichtlich sein (§ 243 Abs. 2 HGB).
- Der Jahresabschluss ist innerhalb der einem ordnungsmäßigen Geschäftsgang entsprechenden Zeit aufzustellen (§ 243 Abs. 3 HGB).

- Der Jahresabschluss ist in deutscher Sprache und in Euro zu erstellen (§ 244 HGB).
- Der Jahresabschluss hat sämtliche Vermögensgegenstände, Schulden, Rechnungsabgrenzungsposten, Aufwendungen und Erträge zu enthalten (§ 246 Abs. 1 S. 1 HGB).
- Posten der Aktivseite dürfen nicht mit Posten der Passivseite, Aufwendungen nicht mit Erträgen, Grundstücksrechte nicht mit Grundstückslasten verrechnet werden (§ 246 Abs. 2 HGB).
- Anlage- und Umlaufvermögen, Eigenkapital, Schulden sowie Rechnungsabgrenzungsposten sind gesondert auszuweisen und hinreichend aufzugliedern (§ 247 Abs. 1 HGB).

b) Allgemeine Grundsätze

Aus den gesetzlichen Vorschriften und den sonstigen Regeln, nach denen ein ordentlicher Kaufmann verfährt, ergeben sich die allgemeinen Grundsätze:
- Grundsatz der Bilanzklarheit: Der Jahresabschluss muss klar und übersichtlich aufgestellt sein.
- Grundsatz der Bilanzkontinuität: Die formelle Kontinuität bezieht sich auf den gleichbleibenden Stichtag und die Beibehaltung der Gliederung. Die materielle Kontinuität fordert, dass die Jahresabschlüsse untereinander vergleichbar sind.
- Grundsatz der Bilanzidentität: In Eröffnungsbilanz und Schlussbilanz müssen Posten, Mengen und Werte in Ermittlung und Darstellung identisch sein.
- Grundsatz der Bilanzvollständigkeit: Ansatz sämtlicher Vermögens- und Kapitalposten.
- Grundsatz der Bilanzwahrheit: vollständige Erfassung und korrekte Bezeichnungen (inhaltliche Wahrheit), richtige

Höhe der Beträge (wertmäßige Wahrheit), Berücksichtigung der gesetzlichen Vorschriften und des Handelsbrauchs (formelle Wahrheit).
- Grundsatz der Wesentlichkeit (Materiality-Prinzip): Unwesentliche Informationen dürfen vernachlässigt, verkürzt oder verdichtet werden.
- Grundsatz der Bilanzübersichtlichkeit: Bilanz und GuV-Rechnung müssen nach einem bestimmten Ordnungsprinzip gegliedert sein.

3. Steuerrechtliche Grundsätze

a) Maßgeblichkeit

Wer aufgrund gesetzlicher Vorschriften verpflichtet ist, Bücher zu führen oder auch ohne eine solche Verpflichtung Bücher führt und regelmäßig Abschlüsse macht, muss in der Steuerbilanz das Betriebsvermögen ansetzen, das nach handelsrechtlichen Grundsätzen ordnungsmäßiger Buchführung und Bewertung anzusetzen ist (§ 5 Abs. 1 S. 1 EStG). Das bedeutet:
- Handelsrechtliche Aktivierungspflichten führen zu steuerrechtlichen Aktivierungsgeboten.
- Handelsrechtliche Passivierungspflichten führen zu steuerrechtlichen Passivierungsgeboten. Ausnahme: Drohverlustrückstellungen dürfen nicht in die Steuerbilanz übernommen werden (§ 5 Abs. 4a EStG).
- Handelsrechtliche Aktivierungsverbote führen zu steuerrechtlichen Aktivierungsverboten.
- Handelsrechtliche Passivierungsverbote führen zu steuerrechtlichen Passivierungsverboten.

b) Durchbrechung der Maßgeblichkeit

- Handelsrechtliche Aktivierungswahlrechte führen zu steuerrechtlichen Aktivierungsgeboten.
- Handelsrechtliche Passivierungswahlrechte führen zu steuerrechtlichen Passivierungsverboten.

c) Umgekehrte Maßgeblichkeit

Die umgekehrte Maßgeblichkeit (§ 5 Abs. 1 S. 2 EStG) tritt ein, wenn bestimmte Ansätze und Maßnahmen in der Steuerbilanz nur zulässig sind, wenn sie in gleicher Weise in der Handelsbilanz berücksichtigt worden sind. Sie gilt bei steuerlichen Subventionierungen wie Sonderabschreibungen, erhöhten Absetzungen und besonderen Passivposten (z. B. Zuschussrücklage nach R 7.3 Abs. 4 EStR).

Vertiefungshinweis: *Jochen Langenbeck - Grundsätze ordnungsmäßiger Buchführung und Bilanzierung - NWB DokID RAAAB-73650*

4. Bilanzänderung, -berichtigung

- Grundsätzlich ist ein festgestellter falscher Bilanzansatz in dem Jahr zu berichtigen, in dem er entstanden ist (Berichtigung an der Fehlerquelle).
- Kann eine Bilanz auf verschiedenen Wegen berichtigt werden, kann der Unternehmer den Korrekturweg wählen.
- Da der Steuerbilanzgewinn jedoch als Besteuerungsgrundlage in die Steuerfestsetzung einfließt, sind die verfahrensrechtlichen Vorschriften über die Bestandskraft und Berichtigung von Steuerbescheiden bei der Berichtigung eines fehlerhaften Bilanzansatzes zu berücksichtigen (Bindung der Steuerbilanz an die materielle Bestandskraft).

► Um trotz evtl. falscher Bilanzansätze den richtigen Totalgewinn auszuweisen, hat diese verfahrensrechtliche Bindung zur Folge, dass etwaige falsche Bilanzansätze auch in den Folgejahren fortzuführen sind, wenn eine Berichtigung an der Fehlerquelle nicht mehr möglich ist (Identität der Bilanzansätze in der Schluss- und Anfangsbilanz: Grundsatz des Bilanzenzusammenhangs).

Vertiefungshinweis: *Uwe Ritzkat - Bilanzänderung und Bilanzberichtigung - NWB DokID PAAAB-14427*

IV. Überschuss der Betriebseinnahmen über die Betriebsausgaben

Die Einnahmenüberschussrechnung nach § 4 Abs. 3 EStG (im Folgenden kurz: EÜR) ist eine Art der vereinfachten Gewinnermittlung für Steuerpflichtige, die weder nach Handels- noch nach Steuerrecht zur Buchführung verpflichtet sind.

1. Berechtigter Personenkreis

Nach § 4 Abs. 3 EStG können Steuerpflichtige, die nicht auf Grund gesetzlicher Vorschriften verpflichtet sind, Bücher zu führen und regelmäßig Abschlüsse zu machen , und die auch tatsächlich keine Bücher führen und Abschlüsse machen, ihren Gewinn durch EÜR ermitteln. Hat der Steuerpflichtige ohne entsprechende Verpflichtung eine Eröffnungsbilanz erstellt, so muss er den Gewinn für das entsprechende Wirtschafts- bzw. Kalenderjahr durch Bestandsvergleich gem. § 4 Abs. 1 EStG ermitteln. Ein Wechsel zur EÜR ist dann erst wieder im Folgejahr möglich.

2. Unterschiede zur Gewinnermittlung nach § 4 Abs. 1 und § 5 EStG

Infolge der Anwendung des Zufluss-/ Abflussprinzips des § 11 EStG wirken sich Betriebseinnahmen und Betriebsausgaben zu einem anderen Zeitpunkt auf den Gewinn aus, als dies beim Betriebsvermögensvergleich der Fall ist. Durch diesen Unterschied führt die EÜR nach § 4 Abs. 3 EStG i.d.R. zu anderen Periodengewinnen als der Betriebsvermögensvergleich. Dagegen müssen sich die Summen der Periodengewinne während der Lebensdauer eines Unternehmens bei einer EÜR mit denen eines Betriebsvermögensvergleichs (sog. Totalgewinn) decken. § 4 Abs. 3 EStG will keinen abweichenden Gewinnbegriff aufstellen, sondern lediglich eine Erleichterung der Gewinnermittlung schaffen.

3. Betriebseinnahmen und Betriebsausgaben

a) Betriebseinnahmen

Der Begriff der Betriebseinnahmen (unabhängig von Zeitpunkt ihrer Erfassung) bei der EÜR entspricht grundsätzlich der im Rahmen des Bestandsvergleichs verwendeten Definition. In beiden Fällen wird der Begriff der Betriebseinnahmen, der gesetzlich nicht definiert ist, in Anlehnung an die §§ 4 Abs. 4 , 8 Abs. 1 EStG verstanden als "Zugänge von Wirtschaftsgütern in der Form von Geld oder Geldeswert, die durch den Betrieb veranlasst sind".

Eine wichtige Besonderheit ergibt sich jedoch daraus, dass bei der EÜR die Umsatzsteuer, die der Unternehmer vom Leistungsempfänger über den Rechnungspreis erhält, zu den Betriebseinnahmen rechnet. Da die Umsatzsteuer aber auch bei der EÜR den Totalgewinn nicht beeinflussen darf, ist sie bei Zahlung an das Finanzamt als Betriebsausgabe abzuziehen.

Vermögenszugänge in Gestalt von Forderungen sind wegen § 11 Abs. 1 S. 1 EStG nicht zu erfassen.

Periodisch wiederkehrende Einnahmen, die wirtschaftlich zum folgenden Wirtschaftsjahr gehören (z.B. Mietzahlung für Januar 02 am 30.12.01), sind nicht zu erfassen, wenn sie innerhalb von 10 Tagen vor dem Ende des Wirtschaftsjahres zufließen - § 11 Abs. 1 S. 2 EStG , H 11 EStH 2005 "Allgemeines".

Darüber hinaus kann der Steuerpflichtige zusammengeballte Einnahmen, die er auf Grund einer Vorauszahlung von mehr als fünf Jahren für eine Nutzungsüberlassung erzielt (zum Beispiel voraus gezahlten Erbpachtzins), gleichmäßig auf den Zeitraum der wirtschaftlichen Zugehörigkeit verteilen. Diese Regelung gilt nicht für ein Damnum.

b) Betriebsausgaben

Auch der Begriff der Betriebsausgaben (unabhängig vom Zeitpunkt ihrer Erfassung) entspricht inhaltlich der im Rahmen des Bestandsvergleichs verwendeten Definition. § 4 Abs. 4 EStG definiert Betriebausgaben als "Aufwendungen, die durch den Betrieb veranlasst sind".

Ein wesentlicher Unterschied besteht jedoch bezüglich des Zeitpunkts ihrer Erfassung.
► **Sofort abzugsfähige Betriebsausgaben**
   Zu den sofort abzugsfähigen Betriebsausgaben zählen alle betrieblich veranlassten Ausgaben, die laufend anfallen, aber keine Anschaffungs- oder Herstellungskosten von

Wirtschaftsgütern des Anlagevermögens darstellen. Grundsätzlich kommt es allein auf den Zeitpunkt der tatsächlichen Zahlung an (§ 11 Abs. 1 S. 1 EStG), nicht auf die wirtschaftliche Zugehörigkeit zu einer bestimmten Rechnungsperiode.

Für regelmäßig wiederkehrende Ausgaben ist die Sonderregelung des § 11 Abs. 2 S. 2 i.V.m. Abs. 1 S. 2 EStG zu beachten. Vorauszahlungen für eine Nutzungsüberlassung für einen Zeitraum von mehr als fünf Jahren müssen dem Wirtschaftsjahr, zu dem sie wirtschaftlich gehören, zugerechnet werden (§ 11 Abs. 2 S. 3 EStG). Diese Regelung gilt nicht für ein Damnum.

▶ **Erwerb von abnutzbaren Wirtschaftsgütern des Anlagevermögens**
Für den Erwerb von abnutzbaren Wirtschaftsgütern des Anlagevermögens enthält § 4 Abs. 3 S. 3 EStG eine Abweichung vom Zufluss-/Abflussprinzip des § 11 EStG. Abnutzbare Wirtschaftsgüter des Anlagevermögens werden bei der EÜR genauso behandelt wie bei der Gewinnermittlung durch Bestandsvergleich.

▶ **Erwerb von nicht abnutzbaren Wirtschaftsgütern des Anlagevermögens**
Auch bei diesen Wirtschaftsgütern ist das Zufluss-/Abflussprinzip des § 11 EStG durchbrochen. Nach § 4 Abs. 3 S. 4 EStG in der Fassung des "Gesetzes zur Eindämmung missbräuchlicher Steuergestaltungen" vom 28.04.2006 dürfen die Anschaffungs- bzw. Herstellungskosten für nicht abnutzbare Wirtschaftsgüter des Anlagevermögens mit Wirkung ab dem 06.05.2006 erst im Zeitpunkt des Zuflusses des Veräußerungserlöses oder bei Entnahme im Zeitpunkt der Entnahme als Betriebsausgaben berücksichtigt werden.

- **Erwerb von Wirtschaftsgütern des Umlaufvermögens**
  Auch für Anteile an Kapitalgesellschaften, Wertpapiere und vergleichbare nicht verbriefte Forderungen und Rechte, Grund und Boden sowie Gebäude des Umlaufvermögens gilt § 4 Abs. 3 S. 4 EStG in der Fassung des "Gesetzes zur Eindämmung missbräuchlicher Steuergestaltungen" vom 28.04.2006.
- **Teilwertabschreibungen** gem. § 6 Abs. 1 Nr. 1 S. 2, Nr. 2 S. 2 EStG sind unzulässig (h.M.), **Abschreibungen** gem. § 7 Abs. 1 S. 7 EStG sind zulässig.

4. Aufzeichnungspflichten

Der Steuerpflichtige trägt die objektive Beweislast (Feststellungslast) für das Entstehen und die Höhe seiner Betriebsausgaben. Ist die betriebliche Veranlassung nicht nachgewiesen, wird das Finanzamt in der Regel einen Betriebsausgabenabzug versagen; ist nur die Höhe nicht nachgewiesen, hat das Finanzamt die wahrscheinlich angefallenen Aufwendungen zu schätzen (§ 162 AO).

Der Steuerpflichtige hat folgende Verzeichnisse über die zu seinem Betriebsvermögen gehörigen Wirtschaftsgüter zu führen:
- **Anlagenverzeichnis**
  Nicht abnutzbare Wirtschaftsgüter des Anlagevermögens sind in ein Anlagenverzeichnis aufzunehmen. Seit dem 06.05.2006 sind ferner bestimmte Wirtschaftsgüter des Umlaufvermögens (§ 4 Abs. 3 Satz 4 EStG) in dieses Verzeichnis aufzunehmen (§ 4 Abs. 3 Satz 5 EStG).
- **Verzeichnis der nicht oder beschränkt abziehbaren Aufwendungen**
  Nicht oder beschränkt abziehbare Aufwendungen sind

einzeln und getrennt von den sonstigen Betriebsausgaben aufzuzeichnen (§ 4 Abs. 7 EStG).
- **Verzeichnis geringwertiger Wirtschaftsgüter**
Geringwertige Wirtschaftsgüter sind in einem besonderen Verzeichnis zu führen (§ 6 Abs. 2 Satz 4 EStG; hiervon ausgenommen sind Wirtschaftsgüter mit Anschaffungskosten bis € 60 gemäß EStR 6.13), ebenso veräußerte Wirtschaftsgüter, für die die Vergünstigung des § 6c EStG in Anspruch genommen wird, oder Wirtschaftsgüter, die in fallenden Jahresbeträgen oder über eine erhöhte oder eine Sonder-AfA abgeschrieben werden sollen (§ 7 Abs. 2 S. 4 EStG i. V. mit § 7a Abs. 8 EStG).
- **Diese Verzeichnisse sollten folgenden Inhalt haben:**
Bezeichnung des Wirtschaftsguts, Datum der Anschaffung oder Herstellung, Höhe der Anschaffungs- und Herstellungskosten, ggf. Nutzungsdauer, AfA-Satz, AfA-Betrag, Restwert zum Jahresende, Tag des Ausscheidens.

Vertiefungshinweis: Bodo Ebber - Einnahme-Überschussrechnung - NWB DokID JAAAB-14429

V. Wechsel der Gewinnermittlungsmethode

1. Wechsel zum Betriebsvermögensvergleich

- Ein Wechsel zur Gewinnermittlung durch Betriebsvermögensvergleich kann Folge der Begründung einer entsprechenden rechtlichen Verpflichtung sein oder aber freiwillig erfolgen.
- Der Wechsel macht die (rechtzeitige) Aufstellung einer (Übergangs-)Bilanz auf den Beginn des Wirtschaftsjahres erforderlich, für das erstmals der Gewinn durch Betriebsvermögensvergleich ermittelt werden soll.

- Ein Übergangsgewinn kann sich nur ergeben, soweit bei der Gewinnermittlung nach Durchschnittssätzen Teilgewinne nach den Grundsätzen der Einnahmen-Überschussrechnung ermittelt worden sind.

2. Wechsel zur Einnahmen-Überschussrechnung

- Besteht keine Verpflichtung zur Gewinnermittlung durch Betriebsvermögensvergleich und muss der Gewinn auch nicht nach Durchschnittssätzen ermittelt werden, kann mit Wirkung auf den Beginn eines Gewinnermittlungszeitraums zur Einnahmen-Überschussrechnung gewechselt werden.
- Da die Gewinnermittlung nach Durchschnittssätzen der Gewinnermittlung durch Betriebsvermögensvergleich nach § 4 Abs. 1 EStG gleichsteht, sind in Folge des Wechsels der Gewinnermittlungsart die gleichen Hinzu- und Abrechnungen erforderlich wie bei einem Wechsel vom Betriebsvermögensvergleich zur Einnahmen-Überschussrechnung.

Vertiefungshinweis: Bodo Ebber - Gewinnermittlungsarten - NWB DokID UAAAB-14434

D. Betriebsvermögen

Eine gesetzliche Definition fehlt. Nach der begrifflichen Auslegung ist unter Betriebsvermögen die Summe aller aktiven und passiven Wirtschaftsgüter zu verstehen, die zur Ausübung der betrieblichen Tätigkeit eingesetzt werden. Die Wirtschaftsgüter müssen zumindest in einem gewissen objektiven Zusammenhang mit dem Betrieb stehen und ihn zu fördern bestimmt und geeignet sein. Dabei ist das Betriebsvermögen vom Privatvermögen abzugrenzen, also von den Wirtschaftsgütern, die nicht betrieblichen Zwecken dienen. Neben dem erforderlichen sachlichen Zusammenhang mit dem Betrieb müssen die Wirtschaftsgüter dem Unternehmer auch persönlich zuzurechnen sein. Ob ein Wirtschaftgut zum notwendigen oder gewillkürten Betriebsvermögen gehört, hängt von der Nutzung und betrieblichen Zweckbestimmung ab.

Vertiefungshinweis: *Uwe Ritzkat - Betriebsvermögen - NWB DokID BAAAB-14222*

I. Wirtschaftsgüter

Obwohl das Steuerrecht den Begriff des "Wirtschaftsgutes" ständig gebraucht und voraussetzt (z.B. in §§ 4, 5, 6, 7 ff. EStG), fehlt es an einer gesetzlichen Definition. Das Handelsrecht benutzt in den §§ 252 ff. HGB den inhaltsgleichen Begriff des Vermögensgegenstandes, ebenfalls ohne gesetzliche Definition.

Somit hat die Rechtsprechung in verschiedenen Entscheidungen bestimmte Merkmale für die Annahme eines Wirtschaftgutes aufgestellt. Danach sind Wirtschaftgüter Sachen, Rechte, rechtliche und tatsächliche Zustände, konkrete Möglichkeiten und sonstige Vorteile, die sich der Betriebsinhaber etwas kosten lässt, die nach der Verkehrsanschauung einer selbständigen Bewertung und Verkehrsfähigkeit zugänglich sind und die einen Nutzen für die Zukunft versprechen. Wirtschaftsgüter sind alle im wirtschaftlichen Verkehr nach der Verkehrsauffassung selbständig bewertbaren und bilanzierungsfähigen Güter, die in irgendeiner Form dem Betrieb dienen.

Vertiefungshinweis: *Uwe Ritzkat - Wirtschaftsgut - NWB DokID FAAAB-14465*

II. Zurechnung der Wirtschaftsgüter

Für die Erfassung als Betriebsvermögen muss das Wirtschaftsgut dem Betriebsinhaber persönlich zuzurechnen sein. Das ist zu bejahen bei
- zivilrechtlichem Eigentum oder
- wirtschaftlichem Eigentum.

Wirtschaftsgüter, die aufgrund eines Miet- oder Pachtvertrages oder eines Nießbrauchrechts betrieblich genutzt werden, begründen regelmäßig kein wirtschaftliches Eigentum.

Der Anteil eines fremden Miteigentümers gehört nicht zum Betriebsvermögen.

Vertiefungshinweis: *Uwe Ritzkat - Betriebsvermögen - NWB DokID BAAAB-14222*

III. Ansatzvorschriften (Aktivierung und Passivierung)

Die bei der Bewertung der im handelsrechtlichen Jahresabschluss ausgewiesenen Vermögensgegenstände und Schulden zu beachtenden Vorschriften ergeben sich aus den nachfolgend bezeichneten Vorschriften
- Allgemeine Bewertungsgrundsätze - § 252 HGB,
- Wertansätze der Vermögengenstände und Schulden - § 232 HGB,
- Steuerrechtliche Abschreibungen - § 254 HGB,
- Anschaffungs- und Herstellungskosten - § 255 HGB,
- Bewertungsvereinfachungsverfahren - § 256 HGB.

Buchführende Gewerbetreibende haben in der Steuerbilanz das Betriebsvermögen anzusetzen, das nach den handelsrechtlichen Grundsätzen ordnungsmäßiger Buchführung auszuweisen ist. Dabei sind die Vorschriften des EStG über die Bewertung und über die Absetzung für Abnutzung oder Substanzverringerung zu befolgen. Die handelsrechtlichen Bewertungsvorschriften sind insoweit maßgebend, als steuerrechtliche Vorschriften nicht entgegenstehen Die allgemeinen Bewertungsvorschriften des BewG gelten im Rahmen der steuerlichen Gewinnermittlung nur dann und insoweit als der Gesetzgeber mit den steuerlichen Gewinnermittlungsvorschriften keine abweichenden Regelungen getroffen hat.

Vertiefungshinweis: *Dieter Grützner - Bewertungsvorschriften - NWB DokID QAAAC-28594*

IV. Betriebsvermögen bei Einzelunternehmern

1. Notwendiges Betriebsvermögen

Zum notwendigen Betriebsvermögen gehören alle Wirtschaftsgüter, die ausschließlich und unmittelbar für eigenbetriebliche Zwecke genutzt werden oder dazu bestimmt sind; einzelne Beispiele für notwendiges Betriebsvermögen finden sich in H 4.2 (1) EStH

Eine ausschließliche und unmittelbare Nutzung zu eigenbetrieblichen Zwecken liegt bei Wirtschaftsgütern vor, die nach ihrer Art für die Führung eines Betriebs wesentlich oder unentbehrlich sind.

Dabei ist auf die konkrete Funktion im Betrieb und die tatsächliche Zweckbestimmung abzustellen.

Ob die Voraussetzungen für notwendiges Betriebsvermögen gegeben sind, ist anhand von objektiven Kriterien festzustellen.

2. Notwendiges Privatvermögen

Zum notwendigen Privatvermögen gehören alle Wirtschaftsgüter, die weder notwendiges noch gewillkürtes Betriebsvermögen darstellen und die ausschließlich privaten Zwecken dienen (z.B. Hausrat, Möbel, Kleidung).

3. Gewillkürtes Betriebsvermögen

Wirtschaftsgüter, die in einem gewissen objektiven Zusammenhang mit dem Betrieb stehen und ihn zu fördern bestimmt und geeignet sind, können als (gewillkürtes) Betriebsvermögen behandelt werden. Hierunter fallen insbesondere solche Wirtschaftsgüter, deren Zugehörigkeit zum Betriebsvermögen nicht bereits aufgrund ihrer Nutzung oder Zweckbestimmung erkennbar ist.
Es muss in jedem Fall ein (gegenüber dem notwendigen Betriebsvermögen abgeschwächter) betrieblicher Zusammenhang bestehen. Ohne einen solchen betrieblichen Funktionszusammenhang und ohne Beziehung zur betrieblichen Tätigkeit ist (gewillkürtes) Betriebsvermögen zu verneinen.

Zum gewillkürten Betriebsvermögen gehören vor allem sog. neutrale Wirtschaftsgüter, die aufgrund ihrer Funktion keine eindeutige Beziehung zum notwendigen Betriebs- und Privatvermögen erkennen lassen (z.B. Beteiligungen, Wertpapiere, Kapitalausstattung).

4. Gemischt genutzte Wirtschaftsgüter

Werden Wirtschaftsgüter teils betrieblich und teils privat genutzt, ist für die Zuordnung zum Betriebsvermögen oder Privatvermögen zwischen beweglichen und unbeweglichen Wirtschaftsgütern zu unterscheiden.

a) Bewegliche Wirtschaftsgüter

Bewegliche Wirtschaftsgüter können nur in vollem Umfang Betriebs- oder in vollem Umfang Privatvermögen sein; eine Aufteilung des Wirtschaftsgutes in einen betrieblichen und privaten Teil z.B. entsprechend der Nutzung ist nicht möglich.

Beträgt der betriebliche Nutzungsanteil mehr als 50 v.H., liegt in vollem Umfang notwendiges Betriebsvermögen vor.Beträgt die private Nutzung mehr als 90 v.H., ist in vollem Umfang notwendiges Privatvermögen gegeben.

Wirtschaftsgüter, die zu mindestens 10 v.H., aber nicht mehr als 50 v.H. betrieblich genutzt werden, können in vollem Umfang als gewillkürtes Betriebsvermögen ausgewiesen werden.

b) Unbewegliche Wirtschaftsgüter

Unbewegliche Wirtschaftsgüter wie z.B. Gebäude und Grund und Boden sind entsprechend ihrer eigenbetrieblichen oder fremdbetrieblichen Nutzung oder der Nutzung zu eigenen oder fremden Wohnzwecken in mehrere Wirtschaftsgüter aufzuteilen und dementsprechend dem Betriebs- oder Privatvermögen zuzuordnen.

Aufgrund der vier verschiedenen Nutzungs- und Funktionszusammenhänge (teils eigenbetrieblich, teils fremdbetrieblich, teils zu eigenen und teils zu fremden Wohnzwecken) ist jeder unterschiedlich genutzte Gebäudeteil ein eigenes, besonderes Wirtschaftsgut.

Vertiefungshinweis: *Uwe Ritzkat - Betriebsvermögen - NWB DokID BAAAB-14222*

V. Entnahmen und Einlagen

1. Entnahmen

Entnahmen sind gem. § 4 Abs. 1 S. 2 EStG alle Wirtschaftsgüter (Barentnahmen, Waren, Erzeugnisse, Nutzungen und Leistungen), die der Steuerpflichtige dem Betrieb für sich, für seinen Haushalt oder für andere betriebsfremde Zwecke im Laufe des Wirtschaftsjahres entnommen hat, kurz: alle Wertabgaben aus dem Betrieb für außerbetriebliche Zwecke.

Vertiefungshinweis: *Uwe Ritzkat - Entnahmen - NWB DokID UAAAA-88430*

2. Einlagen

Einlagen sind gem. § 4 Abs. 1 S. 5 EStG alle Wirtschaftsgüter (Bareinzahlungen und sonstige Wirtschaftsgüter), die der Steuerpflichtige dem Betrieb im Laufe des Wirtschaftsjahres zugeführt hat, kurz: alle Werterhöhungen des Betriebsvermögens durch außerbetriebliche Mittel.

Vertiefungshinweis: *Uwe Ritzkat - Einlagen - NWB DokID MAAAB-04799*

E. Allgemeine Bewertungsgrundsätze

I. Going-concern-Prinzip

Bei der Bewertung in der Schlussbilanz eines Geschäftsjahres ist von der Fortführung des Unternehmens auszugehen (§ 252 Abs. 1 Nr. 2 HGB). Für das Steuerrecht ergibt sich ein entsprechender Grundsatz aus dem Begriff des Teilwerts.

II. Stichtagsprinzip

Die Vermögensgegenstände und Schulden sind zum Abschlussstichtag zu bewerten (§ 252 Abs. 1 Nr. 3 u. 4 HGB).

III. Einzelbewertung

1. Grundsatz

Die Vermögensgegenstände und Schulden sind einzeln zu bewerten (§ 252 Abs. 1 Nr. 3 HGB).

2. Ausnahmen

a) Sammelbewertung

Soweit es den GoB entspricht, kann für den Wertansatz von gleichartigen (zumindest aber funktionsgleichen) Vorratsgütern eine bestimmte Reihenfolge der Anschaffung/Herstellung oder Veräußerung/Verbrauch unterstellt werden (Fiktion).

Zulässige Verfahren:
- **Durchschnittsmethode**
  Aus Anfangsbestand und Zugängen während des Geschäftsjahres wird ein gewogener Durchschnittspreis gebildet, mit dem sowohl Abgänge als auch Endbestand bewertet werden.
- **Lifo** (=last in - first out)
  Es wird unterstellt, dass die zuletzt beschafften Waren oder Bestände als erste die Unternehmung wieder verlassen.
- **Fifo** (=first in - first out)
  Unterstellt wird, dass die jeweils ältesten Bestände zuerst verbraucht oder veräußert werden.
- **Hifo** (=highest in - first out)
  Unterstellt wird, dass die zu den höchsten Preisen erworbenen Vorratsgüter zuerst verbraucht werden.

Während die beiden letztgenannten Verfahren in der Praxis wenig verbreitet sind, sind die Durchschnittsmethode und das Lifo-Verfahren - auch aufgrund der steuerlichen Anerkennung - sehr praxisrelevant.

Andere Sammelbewertungsverfahren sind in der Steuerbilanz unzulässig, vgl. R 6.9 EStR.

b) Festbewertung

Festwerte sind - auch steuerlich - u.a. erlaubt bei Roh-, Hilfs- und Betriebsstoffen (§§ 240 Abs. 3 HG B, 256 S. 2 HGB), wenn die Stoffe:
- regelmäßig ersetzt werden,
- ihr Gesamtwert von nachrangiger Bedeutung ist (durchschnittl. Gesamtwert in den letzten 5 Jahren < 10 v.H. der Bilanzsumme) und
- der Bestand in Größe, Wert und Zusammensetzung nur gering schwankt.

Alle drei Jahre ist in der Regel eine körperliche Bestandsaufnahme vorzunehmen. Bei Feststellung von Mehrmengen ist eine Festwertänderung nötig, wenn der ermittelte Wert den alten Festwert um mehr als 10 v.H. übersteigt. Bei Mindermengen ist stets eine Anpassung vorzunehmen.

c) Gruppenbewertung

Bei gleichartigen Vorratsgütern kann gemäß §§ 240 Abs. 4, 256 S.2 HGB eine Zusammenfassung zu Gruppen und deren Bewertung mit dem gewogenen Durchschnittspreis vorgenommen werden.

Gleichartigkeit wird konkretisiert durch:
- Zugehörigkeit zur gleichen Warengattungen und annähernde Preisgleichheit (=< 20 v.H.) oder
- Funktionsgleichheit und annähernde Preisgleichheit.

Das Steuerrecht erkennt die Gruppenbewertung ebenfalls als zulässig an.

d) Retrograde Wertermittlung

Im Handel beispielsweise ist es zulässig, zur Feststellung der Anschaffungskosten vom Verkaufspreis auszugehen. Dieser ist um den für jede Warengruppe einheitlichen Rohgewinnaufschlag bzw. Vertriebskosten zu kürzen. Die so ermittelten Anschaffungskosten sind noch um erhaltene Preisnachlässe zu verringern.

Vertiefungshinweis: Clemens Willeke - Bestandsbewertung - NWB DokID BAAAC-31417

IV. Prinzip der Vorsicht

Es ist vorsichtig zu bewerten, namentlich sind alle vorhersehbaren Risiken und Verluste zu berücksichtigen, die bis zum Stichtag entstanden sind, auch soweit sie erst nach dem Abschlussstichtag aber vor der Bilanzaufstellung bekannt werden (§ 252 Abs. 1 Nr. 4 HGB).

V. Wertaufhellungsprinzip

Das Wertaufhellungsprinzip ist Ausfluss des Stichtagsprinzips und des Vorsichtsprinzips. Danach sind alle besseren Erkenntnisse über die Verhältnisse am Bilanzstichtag zu berücksichtigen, soweit sie dem Bilanzierenden in der Zeit zwischen dem

Bilanzstichtag und dem Tag der Bilanzerstellung bekannt geworden sind (§ 252 Abs. 1 Nr. 4 HGB).

VI. Realisationsprinzip

Gewinne dürfen nur ausgewiesen werden, wenn sie am Abschlussstichtag realisiert sind (§ 252 Abs. 1 Nr. 4 HGB). Dieser Grundsatz gilt auch für die Steuerbilanz.

VII. Imparitätsprinzip

Das Imparitätsprinzip (Prinzip der ungleichen Behandlung von Gewinnen und Verlusten) besagt, dass alle bis zum Abschlussstichtag vorhersehbaren (aber noch nicht realisierten) Risiken und Verluste zu berücksichtigen sind (§ 252 Abs. 1 Nr. 4 HGB).

VIII. Niederstwertprinzip

1. Gemäßigtes Niederstwertprinzip

Vermögensgegenstände des Anlagevermögens sind am Bilanzstichtag mit dem niedrigeren Wert auszuweisen, wenn die Wertminderung voraussichtlich von Dauer ist. Eine außerplanmäßige Abschreibung ist nicht erforderlich, wenn die Wertminderung nur vorübergehend ist (§ 253 Abs. 2 S. 3 HGB).

2. Strenges Niederstwertprinzip

Vermögensgegenstände des Umlaufvermögens sind auf ihren beizulegenden Wert abzuschreiben, wenn dieser niedriger ist als der Börsen- oder Marktpreis (§ 253 Abs. 3 S. 1 u. 2 HGB).

IX. Höchstwertprinzip

Verbindlichkeiten sind immer mit dem jeweils höchsten zulässigen Wert auszuweisen.

X. Grundsatz der Periodenabgrenzung

Der Grundsatz der Periodenabgrenzung (Accrual Concept oder Grundsatz der Pagatorik) besagt, dass Aufwendungen und Erträge des Geschäftsjahres unabhängig vom Zeitpunkt der Zahlung im Abschluss zu berücksichtigen sind (§ 252 Abs. 1 Nr. 5 HGB).

XI. Grundsatz der Bewertungsstetigkeit

Der Grundsatz der Bewertungsstetigkeit verlangt, dass die auf den vorhergehenden Jahresabschluss angewandten Bewertungsmethoden beibehalten werden (§ 252 Abs. 1 Nr. 6 HGB). Dieser Grundsatz gilt nicht, soweit zwingend von dem bisher maßgebenden Bewertungsmaßstab abgewichen werden muss oder Ansatzwahlrechte bestehen.

XII. Nominalwertprinzip

Das Nominalwertprinzip folgt aus der Verpflichtung, den Jahresabschluss in Euro aufzustellen. Inflationsbedingte Anpassungen der Anschaffungs- oder Herstellungskosten sind nicht möglich. Die historischen Anschaffungs- oder Herstellungskosten bilden den höchstzulässigen Wertansatz.

Vertiefungshinweis: *Dieter Grützner - Bewertungsvorschriften - NWB DokID QAAAC-28594, Jochen Langenbeck - Grundsätze ordnungsmäßiger Buchführung und Bilanzierung - NWB DokID RAAAB-73650*

F. Bewertung
I. Bewertungsmaßstäbe
1. Anschaffungskosten

Anschaffungskosten sind gem. § 255 Abs. 1 HGB die Aufwendungen, die geleistet werden, um einen Vermögensgegenstand zu erwerben und ihn in einen betriebsbereiten Zustand zu versetzen, soweit sie dem Vermögensgegenstand einzeln zugeordnet werden können. Dazu gehören nach der gesetzlichen Definition, die aufgrund des Maßgeblichkeitsprinzips auch im Steuerrecht gilt, auch Nebenkosten sowie nachträgliche Anschaffungskosten, abzgl. Anschaffungspreisminderungen.

Vertiefungshinweis: *Uwe Ritzkat - Anschaffungskosten - NWB DokID LAAAA-41692*

2. Herstellungskosten

Herstellungskosten sind gem. § 255 Abs. 2 HGB die Aufwendungen, die durch den Verbrauch von Gütern und die Inanspruchnahme von Diensten für die Herstellung eines Vermögensgegenstandes, seine Erweiterung oder für eine über seinen ursprünglichen Zustand hinausgehende wesentliche Verbesserung entstehen. Hierzu gehören u.a. die im Gesetz einzeln aufgezählten Kostenbestandteile. Diese Begriffsbestimmung gilt mit Abweichungen bei der Einbeziehung von Material- und Fertigungsgemeinkosten sowie dem Wertverzehr des Anlagevermögens (Einbeziehungspflicht) so auch im Steuerrecht.

a) Grundsätzliche Ermittlung

Die Herstellungskosten setzen sich aus folgenden Kostenbestandteilen zusammen:

- **Einzelkosten** (betreffen aufgrund direkter Zuordnung einzelne Endprodukte): Materialkosten, Fertigungskosten, Sonderkosten der Fertigung
- **Gemeinkosten** (betreffen eine Gesamtheit von Aufträgen oder den gesamten Betrieb): angemessene Teile der notwendigen Material- und Fertigungsgemeinkosten, Wertverzehr des Anlagevermögens
- **Sonstige Kosten** für allgemeine Verwaltung, soziale Einrichtungen, freiwillige soziale Leistungen, betriebliche Altersversorgung, Zinsen für Fremdkapital

Grundsätzlich identische Aktivierungspflichten und -wahlrechte dieser Kostenbestandteile im Handels- und Steuerrecht (Einzelkosten: Aktivierungspflicht, sonstige Kosten: Wahlrecht); Ausnahme: Gemeinkosten (Aktivierungswahlrecht im Handelsrecht, Aktivierungspflicht im Steuerrecht).

Die aktivierungspflichtigen Kostenbestandteile bilden die Wertuntergrenze, ergänzt um die Wahlbestandteile ergibt sich die Wertobergrenze der Herstellungskosten.

Vertiefungshinweis: *Uwe Ritzkat - Herstellungskosten - NWB DokID HAAAB-05670*

b) Erhaltungsaufwendungen und Herstellungskosten
Erhaltungs- und Modernisierungsaufwendungen führen in folgenden Fällen zu Herstellungskosten:
- Originäre bzw. erstmalige Herstellung eines Gebäudes.
- Im Zusammenhang mit Maßnahmen an einem bestehenden Gebäude entstehen Aufwendungen, die zu einer Neu-

herstellung eines Gebäudes / Gebäudeteils führen, z.B. indem ein bautechnisch neues Gebäude entsteht, eine Verschachtelung mit einem bestehenden Gebäude herbeigeführt wird oder ein unbrauchbar gewordenes Gebäude (Vollverschleiß) neu hergerichtet wird.
- Durch die Aufwendungen entsteht infolge Umbaus ein anderes Wirtschaftsgut.
- Erweiterung eines Gebäudes, z.B. bei Aufstockung oder Anbau, (auch nur geringfügiger) Vergrößerung der nutzbaren Fläche, Vermehrung der Substanz durch Vermehrung der räumlichen Substanz oder den nachträglichen Einbau bisher nicht vorhandener Bestandteile.
- Die Maßnahmen führen zu einer über den bisherigen Zustand hinausgehenden wesentlichen Verbesserung. Eine wesentliche Verbesserung ist anzunehmen, wenn die Erhaltungs- und Modernisierungsaufwendungen über eine zeitgemäße und substanzerhaltende Maßnahme hinausgehen, den Gebrauchswert deutlich erhöhen oder eine für die Zukunft erweiterte Nutzungsmöglichkeit schaffen.

Herstellungskosten können jedoch als Erhaltungsaufwendungen behandelt werden, wenn die Aufwendungen für die einzelne Baumaßnahme 4 000 € nicht übersteigen.

Vertiefungshinweis: *Bernd Langenkämper - Erhaltungsaufwand/Modernisierungsaufwand - NWB DokID YAAAB-05660*

3. Teilwert

Teilwert ist der Betrag, den ein Erwerber des ganzen Betriebes im Rahmen des Gesamtkaufpreises für das einzelne Wirtschaftsgut ansetzen würde; dabei ist davon auszugehen, dass der Erwerber den Betrieb fortführt.

Die Ermittlung des Teilwertes ist nur durch Schätzung nach den Verhältnissen im Einzelfall möglich; er ist ein objektiver Wert, bestimmt von der Marktlage am Bilanzstichtag.

Der Teilwert kann nicht höher als seine gewöhnlichen Wiederbeschaffungskosten (Bewertungsobergrenze) sein, bei Unternehmern mit Vorsteuerabzugsberechtigung jedoch ohne Umsatzsteuer, aber zzgl. Erwerbsnebenkosten.

Als Bewertungsuntergrenze gilt der Einzelveräußerungspreis, ohne Umsatzsteuer und vermindert um die Veräußerungskosten.

Vertiefungshinweis: *Uwe Ritzkat - Teilwertabschreibung - NWB DokID QAAAB-14457*

II. Die Bewertung einzelner Wirtschaftsgüter und Vorgänge

1. Wirtschaftsgüter der Aktivseite der Bilanz

Vermögensgegenstände sind nach § 253 Abs. 1 S. 1 HGB höchstens mit den Anschaffungskosten oder den Herstellungskosten anzusetzen. Bei Vermögensgegenständen des abnutzbaren Anlagevermögens sind darauf planmäßige Abschreibungen vorzunehmen. Ferner kommen bei Vermögensgegenständen des Anlagevermögens außerplanmäßige Abschreibungen auf den niedrigeren Wert in Betracht, der ihnen am Bilanzstichtag beizulegen ist. Diese Abschreibungen sind bei einer voraussichtlich dauernden Wertminderung zwingend. Vermögensgegenstände des Umlaufvermögens sind mit dem niedrigeren Börsen- oder Marktpreis anzusetzen. Die sich danach ergebenden niedrigeren Wertansätze können nach § 253 Abs. 5 HGB vorbehaltlich des § 280 HGB beibehalten werden.

Steuerrechtlich erfolgt die Bewertung der Wirtschaftsgüter des Anlagevermögens mit den Anschaffungskosten oder den Herstellungskosten nach Berücksichtigung etwaiger steuerlicher Bewertungsfreiheiten, bei voraussichtlich dauernder Wertminderung mit dem niedrigeren Teilwert; nach einer Teilwertabschreibung besteht ein zwingendes Wertaufholungsgebot. Die abnutzbaren Wirtschaftsgüter des Anlagevermögens sind um die AfA, ggf. um Sonderabschreibungen und erhöhte Absetzungen zu vermindern.

Von den handelsrechtlichen Bewertungsvorschriften abweichende, nach Steuerrecht zulässige niedrigere Ansätze sind zulässig und dürfen beibehalten werden (§ 254 HGB).

2. Wirtschaftsgüter der Passivseite der Bilanz

Verbindlichkeiten sind mit ihrem Rückzahlungsbetrag, Rentenverpflichtungen mit ihrem Barwert, Rückstellungen in Höhe des Betrags anzusetzen, der nach vernünftiger kaufmännischer Beurteilung notwendig ist.

Steuerrechtlich erfolgt die Bewertung von Verbindlichkeiten in sinngemäßer Anwendung der für Wirtschaftsgüter des Umlaufvermögens und der nicht abnutzbaren Wirtschaftsgüter des Anlagevermögens geltenden Grundsätze mit der Maßgabe, dass bei Unverzinslichkeit und einer Laufzeit von mindestens zwölf Monaten eine Abzinsung zu erfolgen hat. Schließlich sind bei der Bewertung von Rückstellungen im Allgemein und Pensionsrückstellungen im Speziellen weitergehende Besonderheiten (§ 6 Abs. 1 Nr. 3a, § 6a EStG) zu beachten.

3. Entnahmen

Entnahmen sind im Regelfall mit dem Teilwert zu bewerten. Besonderheiten ergeben sich bei den Entnahmen i.S. des § 4 Abs. 1 Satz 3 EStG, der Überführung von Wirtschaftsgütern in das Ausland und der sich dadurch ergebenden Beeinträchtigung des inländischen Besteuerungsrechts an den stillen Reserven sowie bei der Entnahme von Nutzungen einschl. der privaten Kfz-Nutzung.

4. Einlagen

Einlagen in den laufenden Betrieb sowie bei dessen Eröffnung sind im Regelfall mit dem Teilwert zu bewerten. Besonderheiten ergeben sich bei den Einlagen i.S. des § 4 Abs. 1 Satz 7 zweiter Halbsatz EStG, der Überführung von Wirtschaftsgütern aus dem Ausland in das Inland.

Vertiefungshinweis: *Dieter Grützner - Bewertungsvorschriften - NWB DokID QAAAC-28594*

III. Besondere Bewertungsvorschriften

1. Bewertungsfreiheit geringwertiger Wirtschaftsgüter

Unter "Geringwertigen Wirtschaftsgütern" oder "geringwertigen Anlagegütern" sind abnutzbare bewegliche Wirtschaftsgüter des Anlagevermögens zu verstehen, die einer selbständigen Nutzung fähig und deren Anschaffungs- oder Herstellungskosten bzw. an deren Stelle tretender Wert vermindert um einen darin enthaltenen Vorsteuerbetrag 150 Euro (bis zum 31.12.2007: 410 Euro) nicht übersteigen. Für solche Wirtschaftsgüter sind die Anschaffungs- oder Herstellungskosten anstelle der üblichen Verteilung über die Nutzungsdauer (AfA) sofort im Jahr der Anschaffung oder Herstellung in voller Höhe als Betriebsausgaben abzuziehen.

Daneben wurde ab 01.01.2008 durch das Unternehmensteuerreformgesetz 2008 eine Regelung geschaffen, nach der bei Anschaffungs- oder Herstellungskosten über 150 Euro, aber nicht über 1000 Euro ein Sammelposten zu bilden ist, der über 5 Jahre gleichmäßig gewinnmindernd aufzulösen ist (Sammelposten).

Vertiefungshinweis: *Uwe Ritzkat - Geringwertige Wirtschaftsgüter - NWB DokID QAAAB-04818*

2. Steuerfreie Rücklagen

Steuerlich ist die Bildung bestimmter steuerfreier Rücklagen zugelassen. Hierdurch wird ein Aufschub in der Gewinnrealisierung (Stundungseffekt) gewährt. Hierbei handelt es sich um
- die Rücklage für Investitionszuschüsse,
- die Rücklage für Ersatzbeschaffung und
- die Rücklage nach den §§ 6b und 6c EStG.

Handelsrechtlich ist dem entsprechend - wegen der so genannten umgekehrten Maßgeblichkeit - ein Sonderposten mit Rücklagenanteil zu bilanzieren.

a) Zuschussrücklage

Ein Zuschuss ist ein Vermögensvorteil, den ein Zuschussgeber zur Förderung eines - zumindest auch - in seinem Interesse liegenden Zwecks dem Zuschussempfänger zuwendet.

Der Zuschussempfänger hat ein Wahlrecht,
- den Zuschuss als Betriebseinnahme anzusetzen oder

- die Anschaffungs- oder Herstellungskosten der bezuschussten Anlagegüter erfolgsneutral nur mit den um den Zuschuss reduzierten Anschaffungs- oder Herstellungskosten zu bewerten.

b) Rücklage für Ersatzbeschaffung

Die Gewinnrealisierung durch Aufdeckung stiller Reserven kann bei Ersatzbeschaffung im selben Betrieb unter folgenden Voraussetzungen vermieden werden:
- ein Wirtschaftsgut des Aktivvermögens scheidet gegen Entschädigung aus dem Betriebsvermögen infolge höherer Gewalt oder infolge oder zur Vermeidung eines behördlichen Eingriffs aus;
- innerhalb einer bestimmten Frist wird ein funktionsgleiches Wirtschaftsgut bestellt, angeschafft oder hergestellt, auf das die aufgedeckten stillen Reserven übertragen werden, und
- in dem handelsrechtlichen Jahresabschluss wird entsprechend verfahren.

Vertiefungshinweis: *Bodo Ebber - Rücklagen - NWB DokID NAAAB-14565*

c) Rücklage gem. §§ 6b und 6c EStG

Um investitionshemmenden Effekte zu vermeiden, hat der Gesetzgeber unter bestimmten Voraussetzungen die Möglichkeit geschaffen, Gewinne aus der Veräußerung bestimmter Wirtschaftsgüter sofort oder nach Einstellung in eine steuerfreie Rücklage von den Anschaffungs- oder Herstellungskosten bestimmter Neuinvestitionen erfolgsneutral abzuziehen. Dadurch steht dem Steuerpflichtigen der Veräußerungserlös ungeschmälert für die Finanzierung der Neuinvestition zur Verfügung.

Durch diese Möglichkeit der erfolgsneutralen Übertragung aufgedeckter stiller Reserven wird deren Besteuerung zwar nicht vermieden, aber hinausgeschoben, so dass ein wirtschaftsfördernder Steuerstundungseffekt eintritt.

Vertiefungshinweis: *Uwe Ritzkat - Reinvestitionsvergünstigung § 6b EStG - NWB DokID RAAAB-14448*

3. Rückstellungen

a) Handelsrecht

Handelsrechtlich sind Rückstellungen
- nur in Höhe des Betrags anzusetzen, der nach vernünftiger kaufmännischer Beurteilung notwendig ist;
- dürfen Rückstellungen nur abgezinst werden, soweit die ihnen zugrunde liegenden Verbindlichkeiten einen Zinsanteil enthalten und
- darf ein Wertansatz nicht beibehalten werden, wenn die Gründe dafür am Bilanzstichtag nicht mehr bestehen.

b) Steuerrecht

Steuerrechtlich sind ungeachtet des Maßgeblichkeitsprinzips folgende Bewertungsvorbehalte zu beachten:
- Bei Rückstellungen für gleichartige Verpflichtungen ist die Wahrscheinlichkeit der Inanspruchnahme aus den Erfahrungen der Vergangenheit zu berücksichtigen.
- Sachleistungsverpflichtungen sind mit den Einzelkosten, zuzüglich angemessener Teile der notwendigen Gemein-

kosten zu bewerten.
- Künftige Vorteile, die mit der Erfüllung der Verpflichtung verbunden sein werden, sind wertmindernd zu berücksichtigen.
- Rückstellungen für Verpflichtungen, für deren Entstehen im wirtschaftlichen Sinne der laufende Betrieb ursächlich ist, sind zeitanteilig in gleichen Raten anzusammeln.
- Rückstellungen für Verpflichtungen, die voraussichtlich in nicht weniger als 12 Monaten zu erfüllen sind, sind mit einem Zinssatz von 5,5 v.H. abzuzinsen.
- Rückstellungen für Pensionsverpflichtungen dürfen höchstens mit dem Teilwert für Pensionsverpflichtungen angesetzt werden.

Vertiefungshinweis: *Bodo Ebber - Rückstellung - NWB DokID RAAAB-05697*

G. Abschreibungen
I. Begriff und Bedeutung

Aufgabe der Abschreibung ist es, die Aufwendungen (AK oder HK) für den Erwerb eines aktivierungspflichtigen Wirtschaftsgutes oder Vermögensgegenstandes, dessen Verwendung und Nutzung durch den Stpfl. sich erfahrungsgemäß auf einen Zeitraum von mehr als einem Jahr erstreckt, nach unterschiedlichen Methoden auf die Dauer der Nutzung zu verteilen, am häufigsten in Form der Absetzung für Abnutzung (AfA). Die Abschreibung soll dazu dienen, den Wertverzehr eines Wirtschaftsgutes periodengerecht als Aufwand zu verteilen. Die Abschreibung ist als Betriebsausgabe (Gewinneinkünfte) sofort abzugsfähig.

II. Abschreibungsfähige Wirtschaftsgüter

Bei den Gewinneinkunftsarten muss das Wirtschaftsgut zum Anlagevermögen gehören; bei Umlaufvermögen ist nur eine Teilwertabschreibung möglich.

Das Wirtschaftsgut muss abnutzbar sein: Abnutzbarkeit ist gegeben bei technischem, physischen Verschleiß durch Gebrauch, Minderung der Gebrauchsfähigkeit durch äußere Einflüsse oder wirtschaftlicher Veraltung oder Wertverzehr (z. B. Computer).

III. Abschreibungsberechtigung

- Abschreibungsberechtigt ist derjenige, der das Wirtschaftsgut zur Erzielung stpfl. Einnahmen einsetzt, den Tatbestand der Einkunftserzielung verwirklicht: i.d.R. der zivilrechtliche oder wirtschaftliche Eigentümer.
- Woher die Mittel stammen, ist unerheblich, wenn es sich um eigene, selbst getragene Aufwendungen des Eigentümers handelt.

IV. Bemessungsgrundlage

- Grds. die tatsächlichen Anschaffungs - oder Herstellungskosten.
- Sind keine Anschaffungs- oder Herstellungskosten angefallen, treten fiktive Werte / Hilfswerte an deren Stelle (z.B. bei Einlage oder Eröffnung eines Betriebes der Einlagewert, d.h. der Teilwert bzw. die im Privatbereich angefallenen und ggf. fortgeführten Anschaffungs- oder Herstellungskosten).
- Bei unentgeltlich erworbenen Wirtschaftsgütern, die nicht zu einem Betriebsvermögen gehören, bemisst sich die Abschreibung nach den AK / HK des Rechtsvorgängers.

- Bei nachträglichen AK / HK bei beweglichen Wirtschaftsgütern: Erhöhung des Buchwertes / Restwertes und Verteilung auf die Restnutzungsdauer.
- Besonderheiten bei AfA nach Einlagen, Entnahmen oder Nutzungsänderungen oder nach Übergang zur Buchführung (R 7.4 Abs. 10 EStR).
- Bei Gegenständen von großem Gewicht oder aus wertvollem Material (z.B. bei Schiffen) kann bei der Berechnung der Abschreibung ausnahmsweise der Schrottwert zu berücksichtigen sein: Abschreibung nur von der Differenz der Anschaffungs- oder Herstellungskosten und dem voraussichtlichen Restwert.

V. Nutzungsdauer

- Schätzung der betriebsgewöhnlichen (technischen oder wirtschaftlichen) Nutzungsdauer (Anhaltspunkt: AfA-Tabellen).
- Kürzere Nutzungsdauer möglich z.B. bei mehrschichtiger Nutzung eines Wirtschaftsgutes.
- Beginn der Abschreibung ab Anschaffung (Lieferung; Verfügungsmacht) bzw. Herstellung (Fertigstellung); Ingebrauchnahme oder Bezahlung unerheblich; ggf. zeitanteilig (pro rata temporis).
- Bei beweglichem Anlagevermögen galt aus Vereinfachungsgründen die sog. Halbjahres-AfA (Anschaffung / Herstellung im ersten Halbjahr, Ganzjahresabschreibung, im zweiten Halbjahr, halbe Jahresabschreibung): Diese Regelung ist mit dem Haushaltsbegleitgesetz 2004 ab 1.1.2004 abgeschafft worden (seither monatsgenaue Abschreibung).
- Ende der Abschreibung mit Verbrauch des Abschreibungsvolumens oder Ausscheiden des Wirtschaftsgutes.

VI. Abschreibungsmethoden

Die handelsrechtlich planmäßigen Abschreibungen entsprechen steuerlich der "normalen" AfA bzw. AfS. Die handelsrechtlich außerplanmäßigen Abschreibungen entsprechen steuerlich der AfaA, der Teilwertabschreibung und ggf. der Sonderabschreibung und erhöhten Absetzungen.

1. Absetzung für Abnutzung (AfA)

- lineare AfA (bei Gebäuden); daneben AfaA möglich
- AfA nach Leistung (bei stark schwankendem Verschleiß des Wirtschaftsgutes)
- degressive AfA; daneben AfaA nicht zulässig

  - nur für bewegliche Anlagegüter

  - Anwendung eines gleichbleibenden Prozentsatzes (bei Anschaffung, Herstellung bis zum 31.12.2005 (31.12.2007): höchstens das Doppelte (Dreifache) des linearen AfA-Satzes, bis zu 20 (30) v. H.) auf den jeweiligen Restwert (geometrisch-degressive AfA). Für 2008 angeschaffte oder hergestellte Wirtschaftsgüter entfällt diese Abschreibungsform.

2. Absetzung für außergewöhnliche technische oder wirtschaftliche Abnutzung (AfaA)

Bei außergewöhnlicher technischer oder wirtschaftlicher Abnutzung ist die AfaA neben der linearen AfA möglich, wenn die früher geschätzte Nutzungsdauer nicht mehr erreicht wird (bei unveränderter Nutzungsdauer kommt evtl. eine Teilwertabschreibung in Betracht).

3. Absetzung für Substanzverringerung (AfS)
- Absetzung für Substanzverringerung ist bei Verbrauch der Substanz z.B. durch Abbau von Bodenschätzen möglich, allerdings nicht bei selbstentdeckten Bodenschätzen (keine Aufwendungen).
- Wer den durch die Ausbeute eintretenden Substanzverlust zu tragen hat, kann die AfS geltend machen.
- Berechnung nach der Abbaumenge im Verhältnis zur Gesamtsubstanz bei Erwerb.

4. Sonderabschreibung / Erhöhte Abschreibung

a) Sonderabschreibung
Unter Sonderabschreibungen sind Abschreibungen zu verstehen, die neben der normalen Absetzung für Abnutzung unter Fördergesichtspunkten in Anspruch genommen werden können (Wahlrecht).

Aktuell sieht das Gesetz nur noch die Sonderabschreibung nach § 7g Abs.1 und 2 EStG (Förderung kleiner und mittlerer Unternehmen) vor. Daneben lässt die Finanzverwaltung auf der Grundlage des § 163 AO steuerliche Erleichterungen in einzelnen Katastrophenfällen zu.

b) Erhöhte Abschreibung
Erhöhte Abschreibungen in Bezug auf Gebäude, insb.:
- § 7c EStG (Schaffung neuer Mietwohnungen: gilt nur noch für vor dem 01.01.1996 fertig gestellte Wohnungen)
- § 7h EStG (Sanierungsgebiete, Entwicklungsbereiche); ab 01.01.2004 ist der AfA-Satz auf 9 v.H. für 8 Jahre und 7 v.H. für 4 Jahre gesenkt worden

- § 7i EStG (Baudenkmäler); ab 01.01.2004 ist der AfA-Satz auf 9 v.H. für 8 Jahre und 7 v.H. für 4 Jahre gesenkt worden
- § 7k EStG (Wohnungen mit Sozialbindung: gilt nur für vor dem 01.01.1996 fertig gestellte Wohnungen)

c) Gemeinsamkeiten / Unterschiede

- Gemeinsame Vorschriften für die Behandlung erhöhter Absetzungen und Sonderabschreibungen sind geregelt in § 7a EStG z.B. nachträgliche AK / HK (Erhöhung der ursprünglichen AK / HK), Anzahlungen, Kumulationsverbot mehrerer Abschreibungsvergünstigungen, mehrere Beteiligte, Verzeichnispflicht, AfA nach Ablauf des Begünstigungszeitraums.
- Sonderabschreibungen sind neben der normalen AfA möglich, erhöhte Abschreibungen treten an die Stelle der normalen AfA.

VII. Sonstiges

- Wechsel von der linearen zur degressiven AfA ist unzulässig, von der degressiven zur linearen möglich.
- Pflicht zur AfA; versehentlich unterlassene AfA kann nachgeholt werden.
- Neuberechnung der AfA (Restwert und Restnutzungsdauer) z.B. nach Teilwertabschreibung, Sonderabschreibung, nachträgliche AK / HK, Wechsel der AfA-Methode, nach Wertaufholung u.a.

Vertiefungshinweis: *Uwe Ritzkat - Abschreibung - NWB DokID DAAAB-04763*

Siebter Teil: Erbschaftsteuer

System und Inhalt des Erbschaftsteuergesetzes in aller Kürze

Berechnungshilfen zur Erbschaftsteuer

BewG (alle Tabellenwerte)
Von Steuerberater u. Dipl.-Kfm. Holger Gemballa
Fundstelle(n):NWB DokID: OAAAB-05500

Unter http://www.nwb.de finden Sie in dem kostenfreien Reformradar den aktuellen Verlauf der Diskussion und die Gesetzesentwürfe.

A. Erbschaftsteuerreform
I. Definition

Nach der Ende Januar 2007 bekannt gegebenen Entscheidung des BVerfG vom 07.11.2006 1 BvL 10/02 liegen die verfassungsrechtlichen Unzulänglichkeiten des jetzigen Erbschaft- und Schenkungsteuerrechts offen. Die Eckpunkte für die künftige Neuregelung sind durch das Gericht in dem oben genannten Beschluss vorgegeben worden. In einigen Punkten hat sich der Senat deutlich zurückgehalten und damit dem Gesetzgeber Spielräume für eine mögliche Umsetzung eröffnet.

Entscheidende Erkenntnis ist die erforderliche Trennung zwischen Bewertungsebene und Verschonungsregelungen. So verlangt der Gleichheitssatz, dass in einem ersten Schritt eine Bewertung anfallenden Vermögens erfolgt, die die Werte in ihrer Relation realitätsgerecht abbildet. Damit ist insbesondere eine verkehrswertnähere Bewertung von Immobilien- und Betriebsvermögen verbunden. In einer zweiten Stufe kann der Gesetzgeber steuerliche Lenkungsziele durch

Belastungs- oder Verschonungsregelungen verwirklichen (z.B. bei der Ermittlung der Bemessungsgrundlage und ggf. auch bei den Tarifen).

Für eine Neuregelung der Erbschaftsteuer hat das BVerfG dem Gesetzgeber eine Frist bis zum 31.12.2008 eingeräumt.

II. Grundzüge

Die Eckpunkte eines Erbschaftsteuerreformgesetzes (ErbStRG), auf die sich im November 2007 eine Bund-Länder Arbeitsgruppe („Koch/Steinbrück") geeinigt hatte und die nun in den o.g. Gesetzesentwurf eingeflossen sind, stellen sich folgendermaßen dar:

- **Bewertung**
  Die Bewertung von Immobilien und Betriebsvermögen wird – wie vom Bundesverfassungsgericht verlangt – mit den realen Verkehrswerten vorgenommen. Dies wird in zahlreichen Fällen zu einer höheren Bewertung des Nachlasses führen.
- **Freibeträge**
  Zum Ausgleich für die o.g. Höherbewertung können nach der Reform Ehepartner, Kinder und Enkel mit deutlich höheren Freibeträgen bei gleichbleibenden Steuersätzen rechnen. Da Vergleichbares jedoch nicht für Erben in den Steuerklassen II und III vorgesehen ist, werden sich für Geschwister, Neffen, Nichten und Nicht-Verwandte regelmäßig die Abgaben erhöhen.
- **Verschonensregelung für Betriebsvermögen**
  In zehn Jahresschritten werden insgesamt 85 v.H. des Betriebsvermögens steuerfrei gestellt. Zwei wesentliche Bedingungen dafür sind, dass zum einen die Lohnsumme in diesen 10 Jahren 70 v.H. ihre Höhe vor der Betriebsüber-

gabe nicht unterschreiten darf, zum anderen darf das Betriebsvermögen 15 Jahre lang nicht entnommen werden, sondern muss erhalten bleiben. Die Steuerschuld wird jährlich um ein Zehntel gestundet.
- **Verschonungsabschlag für Immobilien**
  Für vermietete Immobilien, die nicht bereits zum begünstigten Betriebsvermögen gehören, wird eine Teilsteuerbefreiung (um 10 v.H.) insofern gewährt, als jene nur mit 90 v. H. ihres Wertes anzusetzen sind.
- **Eingetragene Lebenspartnerschaft**
  Die eingetragene Lebenspartnerschaft wird erstmals im Erbschaft- und Schenkungsteuerrecht verankert. Die wichtigste Auswirkung dürfte sein, dass eingetragene Lebenspartner in Zukunft, auch wenn sie weiterhin die höheren Steuersätze nach der Steuerklasse III zahlen müssen, jedoch den Freibetrag in gleicher Höhe zugestanden bekommen wie Ehepartner (500.000 € statt bisher 5.200 €), § 16 Abs. 1 Nr. 6 ErbStG-E.

III. Bewertung

Die Bewertung des anfallenden Vermögens bei der Ermittlung der erbschaftsteuerlichen Bemessungsgrundlage ist nach den Vorgaben der BVerfG einheitlich am gemeinen Wert auszurichten. Mit dem vorliegenden Gesetzentwurf werden neue Bewertungsmethoden eingeführt, die zu realitätsgerechten und praktikablen Annäherungswerten an den gemeinen Wert führen sollen.

1. Land- und forstwirtschaftliches Vermögen

Land- und forstwirtschaftliches Vermögen (§§ 158 ff BewG-E) soll nach einem typisierenden Reinertragswertverfahren für den Betriebsteil unter Berücksichtigung einer Mindestwertregelung bewertet werden (§ 163 BewG-E). Die Bewertung von Betriebswohnungen und eines Wohnteils sollen nach den neuen Vorschriften für die Bewertung von Wohngrundstücken im Grundvermögen erfolgen (§ 167 BewG-E).

2. Grundvermögen

Unterschieden wird in der Bewertung zwischen unbebauten Grundstücken, bebauten Grundstücken und Sonderfällen (§§ 176 ff BewG-E) . Der Wert unbebauter Grundstücke soll sich nach den entsprechenden Bodenrichtwerten sowie der jeweiligen Fläche richten. Im Bereich der bebauten Grundstücke wird normativ nach den folgenden Grundstücksarten unterschieden : Ein- und Zweifamilienhäuser, Mietwohngrundstücke, Wohnungs- und Teileigentum, Geschäftsgrundstücke, gemischt genutzte Grundstücke und sonstige (§ 181 Abs. 1 BewG-E). Im Rahmen der Wertermittlung greift der Gesetzgeber nun auf die anerkannten Verfahren zur Verkehrswertermittlung nach der Wertermittlungsverordnung zurück. Für die jeweiligen Grundstücksarten werden jeweils bestimmte Bewertungsverfahren vorgeschrieben (Vergleichsverfahren, Ertragswertverfahren oder Sachwertverfahren). In einer Rechtsverordnung sollen zur Erleichterung der Wertermittlung Typisierungen und Vereinfachungen geregelt werden. Den entsprechenden Diskussionsentwurf einer Rechtsverordnung hat das BMF inzwischen vorgelegt (13.02.2008). Öffnungsklauseln zum Nachweis eines niedrigeren gemeinen Wertes sind vorgesehen (§ 187 BewG-E).

3. Betriebsvermögen / Anteilsbewertung

Die Bewertung soll an dem gemeinen Wert orientiert sein, welcher in einem offenen Verfahren zu ermitteln ist. In erster Linie soll er aus Verkäufen unter fremden Dritten abgeleitet werden. Danach kommen Ertragswertverfahren oder andere anerkannte Methoden zu Zuge. Untergrenze wird stets der Substanzwert als Mindestwert, den ein Steuerpflichtiger am Markt erzielen könnte, sein. Auch hier hat das BMF einen entsprechenden Diskussionsentwurf einer Rechtsverordnung vorgelegt, mit der die für eine Ertragswertermittlung anzuwendenden Kapitalisierungszinssätze und andere Details für eine einheitliche Rechtsanwendung und eine Erleichterung der Bewertung festgelegt werden sollen (vereinfachtes Ertragswertverfahren). Erste Bedenken sind bereits formuliert, ob diese Berechnungsmodalitäten nicht grds. zu überhöhten Verkehrswerten führen.

IV. Freibeträge / Steuersätze

1. Freibeträge

Die mit der verkehrswertnahen Bewertung aller Vermögensklassen einhergehende Erhöhung der erbschaftssteuerlichen Wertansätze hat den Gesetzgeber bewogen, die mögliche Mehrbelastung der Erben u.a. durch höhere Freibeträge auszugleichen.

	Altes Recht	Neues Recht
Ehegatten	307.000 Euro	500.000 Euro
Kinder	205.000 Euro	400.000 Euro
Enkel	51.200 Euro	200.000 Euro
Weitere Abkömmlinge	51.200 Euro	100.000 Euro
Erwerber Steuerklasse II	10.300 Euro	20.000 Euro
Erwerber Steuerklasse III	5.200 Euro	20.000 Euro
Beschränkt Steuerpflichtige	1.100 Euro	2.000 Euro

2. Tarifstruktur

Die Tarifstruktur soll nach dem vorliegenden Entwurf zum einen geglättet werden (siehe die Wertgrenzen und den lediglich zweistufigen Tarif in den Steuerklassen II und III). Zum anderen wird aber auch zur Sicherung des erbschaftssteuerlichen Gesamtaufkommens eine Verteilung der Lasten hin zu den Steuerklassen II und III in Kauf genommen.

(in Klammern die bisherigen Wertgrenzen und Prozentsätze)

Wert des steuerlichen Erwerbs bis .... Euro	In der Steuerklasse I v.H.	In der Steuerklasse II v.H.	In der Steuerklasse III v.H.
75.000 (52.000)	7	30 (12)	30 (17)
300.000 (256.000)	11	30 (17)	30 (23)
600.000 (512.000)	15	30 (22)	30 (29)
6.000.000 (5.113.000)	19	30 (27)	30 (35)
13.000.000 (12.783.000)	23	50 (32)	50 (41)
26.000.000 (25.565.000)	27	50 (37)	50 (47)
Über 26.000.000	30	50 (40)	50 (50)

V. Verschonung für Betriebsvermögen

1. Begünstigtes Vermögen

Das begünstigte Betriebsvermögen wird normativ mit 85 v.H. des begünstigungsfähigen Betriebsvermögens bestimmt (§ 13b Abs. 1 i.V.m. Abs. 5 ErbStG-E). Anders als noch im Gesetzentwurf zur „Erleichterung der Unternehmensnachfolge" wird die schwierige gegenständliche Unterscheidung von produktivem und nicht produktivem Betriebsvermögen durch die nunmehr gewählte Pauschalierung vermieden. Die Ausführungen umfassen grds. gleichermaßen Betriebsvermögen wie auch land- und forstwirtschaftliches Vermögen sowie

Anteile an Kapitalgesellschaften (§ 13b Abs. 1 Nr. 1-3 ErbStG-E). Die 85 v.H. werden von der Bemessungsgrundlage abgezogen, für die verbleibenden nicht begünstigten 15 v.H. gilt eine gleitende Freigrenze von 150.000 € (§ 13a Abs. 2 ErbStG-E).

2. Begünstigungsausnahmen

Verwaltungsvermögen darf einen Anteil von 50 v.H. des Betriebsvermögens nicht überschreiten, da ansonsten das gesamte Betriebsvermögen als nicht begünstigt angesehen wird (Alles oder Nichts – Prinzip). Dies wird insbesondere im Bereich der gewerblich geprägten Personengesellschaft zu beachten sein. Was unter dem neuen Begriff Verwaltungsvermögen zu verstehen sein wird, ist in § 13b Abs. 2 ErbStG-E ausgeführt. Auch wenn das Verwaltungsvermögen einen Anteil von 50 v.H. nicht überschreitet, ist es nicht per se steuerunschädlich. Vielmehr soll gelten, dass dieses Vermögen nur dann begünstigt ist, wenn es im Besteuerungszeitpunkt bereits mindestens zwei Jahre dem Betrieb zuzurechnen war (Vorbesitzzeit), § 13b Abs. 2 ErbStG-E. Der Anteil des Verwaltungsvermögens am gesamten Betriebsvermögen bestimmt sich nach dem Verhältnis der erbschaftsteuerlichen Bewertungsansätze für die Gegenstände des Verwaltungsvermögens als Einzelwirtschaftsgüter zum erbschaftssteuerlichen Unternehmenswert.

3. Verschonung

Auf den Wert des begünstigten Vermögens (85 v.H. des Betriebsvermögens, ... s.o.) wird ein Abschlag von 100 v.H. gewährt, wenn bestimmte Bedingungen erfüllt werden (§ 13a Abs. 1 ErbStG-E).

- **Lohnsumme**
  Voraussetzung für den Fortbestand der vollumfänglichen

Vergünstigung ist, dass die maßgebliche jährliche Lohnsumme des Betriebes innerhalb von 10 Jahren nach der Übertragung in keinem dieser Jahre geringer als 70 v.H. der Ausgangslohnsumme ist (Lohnsummenregelung) (§ 13a Abs. 1 ErbStG-E). Besondere Erleichterungen gelten für kleinere Betriebe (höchstens 10 Arbeitnehmer) bzw. Einzelunternehmen (Unternehmer selbst ohne Arbeitnehmer). Für jedes Jahr, in dem die Mindestlohnsumme nicht erreicht wird, entfällt ein Zehntel des zunächst gewährten Abschlags (Abschmelzungsmodell).

- **Verhaftungsregelung**
  Im Übrigen muss das im Besteuerungszeitraum vorhandene begünstigte Betriebsvermögen über einen Zeitraum von 15 Jahren im Betrieb erhalten werden (Behaltensfrist), § 13a Abs. 5 S. 1 ErbStG-E. Verstöße gegen diese Behaltensfrist z.B. infolge von Betriebsveräußerungen, Betriebsaufgaben oder auch Entnahmen wesentlicher Betriebsgrundlagen lösen grds. eine Nachversteuerung aus. Auch Überentnahmen führen in ihrem Umfang zum Wegfall der Verschonung (§ 13a Abs. 5 S. 1 Nr. 3 ErbStG-E).

- **Reinvestitionsklausel**
  Im Fall der Veräußerung von Teilbetrieben oder wesentlichen Betriebsgrundlagen ist von einer Nachversteuerung abzusehen, wenn jene nicht auf eine Einschränkung des Betriebs abzielt und der Veräußerungserlös im betrieblichen Interesse verwendet wird (Reinvestitionsklausel), § 13 a Abs. 5 S. 2 ErbStG-E.

VI. Anzeigepflicht

Bei Eintritt eines steuerschädlichen Ereignisses wegen Verstoßes gegen die Lohnsummenregelung (§ 13a Abs. 1 ErbStG-E) trifft den Erwerber nach § 13a Abs. 6 S. 1 ErbStG-E die Pflicht, die nun fällige Steuer selbst zu berechnen und anzumelden. Bei Eintritt eines steuerschädlichen Ereignisses wegen Verstoßes gegen die Behaltensregelung (§ 13a Abs. 5 ErbStG-E) trifft den Erwerber nach § 13a Abs. 6 S. 3 ErbStG-E die Pflicht, dem Finanzamt den entsprechenden Tatbestand anzuzeigen.

VII. Sonstiges

- **Rückwirkung**
  Grundsätzlich ist vorgesehen, das neue Recht erst auf Erwerbe nach seinem Inkrafttreten anzuwenden (§ 37 Abs. 1 ErbStG-E).
- **Wahlrecht**
  Für zwischen dem 1. Januar 2007 und dem Inkrafttreten der Reform eingetretene Erbfälle sollen die Erben zwischen altem und neuem Recht wählen können. Was günstiger ist, hängt sehr stark vom Einzelfall ab, wobei auch die Besonderheiten hinsichtlich der anzuwendenden Freibeträge zu beachten sind. (Art. 3 des Entwurfs eines „Gesetzes zur Reform des Erbschaftssteuer und Bewertungsrechts"). Einem konkreten Bewertungsvergleich auch unter Berücksichtigung der in den entsprechenden Verordnungen (zur Zeit lediglich Diskussionsentwürfe des BMF) geregelten Details kommt große Bedeutung zu. Bisher bewährte Gestaltungsmodelle (u.a. der Familienpool) stehen auf dem Prüfstand.
- **Betriebsübernehmer**
  Vorgesehen ist auch die Beibehaltung der Tarifvergünstigung für nichtverwandte Betriebsübernehmer (§ 19a ErbStG-E).
- **Sonstige materiell rechtliche Änderungen**
  Im Rahmen des Reformentwurfes werden auch andere bereits erkannte Besteuerungslücken geschlossen (Abfin-

dungen anstelle eines ausgeschlagenen Erbanspruchs,...), entbehrlich gewordene Vorschriften gestrichen (Erwerb durch Erbersatzanspruch,...) und sonstige Anpassungen vorgenommen.

Vertiefungshinweis: *Hildegard Schmalbach - Erbschafts-teuerreform - NWB DokID: CAAAC-40814*

Achter Teil: Sozialversicherung und Lohn

Das wichtigste zur Sozialversicherung in aller Kürze

Berechnungshilfen zu Lohn und Sozialversicherung

Lohnpfändung
Von Oberregierungsrat Harald Poxrucker und Andreas Poxrucker
Fundstelle(n):NWB DokID: XAAAB-05536

Lohnsteuer - Nettolohn
Von Oberregierungsrat Harald Poxrucker und Andreas Poxrucker
Fundstelle(n):NWB DokID: YAAAB-05540

A. Sozialversicherungspflicht

Sozialversicherungspflicht ist die Pflicht, in einer der fünf gesetzlichen Sozialversicherungen, nämlich

- der Krankenversicherung,
- der Pflegeversicherung,
- der Arbeitslosenversicherung,
- der Rentenversicherung oder
- der Unfallversicherung.

versichert zu sein und dafür im Regelfall Beiträge entrichten zu müssen. Die Sozialversicherung umfasst Personen, die kraft Gesetzes oder Satzung (Versicherungspflicht) oder auf Grund freiwilligen Beitritts oder freiwilliger Fortsetzung der Versicherung (Versicherungsberechtigung) versichert sind. Zur Verhinderung des Missbrauchs der Sozialversicherungssysteme erhält jeder Beschäftigte einen Sozialversicherungsausweis.

Die Vergabe der Betriebsnummern sowie die Erfassung der in diesem Zusammenhang erforderlichen Betriebsdaten erfolgt durch den Betriebsnummern-Service (BNS) der BA in Saarbrücken. Bei schriftlicher Beantragung einer Betriebsnummer beträgt die derzeitige Bearbeitungsdauer 4 Arbeitstage. Nach § 5 Abs. 5 DEÜV sind Arbeitgeber verpflichtet alle Änderungen der Betriebsdaten dem Betriebsnummern-Service mitzuteilen.

I. Krankenversicherungspflicht

Das Recht der gesetzlichen Krankenversicherung ist im Sozialgesetzbuch Fünftes Buch geregelt. Versicherungspflichtig sind:
- Arbeitnehmer einschließlich der zu ihrer Berufsausbildung Beschäftigten,
- Bezieher von Arbeitslosengeld oder Arbeitslosenhilfe,
- landwirtschaftliche Unternehmer und deren Familienangehörige,
- Künstler und Publizisten nach dem Künstlersozialversicherungsgesetz,
- Personen in Einrichtungen der Jugendhilfe,
- Teilnehmer an Leistungen zur Teilhabe am Arbeitsleben,
- behinderte Menschen in anerkannten Werkstätten und in Anstalten, Heimen oder gleichartigen Einrichtungen,
- Studenten,
- Praktikanten und Auszubildende ohne Arbeitsentgelt sowie Auszubildende des Zweiten Bildungswegs,
- Rentner / Rentenantragsteller, die eine bestimmte Vorversicherungszeit erfüllt haben.

Die wichtigsten von diesem Personenkreis kraft Gesetz versicherungsfreien sind:
- Arbeitnehmer, deren Bezüge die Versicherungspflichtgrenze - in drei aufeinanderfolgenden Kalenderjahren - übersteigen,

- Beamte, Richter und Soldaten,
- Geistliche,
- geringfügig Beschäftigte.

II. Pflegeversicherungspflicht

Das Recht der sozialen Pflegeversicherung ist im Sozialgesetzbuch Elftes Buch geregelt. Versicherungspflichtig sind in der gesetzlichen Krankenversicherung Pflicht- und freiwillig Versicherte und bestimmte Gruppen von Versorgungsempfängern. Die in der gesetzlichen Krankenversicherung freiwillig Versicherten können sich jedoch durch Abschluss einer privaten Pflegeversicherung von der Mitgliedschaft in der sozialen Pflegeversicherung befreien.

III. Arbeitslosenversicherungspflicht

Das Recht der Arbeitsförderung ist im Sozialgesetzbuch Drittes Buch geregelt. Versicherungspflichtig sind
- Personen, die gegen Arbeitsentgelt oder zu ihrer Berufsausbildung beschäftigt sind, mit Ausnahme der geringfügig Beschäftigten,
- Jugendliche in Einrichtungen der beruflichen Rehabilitation oder der Jugendhilfe,
- arbeitende Gefangene,
- Auszubildende geistlicher Genossenschaften oder ähnlicher religiöser Gemeinschaften,
- Wehrdienst Leistende unter bestimmten Voraussetzungen.

Bestimmte Personengruppen (z.B. Beamte, Soldaten oder Personen, die das 65. Lebensjahr vollendet haben) sind von der Versicherungspflicht ausdrücklich ausgenommen.

IV. Rentenversicherungspflicht

Versicherungspflichtig sind:
- Personen, die gegen Arbeitsentgelt oder zu ihrer Berufsausbildung beschäftigt sind, mit Ausnahme der geringfügig Beschäftigten,
- behinderte Menschen, die in anerkannten Werkstätten Anstalten, Heimen oder gleichartigen Einrichtungen arbeiten,
- Personen in Einrichtungen der Jugendhilfe,
- Auszubildende in einer außerbetrieblichen Einrichtung,
- Mitglieder geistlicher Genossenschaften, Diakonissen und Angehörige ähnlicher Gemeinschaften,
- selbständig tätige Lehrer und Erzieher, die im Zusammenhang mit ihrer selbständigen Tätigkeit keinen versicherungspflichtigen Arbeitnehmer beschäftigen,
- selbständig tätige Pflegepersonen, die im Zusammenhang mit ihrer selbständigen Tätigkeit keinen versicherungspflichtigen Arbeitnehmer beschäftigen,
- selbständig tätige Hebammen und Entbindungspfleger,
- selbständig tätige Seelotsen,
- selbständig tätige Künstler und Publizisten nach dem Künstlersozialversicherungsgesetz,
- selbständig tätige Hausgewerbetreibende,
- selbständig tätige Küstenschiffer und Küstenfischer, die regelmäßig nicht mehr als vier versicherungspflichtige Arbeitnehmer beschäftigen,
- selbständig tätige Gewerbetreibende, die in die Handwerksrolle eingetragen sind,
- selbständig tätige Personen, die regelmäßig keinen versicherungspflichtigen Arbeitnehmer beschäftigen und nur für einen Auftraggeber tätig sind. Hierunter sollen nach neuer Rechtsprechung des Bundessozialgerichts auch

beherrschende Gesellschafter-Geschäftsführer einer GmbH zu subsumieren sein. Der Gesetzgeber hat jedoch klargestellt, dass es bei der Prüfung der Rentenversicherungspflicht eines Gesellschafter-Geschäftsführers auf die Verhältnisse bei der Gesellschaft ankommt.
- Ich-AG's,
- Mütter oder Väter während der Zeit der Kindererziehung (für Geburten ab dem 01.01.1992 bis zu drei Jahren, für Geburten bis zum 31.12.1991 bis zu einem Jahr),
- nicht erwerbsmäßig tätige Pflegepersonen,
- Wehrdienstpflichtige und Zivildienstleistende,
- Bezieher bestimmter Entgeltersatzleistungen wie Krankengeld, Arbeitslosengeld, Versorgungskrankengeld, Übergangsgeld und Unterhaltsgeld.

Die wichtigsten versicherungsfrei Gruppen sind:
- Beamte,
- Soldaten,
- Richter,
- Geistliche,
- Studenten im Praktikum.

Unter bestimmten Voraussetzungen kann in manchen Fällen eine Befreiung von der Versicherungspflicht erfolgen. Das Recht der gesetzlichen Rentenversicherung ist im Sozialgesetzbuch Sechstes Buch geregelt. Die Beitragsbemessungsgrenze der Rentenversicherung ist mit der der Arbeitslosenversicherung identisch.

V. Unfallversicherungspflicht

Das Recht der gesetzlichen Unfallversicherung ist im Sozialgesetzbuch Siebtes Buch geregelt. In der gesetzlichen Unfallversicherung pflichtversichert sind eine Vielzahl von Personen,

teilweise nur während bestimmter Tätigkeiten. Die wichtigsten Personengruppen sind:
- Arbeitnehmer und Angestellte,
- behinderte Menschen in Werkstätten für behinderte Menschen,
- Landwirte und Familienangehörige,
- Kinder, die Tageseinrichtungen besuchen, sowie Schüler und Studenten,
- Personen, die für den Bund, ein Land, eine Gemeinde oder eine andere öffentlich-rechtliche Institution ehrenamtlich tätig sind sowie Zeugen vor Gericht,
- Zivil- und Katastrophenschutzhelfer,
- Helfer bei Unglücksfällen, Blut- und Organspender,
- Arbeitslose und Sozialhilfeempfänger bei Erfüllung ihrer Meldepflichten,
- Helfer bei nicht gewerbsmäßigen Bauarbeiten,
- häuslich Pflegende und Haushaltshilfen,
- Strafgefangene und Entwicklungshelfer.

Die wichtigsten versicherungsfreien Personengruppen
- Beamte, Soldaten und Richter,
- Geistliche,
- selbständig tätige Ärzte, Zahnärzte, Tierärzte, Psychologische Psychotherapeuten, Kinder- und Jugendlichenpsychotherapeuten, Heilpraktiker und Apotheker.

Vertiefungshinweis: *Michael Meier - Sozialversicherungspflicht - DokID YAAAB-41368*

B. Sozialversicherungs-ABC

I. Arbeitgeberleistungen während des Bezuges von Sozialleistungen (§ 23c SGB IV)

Arbeitgeberseitige Leistungen (dazu gehören auch Sachbezüge), die während des Bezuges von

- Krankengeld
- Versorgungskrankengeld
- Übergangsgeld
- Mutterschaftsgeld
- Krankentagegeld oder
- während der Elternzeit

erzielt werden, gelten nicht als Arbeitsentgelt, soweit sie zusammen mit der Sozialleistung das Nettoarbeitsentgelt nicht übersteigen. Maßgebend ist die Differenz zwischen dem Vergleichs-Nettoarbeitsentgelt und der Nettosozialleistung. Der über den SV-Freibetrag hinausgehende Teil des Zuschusses unterliegt der Beitragspflicht.

II. Abfindung

Ob eine als Abfindung bezeichnete Zahlung der Beitragspflicht unterliegt, kommt es darauf an, ob sie sich dem Beschäftigungszeitraum zuordnen lässt. Ist die Abfindung die Zahlung rückständigen Arbeitsentgelts, besteht Beitragspflicht. Falls die Zahlung für den Verlust des Arbeitsplatzes gewährt wird, zählt sie nicht zum beitragspflichtigen Arbeitsentgelt.

III. Altersteilzeit

Gem. § 2 AltZG erstreckt sich die Altersteilzeitregelung auf Arbeitnehmer, die das 55. Lebensjahr vollendet haben, nach dem 14.02.1996 eine Vereinbarung mit ihrem Arbeitgeber abgeschlossen haben, in der sie bis zum Übergang in die

Altersrente ihre Arbeitszeit auf die Hälfte der bisherigen wöchentlichen Arbeitszeit vermindern, dabei weiterhin (arbeitslosen)versicherungspflichtig, also nicht geringfügig, beschäftigt sind. Die Dauer der Altersteilzeit hängt von den rentenrechtlichen Voraussetzungen des Arbeitnehmers ab und kann grundsätzlich frei vereinbart werden, sie muss sich bis zu dem Zeitpunkt erstrecken, an dem der Arbeitnehmer Rente wegen Alters beanspruchen kann. Der Arbeitgeber muss während der Altersteilzeit mindestens 20 v.H. des Regelarbeitsentgeltes i.S.d. § 6 AltZG als Aufstockungsbetrag zahlen.

Um gravierende Nachteile auf dem Rentenkonto zu verhindern, zahlt der Arbeitgeber zusätzlich für seinen Mitarbeiter Beiträge zur Rentenversicherung. Diese müssen die Differenz zwischen dem Teilzeitverdienst und 90 Prozent der Vollzeitbezüge abdecken. Der hierdurch entstehende geldwerte Vorteil für den Arbeitnehmer ist steuer- und beitragsfrei. Für Personen, die Altersteilzeitarbeit leisten, sind zum Ende der Vollbeschäftigung eine Abmeldung und zu Beginn der Altersteilzeit eine Anmeldung erforderlich. Kann das Wertguthaben nicht gemäß der getroffenen Vereinbarung verwendet werden (zum Beispiel weil das Beschäftigungsverhältnis vorzeitig endet), liegt ein Störfall vor. In dieser Situation hat der Arbeitgeber das Arbeitsentgelt, welches nicht vereinbarungsgemäß verwendet wurde, mit einer "Sonstigen Entgeltmeldung" (Abgabegrund "55") zu melden. Bezog der Arbeitnehmer während der Altersteilzeitphase eine Entgeltersatzleistung (zum Beispiel Krankengeld), hat der Arbeitgeber den Unterschiedsbetrag nach § 163 Absatz 5 SGB VI mit einer "Sonstigen Entgeltmeldung" (Abgabegrund "56") zu melden.

IV. Beitragsfreiheit

Bestimmte Zeiten sind von der Beitragspflicht ausgenommen. Dies findet auf folgende Bezüge Anwendung:
- Elterngeld
- Krankengeld
- Mutterschaftsgeld
- Verletztengeld
- Übergangsgeld
- Versorgungskrankengeld

Die Beitragsfreiheit erstreckt sich grundsätzlich nur auf die vorgenannten Leistungen. Arbeitgeberzuschüsse zum Krankengeld sind beitragsfrei, soweit sie zusammen mit dem Krankengeld das Nettoarbeitsentgelt nicht übersteigen. Mutterschaftsgeldzuschüsse gelten nicht als Arbeitsentgelt. Ebenso sind weitergezahlte vermögenswirksame Leistungen beitragsfrei, es sei denn, Monatsteile sind mit Entgelt belegt. Bei der Ermittlung der Beitragsbemessungsgrenze für den einzelnen Lohnabrechnungszeitraum werden beitragsfreie Zeiten ausgeklammert.

V. Beitragsbemessungsgrenzen

Die Bemessungsgrenzen (sie sind auch die Höchstgrenzen für Barleistungen) werden jährlich angepasst. Sie folgen der allgemeinen Entwicklung der Bruttoarbeitsentgelte.

Beitragsbemessungsgrenzen für 2008		
Kranken- und Pflegeversicherung Jahr:	43.200 EUR	
Kranken- und Pflegeversicherung Monat:	3.600 EUR	
Kranken- und Pflegeversicherung Kalendertag:	120 EUR	
	West	Ost
Renten- und Arbeitslosenversicherung Jahr:	63.600 EUR	54.000 EUR
Renten- und Arbeitslosenversicherung Monat:	5.300 EUR	5.250 EUR
Renten- und Arbeitslosenversicherung Kalendertag:	176,67 EUR	150,00 EUR

Häufig muss für einen Abrechnungszeitraum eine Teil-Beitragsbemessungsgrenze ermittelt werden, weil nur ein Teilzeitraum beitragspflichtig ist. Das kommt in Betracht, wenn die Beschäftigung im Laufe des Abrechnungszeitraumes beginnt oder endet. Ebenso, wenn ein Teilzeitraum beitragsfrei ist (zum Beispiel bei Bezug von Krankengeld). In diesen Fällen wird die Beitragsbemessungsgrenze entsprechend gekürzt. Auch bei mehrfachbeschäftigten Arbeitnehmern werden insgesamt nur bis zur Bemessungsgrenze Beiträge erhoben. Die Verdienste sind im Verhältnis beitragspflichtig.

(voraussichtliche) Beitragsbemessungsgrenzen für 2009		
Kranken- und Pflegeversicherung Jahr:	44.100 EUR	
Kranken- und Pflegeversicherung Monat:	3.675 EUR	
Versicherungspflichtgrenze (Kranken- u. Pflegeversicherung) Jahr:	48.600 EUR	
Versicherungspflichtgrenze (Kranken- u. Pflegeversicherung) Monat:	4.050 EUR	

(voraussichtliche) Beitragsbemessungsgrenzen für 2009	West	Ost
Renten- und Arbeitslosenversicherung Jahr:	64.800 EUR	54.600 EUR
Renten- und Arbeitslosenversicherung Monat:	5.400 EUR	4.550 EUR

VI. Einmalig gezahltes Arbeitsentgelt

Einmalig gezahltes Arbeitsentgelt (Sonderzahlung) wird - im Gegensatz zum laufenden - nicht für die Arbeit in einem einzelnen Abrechnungszeitraum, sondern aus bestimmten Anlässen gezahlt. Die bekanntesten sind: Weihnachtsgeld, Urlaubsgeld, Urlaubsabgeltung, 13. Monatsgehalt, Tantieme, Jubiläumszuwendung. Einmalig gezahltes Arbeitsentgelt bleibt auch dann als solches bestehen, wenn es in mehreren Teilbeträgen ausgezahlt wird. Jeder Teilbetrag ist dann für sich einmaliges Arbeitsentgelt. Für Sonderzahlungen gibt es eine spezielle Beitragsberechnung. Sie geht von dem Grundsatz aus, dass Sonderzahlungen nicht nur in einem Monat, sondern im ganzen Jahr "erarbeitet" werden. Folglich findet nicht die monatliche, sondern die anteilige Jahresbeitragsbemessungsgrenze Anwendung.

VII. Elterngeld

Elterngeld kann maximal für 14 Monate bezogen werden, sofern sich die Eltern bei der Elternzeit abwechseln oder gleichzeitig eine "Auszeit" nehmen. Ein Elternteil in Elternzeit allein hat dagegen höchstens Anspruch auf zwölf Monate Elterngeld. Mütter oder Väter, die in Elternzeit gehen, können sich auch für ein "halbes" Elterngeld entscheiden. Bezugsdauer dann: bis zu 24 Monate für einen Elternteil und maximal 28 Monate für eine alleinerziehende Person. Dieser Höchstanspruch besteht allerdings nur dann, wenn kein Anspruch auf Mutterschaftsgeld einschließlich Arbeitgeberzuschuss besteht. Denn acht oder zwölf Wochen Mutterschaftsgeld werden auf das Elterngeld angerechnet. Das Elterngeld beläuft sich auf 67 Prozent des in den letzten zwölf Monaten durchschnittlich erzielten Nettoeinkommens, mindestens 300 € und maximal 1.800 € im Monat. Einmalzahlungen werden nicht berücksichtigt.

VIII. Geringfügige Beschäftigung

Eine geringfügige Beschäftigung liegt vor, wenn das monatliche Arbeitsentgelt regelmäßig 400 € nicht übersteigt. Weder die Höhe des Stundenlohns noch die Arbeitszeit ist maßgeblich. Als geringfügige Beschäftigung gilt zudem eine Beschäftigung, die im Kalenderjahr auf maximal 2 Monate oder 50 Arbeitstage begrenzt ist (kurzfristige geringfügige Beschäftigung). Der Arbeitgeber zahlt 30 % pauschale Abgaben (15 % gesetzliche Rentenversicherung, 13 % gesetzliche Krankenversicherung und 2 % Steuern) sowie ggfs. eine Umlage nach dem Entgeltfortzahlungsgesetz und dem Muterschutzgesetz. Für Mini-Jobs in privaten Haushalten gilt eine geringere Abgabenquote von 12% (je 5 % zur gesetzlichen Rentenversicherung und gesetzlichen Krankenversicherung und ebenfalls 2 % Steuern) sowie ggfs. die Umlagen. Der Arbeitgeber kann jedoch anstelle der Pauschsteuer weiterhin nach den Grundsätzen der Lohnsteuerkarte abrechnen. Ab einem monatlichen Arbeitsentgelt von 400,01 € bis 800 € (Gleitzone) liegt ein sog. Niedriglohn-Job vor. Dafür trägt der Arbeitgeber seinen vollen Anteil am Sozialversicherungsbeitrag. Der Arbeitnehmeranteil steigt schrittweise von 4 v.H. bis ca. 21 v.H. an.

IX. Laufendes Arbeitsentgelt

Im Gegensatz zu Einmalzahlungen hat das laufende Arbeitsentgelt zeitbezogenen Charakter. Es wird als Gegenleistung für die Arbeit in einem bestimmten Abrechnungszeitraum gezahlt. Zum laufenden Arbeitsentgelt gehören auch Zulagen, Zuschläge und Zuschüsse, die zusätzlich zu den laufenden Bezügen gezahlt werden (zum Beispiel Überstunden und Bereitschaftsdienstvergütungen). Dabei spielt es keine Rolle, ob sie monatlich oder in größeren Abständen geleistet werden.

X. Mehrfachbeschäftigte

Bei Arbeitnehmern, die gleichzeitig mehrere versicherungspflichtige Beschäftigungen ausüben, sind die Beiträge aus allen Arbeitsentgelten zusammenzurechnen. Sofern die Summe der Entgelte die Beitragsbemessungsgrenze nicht übersteigt, ergibt sich keine Besonderheit. Jeder Betrieb berechnet die Beiträge ganz normal aus "seinem" Arbeitsverhältnis. Wird dagegen eine Bemessungsgrenze überschritten, so müssen die Arbeitsverdienste für die Beitragsberechnung anteilig festgestellt werden. Das geschieht nach der Formel: "Entgelt aus einem Arbeitsverhältnis x Beitragsbemessungsgrenze : Entgeltsumme aus allen Arbeitsverhältnissen". Der Arbeitnehmer ist verpflichtet, dem Arbeitgeber entsprechende Angaben zu machen, damit dieser das Meldeverfahren und die Beitragszahlung durchführen kann. Für Mehrfachbeschäftigte im Niedriglohnsektor sind die Regelungen über die so genannte Gleitzone zu beachten.

XI. Praktikanten

Praktikanten sind grundsätzlich in allen Versicherungszweigen versicherungspflichtig, wenn sie ein in einer Studien- oder Prüfungsordnung vorgeschriebenes Praktikum absolvieren, aber nicht an einer (Fach-)Hochschule immatrikuliert sind beziehungsweise keine Fachschule besuchen. Versicherungsfreiheit kommt dann selbst bei geringfügig entlohnten Praktika nicht in Betracht. Ein während des Studiums vorgeschriebenes Zwischenpraktikum bleibt versicherungsfrei. Wird ein nicht vorgeschriebenes Zwischenpraktikum ausgeübt, kommt Versicherungsfreiheit nur in Betracht, wenn Zeit und Arbeitskraft überwiegend durch das Studium in Anspruch genommen werden ("Werkstudentenprivileg"). In der Rentenversicherung besteht Versicherungsfreiheit, wenn das Arbeitsentgelt regelmäßig 400 Euro im Monat nicht übersteigt. Bei Praktikanten (oder auch Auszubildenden) ohne Arbeitsentgelt müssen die Versicherten die Beiträge zur Kranken- und Pflegeversicherung allein aufbringen, außer, es besteht Anspruch auf Familienversicherung. In der Renten- und Arbeitslosenversicherung gelten diese Praktikanten als Beschäftigte. Die Beiträge sind vom Arbeitgeber zu tragen und an die Krankenkasse abzuführen. Beitragsberechnungsgrundlage ist ein fiktives Arbeitsentgelt in Höhe von 1 Prozent der monatlichen Bezugsgröße.

XII. Sachbezüge

Arbeitsleistung wird gelegentlich auch durch Sachbezüge abgegolten. Diese sind ebenso Arbeitsentgelt wie Barbezüge. Die Sachbezugswerte werden von der Bundesregierung für jedes Kalenderjahr festgesetzt und bekannt gegeben. Für das Jahr 2008 gelten erstmalig bundesweite Werte.

Sachbezugswerte 2008 (monatlich)		
Unterkunft:	198 Euro	
Verpflegung:	205 Euro	
Gesamt:	403 Euro	
Sachbezugswerte 2007 (monatlich)	West	Ost
Unterkunft:	198 Euro	192,06 Euro
Verpflegung:	205 Euro	205,00 Euro
Gesamt:	403 Euro	397,06 Euro

Im Übrigen werden Sachbezüge mit den üblichen Preisen am Abgabeort berücksichtigt. Dabei bleiben solche Sachbezüge außer Ansatz, deren Wert 44 Euro im Monat nicht überschreitet. Wird dieser Betrag in einem Kalendermonat überschritten, so ist der geldwerte Vorteil insgesamt steuer- und damit beitragspflichtig.

XIII. Säumniszuschläge

Betriebe, die die Beiträge nicht termingemäß entrichten, müssen für jeden angefangenen Monat der ausbleibenden Zahlung einen Säumniszuschlag von 1 Prozent zahlen. Bemessungsgrundlage ist der rückständige Beitrag, der auf 50 Euro nach unten abgerundet wird.

XIV. Sonderzahlung

Für die Beitragsberechnung werden Sonderzahlungen dem Beitragsmonat zugeordnet, in dem sie gezahlt werden. Nach der Zuordnung wird die Beitragsbemessungsgrenze ermittelt. Es ist die anteilige Beitragsbemessungsgrenze vom Beginn des Kalenderjahres bis zum Ablauf des Monats, dem die Sonderzahlung zugeordnet wird. Die anteilige Beitragsbemessungsgrenze wird getrennt für jeden Versicherungszweig ermittelt, als Sozialversicherungstage werden alle beitragspflichtigen Beschäftigungszeiten angerechnet, die im bisher abgelaufenen Kalenderjahr zurückgelegt wurden.

Sie berechnet sich nach der Formel:

$$\frac{\text{Jahres-Beitragsbemesungsgrenze} \times \text{Sozialversicherungstage}}{360}$$

Im nächsten Schritt wird die anteilige Beitragsbemessungsgrenze mit dem beitragspflichtigen Arbeitsentgelt verglichen, das der Arbeitnehmer im bisherigen Verlauf des Kalenderjahres erzielt hat. Ist der Differenzbetrag größer als die Sonderzahlung wird die gesamte Sonderzahlung beitragspflichtig, ist er kleiner wird die Sonderzahlung in Höhe des Differenzbetrages beitragspflichtig. Beiträge werden nach Beitragsgruppe und Beitragssatz berechnet, die im Zuordnungsmonat gültig sind. Sofern Sonderzahlungen aus dem ersten Quartal noch nicht voll beitragspflichtig sind, werden sie dem Vorjahr (Beitragsmonat Dezember) zugeordnet. Maßgebend ist die volle Beitragsbemessungsgrenze des Vorjahres.

XV. Umlageverfahren

Umlageverfahren U1: Bei krankheitsbedingten Arbeitsausfällen haben Arbeitnehmer nach wenigstens vierwöchiger Betriebszugehörigkeit Anspruch auf Entgeltfortzahlung bis zur Dauer von sechs Wochen. Um bei Arbeitsunfähigkeit des Arbeitnehmers entlastet zu sein, nehmen Unternehmen mit bis zu 30 Beschäftigten am Ausgleichsverfahren bei Krankheit teil. Sie entrichten Umlagebeiträge und können im Gegenzug Erstattungsansprüche geltend machen. Die Teilnahme am Ausgleichsverfahren entsteht kraft Gesetz und ist nicht von einem förmlichen Feststellungsbescheid abhängig. Die Arbeitnehmerzahl entscheidet, ob ein Arbeitgeber am U1-Verfahren teilnimmt. Für die Ermittlung der Arbeitnehmeranzahl werden Auszubildende und Schwerbehinderte nicht mitgezählt, jedoch für die Beitragsermittlung, wenn der Arbeitgeber am Ausgleichsverfahren teilnimmt. Es nehmen diejenigen Arbeitgeber am Verfahren teil, die im vergangenen Kalenderjahr für einen Zeitraum von mindestens acht Kalendermonaten nicht mehr als 30 Arbeitnehmer beschäftigt hatten. Erstattet wird auf Antrag des Arbeitgebers, sobald er Arbeitsentgelt nach dem Entgeltfortzahlungsgesetz gezahlt hat.

Umlageverfahren U2: Über das U2-Verfahren erhalten Unternehmen den Zuschuss zum Mutterschaftsgeld in voller Höhe erstattet. Es sind grundsätzlich alle Arbeitgeber verpflichtet, für ihre Beschäftigten die Umlage 2 abzuführen. Folgende Mutterschaftsaufwendungen werden in voller Höhe erstattet: der vom Arbeitgeber gezahlte Zuschuss zum Mutterschaftsgeld das vom Arbeitgeber bei Beschäftigungsverboten gezahlte Arbeitsentgelt.

XVI. Verjährung

Die Beitragsansprüche der Sozialversicherungsträger verjähren in vier Jahren nach Ablauf des Kalenderjahres, in dem sie fällig geworden sind. Beiträge, die 2006 fällig werden, verjähren demzufolge am 31. Dezember 2010. Vom Grundsatz der vier Jahre gibt es eine Ausnahme: Vorsätzlich vorenthalte Beiträge verjähren erst nach 30 Jahren.

XVII. Vorruhestandsgeld

Bezieher von Vorruhestandsgeld sind lediglich von der Arbeitslosenversicherungspflicht befreit. In der Kranken-, Pflege- und Rentenversicherung sind sie pflichtig, wenn sie es auch unmittelbar vorher im Rahmen des Arbeitsverhältnisses waren. Beim Übergang von der Beschäftigung in den Vorruhestand erstattet der Betrieb eine Abmeldung mit der alten Beitragsgruppe und eine Anmeldung mit der neuen.

XVIII. Zeitversetzte Bezüge

Nicht selten gibt es Bezüge, die regelmäßig zeitversetzt abgerechnet und gezahlt werden. Wie etwa Überstundenvergütungen, die immer erst einen oder zwei Monate nach der tatsächlichen Arbeitsleistung abgerechnet werden. In diesen Fällen muss der Arbeitgeber die Beitragsberechnung für zurückliegende Zeiträume nicht korrigieren, sondern kann diese Bezüge dem nächsten oder übernächsten Abrechnungszeitraum zuordnen. Er muss sich jedoch für einen Abrechnungszeitraum entscheiden und kann dann nur mit Zustimmung der Krankenkasse wechseln.